河北大学科研创新团队培育与扶持计划
(2016年“一省一校”专项经费)资助出版

法律职业伦理案例教程

主　编　李红英　韩迎亮
副主编　汪远忠　陈业燕　仇志刚

中国出版集团
中国民主法制出版社
全国百佳图书出版单位

图书在版编目(CIP)数据

法律职业伦理案例教程/李红英,韩迎亮主编. —
北京:中国民主法制出版社,2020.10

高等学校法律实务系列教材. 第三辑

ISBN 978-7-5162-2270-6

Ⅰ. ①法… Ⅱ. ①李… ②韩… Ⅲ. ①法伦理学—案例—高等学校—教材 Ⅳ. ①D90-053

中国版本图书馆 CIP 数据核字(2020)第 156984 号

图书出品人:刘海涛
出版统筹:乔先彪
责任编辑:逯卫光

书名/法律职业伦理案例教程
作者/李红英 韩迎亮 主编

出版·发行/中国民主法制出版社
地址/北京市丰台区右安门外玉林里 7 号(100069)
电话/(010)63055259(总编室) 63058068 63057714(发行部)
传真/(010)63055259
http:// www. npcpub. com
E-mail:mzfz@ npcpub. com
经销/新华书店
开本/16 开 710 毫米 ×1000 毫米
印张/18.25 **字数**/275 千字
版本/2020 年 10 月第 1 版 2020 年 10 月第 1 次印刷
印刷/北京天宇万达印刷有限公司

书号/ISBN 978-7-5162-2270-6
定价/58.00 元

总序

为了贯彻落实《教育部、中央政法委员会关于实施卓越法律人才教育培养计划的若干意见》的文件精神，全面推进法律硕士专业学位研究生教育综合试点改革工作，充分发挥国家大学生校外实践基地的育人功能，持续深化法学专业实践教学改革，不断提高法学专业学生的实践创新能力，我们组织法学专家与法律实务部门专家共同编写了高等学校法律实务系列教材。

本套系列教材共分为三辑：第一辑包括《宪法案例教程》《行政法案例教程》《刑法案例教程》《民法案例教程》《经济法案例教程》《刑事诉讼实务教程》《民事诉讼实务教程》《法律文书实务教程》8 部教材；第二辑包括《商法案例教程》《知识产权法案例教程》《刑事诉讼法案例教程》《环境保护法案例教程》《民事诉讼法案例教程》《刑法（总论）案例教程》《公证与律师制度实务教程》《行政诉讼实务教程》8 部教材；第三辑包括《法理学案例教程》《中国法律史案例教程》《劳动法和社会保障法案例教程》《行政诉讼法案例教程》《国际法案例教程》《国际私法案例教程》《国际经济法案例教程》《法律职业伦理案例教程》8 部教材。

本套教材以案例研析和实务操作为主题，以高等学校和实务部门的共同开发为特点，以培养学生的法律实践应用能力为目标，以逐步形成适应应用型、复合型法律人才培养需要的法律实务教材体系。教材的编写力求遵循以下原则。一是理论与实践相结合，突出实践性：即教材内容要强化法学理论和原理的综合应用，强调实践和应用环节，侧重实践能力培养，为学生的知识、能力、素质协调发展创造条件；二是立足现实，追踪前沿：即教材内容要最大限度地反映本专业领域的最新学术思想和理论前沿，吸收本专业领域的最新实务经验和研究成果，具有前瞻性；三是全面覆盖，突出重点：即教材既要整体反映本专业知识点，又要彰显案例和实务操作领域的规律和重点，以避免与理论教材之间的内容重复。

本套教材的编写力求满足以下要求。一是立足基础，突出应用：即立足基本知识，不作系统讲解，着重法律应用，突出应用性和实务特色；二是表述准确，言简意明：即基本概念阐释清晰准确，知识要点讲解言简意赅；三是篇幅适中，便于使用：即控制每部教材的篇幅字数，均衡各章之间的权重，不宜畸轻畸重；四是知识案例，融会贯通：即将知识讲授与案例评析有机结合，真正做到以案说法，突出案例与知识的互动。

本套教材的编写是高等院校与法律实务部门之间深入合作和大胆尝试的结果，无论是教材内容，还是编写体例，肯定还存在诸多有待完善提高的地方，使用效果也有待教学实践的评估与检验。我们将及时总结经验，不断修订提高。同时，也期待着法学界和法律实务部门的各位同人能够提出宝贵的意见和建议。

教材编委会
2019 年 3 月 26 日

目录

绪　论

认真对待法律职业伦理的必要性

▶【法律职业伦理知识】> > >

近年来我国一些法官、检察官涉案的案件，反映的不仅是某个法官、检察官个人的道德品质问题，更是法律职业伦理观念和规范缺失的问题。这就警示我们有必要认真对待法律职业伦理。要知晓法律职业伦理的重要性，首先需要知道什么是法律职业伦理？法律职业伦理学研究对象是什么？为什么要重视法律职业伦理？

一、法律职业伦理的内涵

要想了解法律职业伦理，首先应当理解和把握法律职业、伦理和道德的含义。

（一）法律职业的含义

关于法律职业的含义，在不同的国家、不同的法系有不同的含义。在普通法系，法律职业由“法律工作者（lawyers）组成，而 lawyers 一词有狭义和广义之分。在狭义上，它指律师；而在广义上，则是法律工作者，包括律师（attorney）、法官（judge）、检察官（prosecutor）、法学教授（law professor），其核心是律师”。在大陆法系，没有与普通法系法律工作者（lawyers）相应的词。与法律工作者相近的词一个是法律家（jurist），是指取得大学法律专业学位，因而拥有某种荣誉地位的人；另一个是司法官，它“包括法官和检察官”。在法律职业中处于核心地位的是司法官。[①]

在我国，法律职业有广义和狭义之分。广义上的法律职业一般认为是所有从事法律工作的人所形成的职业，狭义上的法律职业是“特指经法律专业训练、具有娴熟的法律职业技能与伦理的人所形成的职业”[②]。但关于狭义上的法律

---

① 朱景文：《比较法社会学的框架和方法》，中国人民大学出版社 2001 年版，第 280—281 页。

② 孙笑侠等：《法律人之治——法律职业的中国思考》，中国政法大学出版社 2005 年版，第 12 页。

职业内涵和外延问题在目前的学术界亦有不同的看法,沈宗灵教授认为"法律职业"一词在我国可以指"所有从事法律工作的人。但一般仅指以下四者:"法官、检察官、律师、法律教学与研究人员。"[①]王利明教授认为"法律职业是指专门从事法律适用、法律服务工作的特定职业。在国外,从事法律职业的人被称为'法律人',他们是一群精通法律专门知识并实际操作和运用法律的人,包括法官、检察官、律师等"[②]。朱景文教授认为法官、检察官、律师、公证员通称法律职业,而把所有从事法律工作的人称为法律工作者,法律工作者的范围除了法律职业外,还包括仲裁员、基层法律服务工作者,人民调解员等。[③] 在论述法律职业伦理的时候,有的学者扩展到公证员和仲裁员[④],有的学者则进一步涉及行政执法人员和法律学者[⑤]。2015 年 12 月,中共中央办公厅、国务院办公厅印发的《关于完善国家统一法律职业资格制度的意见》中,对法律职业范围的界定为"法律职业人员是指具有共同的政治素质、业务能力、职业伦理和从业资格要求,专门从事立法、执法、司法、法律服务和法律教育研究等工作的职业群体。担任法官、检察官、律师、公证员、法律顾问、仲裁员(法律类)及政府部门中从事行政处罚决定审核、行政复议、行政裁决的人员,应当取得国家统一法律职业资格。国家鼓励从事法律法规起草的立法工作者、其他行政执法人员、法学教育研究工作者,参加国家统一法律职业资格考试,取得职业资格"。可见,在不同的法律职业含义中,法官、检察官、律师始终是法律职业的核心。本书从比较成熟的职业伦理道德的角度认为,法律职业是经法律专业训练、掌握系统的法律知识、具有娴熟的法律职业技能与法律职业伦理的人所形成的职业,其主体主要包括法官、检察官、律师、仲裁员和公证员等。

(二)道德和伦理

"道德"一词在中国古已有之,包含不同的含义。"道"字的文字结构和释意在《说文解字》中释作:"道,所行道也。从辵从首,一达谓之道。"后多理解为人们行走的道路,又可引申为万物的根源、原则和规律,"有物混成,先天地而生,寂兮廖兮,独立而不改、周行而不殆。可以为天下母。吾不知其名,强字之

---

① 沈宗灵:《比较法研究》,北京大学出版社 1998 年版,第 640 页。

② 王利明:《法律职业专业化与司法改革》,《人民日报》,2002 年 7 月 24 日。

③ 朱景文主编:《中国人民大学中国法律发展报告 2012:中国法律工作者的职业化》,中国人民大学出版社 2013 年版。

④ 许身健主编:《法律职业伦理》,北京大学出版社 2014 年版。

⑤ 王新清主编:《法律职业道德》(第二版),法律出版社 2016 年版。

谓道”[①]。孔子说:“朝闻道,夕死可矣。”朱熹对道的解释是:“道者,事务当然之理。”[②]总之,“道”的含义包括道路、规律、必然、当然道理、规则、规范。“德”通“得”,表示对“道”的认识而有所得,得自然之道、得人伦之道,并在内心对自然人生规律的把握,并外显为个体的道德品行。朱熹认为:“德,则行道而有得于心者也,得之于心守之不失,则始终惟一,而有日新之功矣。”[③]因此,德就有了道德品质之意,按照《说文解字》的解释:“德,外得于人,内得于己也”,即端正心性,自我反省之意。“道”与“德”二字连用最晚始于春秋战国之时,荀子曾说:“故学至乎礼而止矣,夫是之谓道德之极。[④]”他认为人们只要按照礼的要求去做,就到达了道德的最高境界。至此道德已经有了调整人与人之间关系的准则和规范的含义。

“伦理”一词,在中国早期文化中也是分开用的,“伦”字在当时就有“伦理”的基本含义。如孟子称“明于庶务,察于人伦”[⑤]“皆所以明人伦也。人伦明于上,小民亲于下”“教以人伦,父子有亲,君臣有义,夫妇有别,长幼有序,朋友有信。”[⑥]这里的“伦”,是指“辈也”,指的是类别、辈分、顺序的含义,引申为人与人之间的关系。“理”字在《韩非子·解老》中指“成物之文也。长短大小、方圆坚脆、轻重白黑之谓理”。《说文解字》称:“理,治玉也。顺玉之文而剖析之。”指的是物质或玉石上的条纹,具有治玉,条理、治理的含义。伦理两字连用始见于《礼记》:“乐者,通伦理者也。”注曰:“伦,犹类也;理,分也,”[⑦]而礼的内容又是伦理的内容,因此在中国古代通过“礼”把伦理和道德紧密地联系在一起,即学习并遵守了伦理之礼就达到了道德的最高境界。

在西方,从词源来看,“伦理的”(ethical)和“道德的”(moral)两词分别来自希腊语和拉丁语,最初的词义均为“遵从习惯或习俗”[⑧],引申为规则和规范。如苏格拉底指出,罪恶就是对道德的无知,亚里士多德认为道德就是行为的善。

无论东方还是西方,道德和伦理是既相互联系又有所区别的两个概念。一般认为伦理是社会的道德,倾向于社会的道德规范;而道德则倾向于个人的道

① 老子著,徐澍、刘浩注译:《道德经》,安徽人民出版社1990年版,第71页。
② 朱熹:《论语集注》,齐鲁书社1992年版,第32页。
③ 朱熹:《论语集注》,齐鲁书社1992年版,第62页。
④ 荀子:《荀子·劝学》。
⑤ 孟子:《孟子·离娄上》。
⑥ 孟子:《孟子·滕文公上》。
⑦ 孔颖达编,郑玄注,吕友仁整理:《礼记正义》,上海古籍出版社2000年版,第1259页。
⑧ 徐小佶主编:《行政伦理学》,福建人民出版社2002年版,第1页。

德品质。因为在该书中所涉及的职业道德既涉及整体的规范,又关注职业者的个人品质,因此,伦理和道德可以互相替换或者道德伦理连用。

(三)法律职业伦理

了解了法律职业和道德或伦理的含义后,法律职业伦理的含义也就呼之欲出了。法律职业伦理,又称为法律职业道德,是法律职业活动中应当具有的伦理道德观念及应当遵循的伦理道德规范,主要指的是法官、检察官、律师、公证员、仲裁员等法律职业者,在法律职业活动中应当具有的伦理道德观念、理念、价值及其应当遵循的伦理道德规范的总和。

二、法律职业伦理学的研究对象

法律职业伦理学是将伦理学的原理应用到法律职业领域的学科[①]。具体包括:

(一)法律职业伦理的基本原则

主要是从法律职业的共同特征出发,研究所有法律职业中共同的、最根本的、最核心的理念、价值和原则,如公平正义的理念和原则,廉洁的理念和原则,等等。

(二)具体法律职业的伦理规则

法律职业伦理学主要涉及法官、检察官、律师、公证员、仲裁员等在从事法律职业活动中,应当具有的伦理观念和应当遵守的伦理规范。例如,法官的公正原则中应当遵守的实体公正、程序公正、独立行使审判权规则等;检察官在履行法律监督职责中应当遵守的忠于党、忠于国家、忠于人民、忠于宪法与法律的具体规则,等等。

(三)法律职业责任

法律职业责任是法律职业者因违反了职业伦理进而违反法律法规而应当承当的不利后果,主要涉及各个法律职业责任的构成、分类及承担的问题。

(四)法律职业伦理的养成

主要包括研究当前法律职业伦理的现状,探寻法律职业伦理养成的规律和途径。

三、认真对待法律职业伦理的意义

法律职业伦理是法律制度的一个不可或缺的组成部分,是法律职业者严格

① 许身健主编:《法律职业伦理》,北京大学出版社 2014 年版。

执法、公正司法的重要保障。

(一)认真学习和研究法律职业伦理有助于维护法律职业的形象,提高法律人的素质,巩固司法公信力

司法腐败一直是司法队伍整顿的重点,据朱景文教授统计,自 1998 年至 2011 年,全国法院系统违法违纪受到处罚的人员年平均为 864.6 人①。2018 年最高人民法院查处本院违纪违法干警 9 人,各级法院查处利用审判执行权违纪违法干警 1064 人,其中追究刑事责任 76 人。(《2019 年最高人民法院工作报告》)2018 年最高检察院分两轮对 9 个省级检察院党组、机关 4 个厅级单位党组织开展政治巡视,……774 名检察人员因违纪违法被查处,同比上升 44.4%。通报 49 起检察人员违纪违法典型案件。(《2019 年最高人民检察院工作报告》)

虽然比例不大,但是影响恶劣,尤其是担任司法机关领导职务的人员的司法腐败,更会损毁法律职业的形象和声誉。本书引用的各种法律人违背法律和职业伦理的案例,进一步形象地说明了其对法律职业形象的损害,严重抹杀了司法的公信力。这些频频发生的法律职业者违背职业伦理和法律的现象,“揭示法律职业已经面临或即将面临的困境:当代未必是法律职业道德水平最为糟糕的一个时代——道德水平甚至也是不可评价的——但在现代主义的背景下,全球的法律人却不约而同地遭遇到了前所未有的信任危机”②。由此可见,法律人应当是一个德才兼备的高素质的职业者,在学习法律理论和职业技能的同时,也必须重视职业伦理道德的研究和培养。只有通过职业伦理的研究和培养,才能明白只有法律职业伦理在面对具有开放性特征的法律时,作出合理的、正当的选择,以平衡单纯法律技术的“非道德性”,从而约束其非合法、非正义的利己选择,避免自己走上违背法律和违背职业道德之路。法律职业伦理的学习和养成可以使法律职业者认识到自己应该担负的法律使命和社会责任,培养其法律职业的荣誉感,从而减少司法腐败,提高司法公信力,重塑法律理想。

(二)法律职业伦理的培养和研究有利于推进社会主义法治国家建设的进程

亚里士多德说的法治包括两重含义:“已成立的法律获得普遍的服从,而大

① 朱景文主编:《中国人民大学中国法律发展报告 2012:中国法律工作者的职业化》,中国人民大学出版社 2013 年版,第 15 页。

② Richard L. Abel, Lawyers in the Dock: Learning from Attorney Disciplinary Proceedings, New York: Oxford University Press, 2008, PP. 34-45. 转引自曾日红、熊静波:《法律职业定位与职业伦理教育》,《学术交流》2016 年第 6 期,第 198 页。

家所服从的法律又应当是本身制定良好的法律。”[①]可见构成亚里士多德的法治观中，“良法”和“普遍服从”缺一不可。同样对于建设社会主义法治国家只有“建立完善的社会主义法律体系”远远不够，这样的良法还要有包括法律职业者在内的全民发自内心、心甘情愿地守法，尤其是法律职业者自觉、正确地运用法律解决纠纷，保障公民合法的权利。因此，从根本上讲，“徒法不足以自行”，法律还需要人来实施，法治国家的建设还需要具有法律理想和法律信仰的人来保障法律的运行。法律职业伦理的研究和培养有助于法律精神、法律信仰和法律理想的形成，从而有助于推进建设社会主义法治国家的进程。

（三）法律职业伦理的研究有利于拓宽法学和伦理学的研究领域，深化法学和伦理学对具体问题的研究

为了深入研究各种问题，产生了各种各样的学科，这些学科从不同途径或角度研究问题，使得这些学科有了千丝万缕的联系。单独的学科研究不可避免地具有局限性，于是交叉学科的研究应运而生。法律职业伦理学也不例外，它是法学和伦理学的交叉学科，运用伦理学理论分析法律活动和法律现象，对其进行道德评价，扩展了伦理学的研究领域，而且，对法律的伦理诠释“必然影响法学对自身研究对象的全新理解和深层次把握，从而丰富了法律理论”[②]，深化了对具体法律问题的研究。

---

① ［古希腊］亚里士多德:《政治学》，商务印书馆1995年版，第199页。

② 李建华等:《法律伦理学》，湖南人民出版社2006年版，第12页。

CHAPTER 1

第一章

法官职业伦理

第一节 法官职业伦理概念

▶【典型案例】> > >

“全国模范法官”——邹碧华。①

▶【基本案情】> > >

2015 年 1 月 24 日下午，最高人民法院与中共上海市委联合召开命名表彰大会，追授邹碧华同志“全国模范法官”“上海市优秀共产党员”荣誉称号。中共中央政治局委员、上海市委书记韩正，最高人民法院党组书记、院长周强出席大会并讲话。

邹碧华生前系上海市高级人民法院副院长。2014 年 12 月 10 日，他在工作中突发心脏病，经抢救无效因公殉职，年仅 47 岁。邹碧华投身司法事业 26 年，他崇法尚德，践行党的宗旨，捍卫公平正义，坚持司法为民、便民利民，依法公正审理了一大批重大疑难案件，是知名的审判业务专家，所著的《要件审判九步法》被全国各地法院作为民商事审判的范本；他敢于担当，具有强烈的改革创新意识，大力推进信息化建设，推行可视化管理，特别是在司法改革中，敢啃“硬骨头”，甘当“燃灯者”，为上海法院司法改革试点乃至全国司法体制改革作出了突出贡献。他的不幸离世，在法律界和全社会引起强烈反响，形成了“邹碧华现象”，“法官当如邹碧华”成为社会各界的共鸣。

在大会上，韩正代表中共上海市委向邹碧华同志表示沉痛哀悼和崇高

① 案例来源：《最高人民法院和中共上海市委联合表彰邹碧华同志》，http://www. court. gov. cn/zixun-xiangqing-13113. html，2017 年 1 月 25 日访问。

敬意。

最高人民法院党组书记、院长周强强调，向邹碧华同志学习，就要像他那样坚定理想信念，坚定不移走中国特色社会主义法治道路，始终以对党和人民事业高度负责的精神，胸怀大局、忠诚履职、勤勉敬业；要像他那样坚持司法为民、公正司法，始终把实现好、维护好、发展好人民群众的根本利益作为一切工作的出发点和落脚点，坚定法治信仰，恪守司法良知，使每一起案件都经得起法律和历史的检验，努力让人民群众在每一个司法案件中都感受到公平正义；要像他那样敢于担当、勇于创新，切实增强政治责任感和历史使命感，深入推进司法体制改革，始终保持改革的信心和定力，以主人翁的姿态积极参与改革，与时俱进推动人民法院工作发展进步；要像他那样始终坚持学习钻研，不断提高司法能力和水平，妥善处理审判工作中遇到的新情况、新问题；要像他那样始终恪守法官职业道德，保持司法廉洁，以崇高的思想品格和过硬的司法作风，树立起新时期党员领导干部和人民法官的良好形象。

上海市委常委、组织部长徐泽洲宣读了《中共上海市委关于追授邹碧华同志上海市优秀共产党员荣誉称号的决定》，最高人民法院党组成员、政治部主任徐家新宣读了《最高人民法院关于追授邹碧华同志全国模范法官荣誉称号的决定》。

▶【法官职业伦理知识】> > >

该案例主要涉及法官职业伦理的概念等问题。

法官职业伦理的概念是什么？这是我们学习法官职业伦理首先要回答的问题。这个问题主要涉及以下几个方面：法官的任职条件，法官职业伦理的主体，法官职业伦理的对象，法官职业伦理的内容。

▶【学理分析】> > >

法官职业伦理是法律职业伦理的重要组成部分，是法官职业所遵循的重要行为准则。由于法官在法律职业中担负对法律问题最终裁判的职责，通常所说的“司法是保障正义的最后一道防线”即是指法官的裁判。因此，对法官的职业伦理要求比起其他职业，如检察官、律师等的职业伦理要求更高、更严。

一、法官职业伦理概念

法官职业伦理，是随着法官职业的产生、发展而形成的一种与法官职业密切相关的特殊的社会意识形态和行为准则，也是法官在履行其审判职责中或者从事与之相关的活动时，应当遵循的行为规范和应当具有的道德理念、价值追求和品质。一般认为，法官职业伦理实际上包括两个方面的范畴：一是法官司法职务之内的行为，二是法官职务之外个人生活方面的行为。为进一步理解法官职业伦理的含义，我们应当把握法官的任职条件、法官职业伦理的主体、法官职业伦理的对象和范围。

二、法官的任职条件

随着我国法官职业化改革进程的推进，对从事这一职业的法官的任职资格在法律上有了明确规定，并呈现出日益严格的趋势。关于法官任职条件主要由《中华人民共和国法官法》的规定。《中华人民共和国法官法》于 1995 年 2 月 28 日第八届全国人民代表大会常务委员会第十二次会议通过，根据 2001 年 6 月 30 日第九届全国人民代表大会常务委员会第二十二次会议《关于修改〈中华人民共和国法官法〉的决定》第一次修正，根据 2017 年 9 月 1 日第十二届全国人民代表大会常务委员会第二十九次会议《关于修改〈中华人民共和国法官法〉等八部法律的决定》第二次修正，2019 年 4 月 23 日第十三届全国人民代表大会常务委员会第十次会议修订。根据《中华人民共和国法官法》第三章法官的条件和遴选中的第 12 条、13 条、14 条、15 条的规定，我国担任法官必须具备下列条件：

(1)具有中华人民共和国国籍；

(2)拥护中华人民共和国宪法，拥护中国共产党领导和社会主义制度；

(3)具有良好的政治、业务素质和道德品行；

(4)具有正常履行职责的身体条件；

(5)具备普通高等学校法学类本科学历并获得学士及以上学位；或者普通高等学校非法学类本科及以上学历并获得法律硕士、法学硕士及以上学位；或者普通高等学校非法学类本科及以上学历，获得其他相应学位，并具有法律专业知识；

(6)从事法律工作满五年。其中获得法律硕士、法学硕士学位，或者获得法学博士学位的，从事法律工作的年限可以分别放宽至四年、三年；

(7)初任法官应当通过国家统一法律职业资格考试取得法律职业资格。

适用前款第五项规定的学历条件确有困难的地方，经最高人民法院审核确定，在一定期限内，可以将担任法官的学历条件放宽为高等学校本科毕业。

不得担任法官的条件为：

(1)因犯罪受过刑事处罚的；

(2)被开除公职的；

(3)被吊销律师、公证员执业证书或者被仲裁委员会除名的；

(4)有法律规定的其他情形的。

初任法官采用考试、考核的办法，按照德才兼备的标准，从具备法官条件的人员中择优提出人选。人民法院的院长应当具有法学专业知识和法律职业经历。副院长、审判委员会委员应当从法官、检察官或者其他具备法官条件的人员中产生。人民法院可以根据审判工作需要，从律师或者法学教学、研究人员等从事法律职业的人员中公开选拔法官。除应当具备法官任职条件外，参加公开选拔的律师应当实际执业不少于五年，执业经验丰富，从业声誉良好，参加公开选拔的法学教学、研究人员应当具有中级以上职称，从事教学、研究工作五年以上，有突出研究能力和相应研究成果。

以上条件是必需条件，即最基本的条件。从法官任职资格来看，法官职业具有较强的专业性，随着法治化进程的深化，法官职业化会逐渐加强，法官的准入门槛将会进一步提高。但这些任职条件只是一个入行的“敲门砖”，要想真正登堂入室，成为一个合格乃至优秀的法官，不仅应当具有专业的法律知识、熟稔的法律技能、很强的法律能力，还应当具有法律职业伦理的理念。

三、法官职业伦理的特点

(一)法官职业伦理的主体是法官

以前，由于法官并没有从普通公务员队伍中分离出来，对于包括法官在内的法律职业者来说，基本上适用与公务员相同的职业伦理来约束。随着社会主义法治的发展，法官法、检察官法、律师法的颁布，法律职业逐渐形成，法律职业化进一步发展，法律职业伦理的体系逐步建立起来。法官职业伦理是法律职业伦理体系中的一个重要组成部分，由于法官的审判职能要求法官必须保持中立、公正审判，从而与检察官职业伦理、律师职业伦理有很大的不同。

按照法院内部的机构设置，基于分工不同，法院内部除了职业法官外，还设有书记员、司法警察、行政后勤人员等岗位。建立员额制后，法院将分为法官、司法辅助人员、司法行政人员三类。司法辅助人员是指协助法官履行审判职责的工作人员，主要包括法官助理、书记员、司法警察等。这些除法官之外的工作人员虽然协助职业法官行使审判权，与职业法官有着密切的关系，但是他们与法官的职业特性和职业行为有着本质上的区别,因此两者之间的职业伦理要求也不相同。因此法官职业伦理的主体是在法院专门行使审判权的职业法官,即法官法第2条规定的:"法官是依法行使国家审判权的审判人员,包括最高人民法院、地方各级人民法院和军事法院等专门人民法院的院长、副院长、审判委员会委员、庭长、副庭长和审判员。"因此,法官职业伦理的主体并不包括法院的其他行政人员和司法辅助人员。

至于陪审员是否应当遵循法官职业伦理应当视情况而定。根据《中华人民共和国人民法院组织法》第34条规定:"人民陪审员依照法律规定参加合议庭审理案件。"既然享有审判案件的权力,那么就必须承担相应的义务。根据《中华人民共和国法官职业道德基本准则》第27条规定:"人民陪审员依法履行审判职责期间,应当遵守本准则。人民法院其他工作人员参照执行本准则。"可见,人民陪审员,在审判案件中享有审判的权力,就应当成为遵循法官职业伦理的主体。

(二)法官职业伦理规范的对象主要是法官履行司法职务行为及其各种社会活动

法官的基本职责是审判案件,因此法官职业伦理约束的范围主要也在于法官的审判活动。同时,由于法官的一些非职业活动在一定程度上也影响着法官职业的形象,所以一些与法官的职业形象直接相关的司法外活动,也受到法官职业伦理的约束。

(三)法官的职业伦理包括法官职业伦理的具体行为规范和法官的职业伦理理念

一些法官的职业伦理可以直接表现为具体的行为准则、规范,这在法官法、三大诉讼法及其法官职业道德基本准则和《法官行为规范》等文件中都有一些具体规定,但是还有一些观念性的要求难以具体化,例如审判独立、司法公正等,在法律法规中只能是原则性的规定。虽然有些具体的规范可以保障独立与公正,但对于法官来说,更重要的是牢固树立独立与公正的司法理念。时刻以此衡量和指导自己的行为,即便是最详尽的行为准则也不可能穷尽所有的行为方式,但高尚的职业伦理理念可以成为法官心中的指路明灯。

(四)法官职业伦理的内容

法官的本质特性决定了法官必须公正司法,因此,法官职业道德基本准则第2条规定,法官职业道德的核心是公正、廉洁、为民。在这三者中,廉洁不仅是对法官个人品质的要求,更是公正的前提。为民不仅是法官的政治使命,也是公正的目的;而公正是法官这一特殊职业的使命,在履行审判职责中秉公办案、不偏不倚、公正无私,从而解决争端,服务社会和人民,并树立和维护司法的权威。其基本要求是忠诚司法事业、保证司法公正、确保司法廉洁、坚持司法为民、维护司法形象。具体内容见以下各节。

第二节　法官的公正规则

▶【典型案例】>>>

依法纠正"萧山五青年抢劫杀人案"冤错案件。[①]

▶【基本案情】>>>

对于萧山五青年陈建阳、田伟冬犯抢劫罪、盗窃罪及王建平、朱又平、田孝平犯抢劫罪一案,杭州市中级人民法院于1997年7月11日作出(1997)杭刑初字第127号刑事判决。陈建阳、田伟冬、王建平、朱又平不服,分别提出上诉。浙江省高等法院于1997年12月29日作出(1997)浙法刑终字第520号刑事判决。判决生效执行后,浙江省高等法院院长发现原判决确有错误,经该院审判委员会讨论,于2013年5月21日作出(2013)浙刑监字第1号再审决定,决定对本案进行再审。浙江省高等法院依法另行组成合议庭,于2013年6月25日公开开庭审理了本案。浙江省高院审判监督庭审判员潘柏强等人具体承办了萧山五青年抢劫杀人案。

根据事实认定和相关法律,原一审、二审判决认定陈建阳、田伟冬、朱又平、田孝平抢劫并杀害被害人徐某的事实错误;认定陈建阳、田伟冬、王建平、田孝平抢劫并杀害被害人陈某的事实不能成立,均应予纠正。原审被告人陈建阳、田伟冬以非法占有为目的,结伙秘密窃取他人数额较大之财物,其行为均已构成盗窃罪,应依法惩处。原判盗窃罪定罪准确,鉴于陈建阳、田伟冬盗窃犯罪有

① 案件来源:陈东升、王春:《"萧山案"再审法官讲述法治进步背后故事》,《法制日报》2014年1月28日第4版;《陈建阳、田伟冬等抢劫罪、盗窃罪再审刑事判决书》,(2013)浙刑再字第3号,中国裁判文书网。

自首情节，可对陈建阳、田伟冬从轻改判。原审被告人田孝平以非法占有为目的，采用暴力、胁迫手段劫取他人财物，其行为已构成抢劫罪。鉴于田孝平在抢劫后能主动归还赃物，抢劫属犯罪未遂，可对其从轻处罚。原审对被告人陈建阳、田伟冬、王建平、朱又平的死缓刑判决和对田孝平的无期徒刑判决均应撤销，浙江省最高法院据此作出的减刑裁定亦应一并撤销。依照《中华人民共和国刑事诉讼法》第245条，《最高人民法院关于适用〈中华人民共和国刑事诉讼法〉的解释》第389条第1款第3项、第2款，《中华人民共和国刑法》第12条第1款、第264条、第67条第2款之规定，判决如下：

1. 撤销浙江省高等法院(1997)浙法刑终字第520号刑事判决和杭州市中级人民法院(1997)杭刑初字第127号刑事判决中对被告人陈建阳、田伟冬、王建平、朱又平抢劫罪的定罪量刑部分，对被告人陈建阳、田伟冬盗窃罪的量刑部分和决定刑部分，对田孝平抢劫罪的量刑部分，维持判决的其他部分；撤销浙江省高等法院(2000)浙法刑执字第306号、(2002)浙刑执字第829号、(2000)浙法刑执字第34号、(2002)浙刑执字第260号、(2000)浙法刑执字第97号、(2002)浙刑执字第444号、(2000)浙法刑执字第26号、(2002)浙法刑执字第328号、(2001)浙刑执字第421号刑事裁定；

2. 原审被告人王建平无罪；

3. 原审被告人朱又平无罪；

4. 原审被告人陈建阳犯盗窃罪，判处有期徒刑1年；

5. 原审被告人田伟冬犯盗窃罪，判处有期徒刑1年；

6. 原审被告人田孝平犯抢劫罪，判处有期徒刑3年。

2013年7月2日宣布无罪判决后，潘柏强和浙江省高院审判委员会专职委员何鉴伟一起走向王建平等5人，对他们表达歉意。

▶【法官的公正规则知识】> > >

该案件涉及法官的公正原则的重要性、公正的内涵等重大问题。

▶【学理分析】> > >

公平正义是法官职业伦理的核心内容。司法是社会公平正义的最后一道防线，而法官是这道防线的捍卫者。能否成为一位坚定的捍卫者，能否铸就一堵不倒的钢铁防线，就必须理解公平原则的重要性和公平原则的内容。

一、公正原则的重要性

公平正义是人类持之以恒的价值追求。在人类历史上有不少思想家谈到公平的意义，如《尚书·周官》载“以公灭私，民其允怀”。《管子·形势解》中记载：“天公平而无私，故美恶莫不覆；地公平而无私，故小大莫不载”。正义“是法律规范和制度安排的内容，它们对人类的影响以及它们在增进人类幸福与文明建设方面的价值。从最为广泛的和最为一般的意义上讲，正义的关注点可以被认为是一个群体的秩序或一个社会的制度是否适合于实现其基本的目标。如果我们并不试图给出一个全面的定义，那么我们就有可能指出，满足个人的合理需要和主张，并与此同时促进生产进步和提高社会内聚性的程度——这是维续文明的社会生活所必需的——就是正义的目标。[①] “公平正义是维护人的尊严的伦理基础”；公平正义“是建构合理和谐的社会关系的价值准则”“是保障人的基本权利的制度安排”“是德福一致的社会基础”“是社会有序发展、人民安居乐业的基本前提和保障”“是实现民生幸福的制度保障”[②]。

公平正义是依法治国的价值追求。亚里士多德认为法治应当包含两重意义：“已成立的法律获得普遍的服从，而大家所服从的法律又应该是本身制订得良好的法律。”[③]良好的法律无不渗透着公平正义的精髓，公平正义是良法的灵魂，法律离不开公平正义，公平正义的实现在逻辑上经历了血亲复仇、同态复仇、第三方调解或仲裁等形式，最终选择了通过法律的形式实现和维护公平正义，在当今依法治国的大背景下，公平正义就成为了法律制度所追求的目标和理想，成为依法治国的价值追求。

公平正义是法官职业活动中最根本的价值目标[④]。法律代表着公平正义，司法是实现公平正义的最佳选择，原因在于通过司法实现矫正正义的制度设计。在这一制度中法官处于中立地位，不偏不倚，居中裁判，使权利得以维护，使义务得以履行，从而实现公平正义。选择了法官这一职业，也就意味着，法官在自己的职业生涯中始终把公平正义作为自己的价值目标。但是在公平的实现过程中，不仅要有完美的制度设计、良好的法律职业素养，更应当具有高尚的职业操守和对正义锲而不舍的追求，这就是法官应当具有的公平正义职业道德

① ［美］E. 博登海默著，邓正来译：《法理学：法律哲学与法律方法》，中国政法大学出版社 2004 年版，第 261 页。

② 何建华：《公平正义：民生幸福的伦理基础》，《浙江社会科学》2014 年第 5 期，第 113—114 页。

③ ［古希腊］亚里士多德：《政治学》，商务印书馆 1995 年版，第 199 页。

④ 王新清主编：《法律职业道德》（第二版），法律出版社 2016 年版，第 32 页。

的最重要的内容。

二、公正原则的内涵

《中华人民共和国法官职业道德基本准则》第三章专门规定了“保证司法公正”的内容，其对公正的要求是多方面的，具体而言包括：

第一，实体公正和程序公正并重。

法官职业道德基本准则第10条规定：“牢固树立程序意识，坚持实体公正与程序公正并重，严格按照法定程序执法办案，充分保障当事人和其他诉讼参与人的诉讼权利，避免执法办案中的随意行为。”实体公正，要求法官在司法活动中就诉讼当事人的实体权利和义务所作出的裁判和处理是公正的，实现公正的结果。法官职业道德基本准则第9条规定：“坚持以事实为根据，以法律为准绳，努力查明案件事实，准确把握法律精神，正确适用法律，合理行使裁量权，避免主观臆断、超越职权、滥用职权，确保案件裁判结果公平公正。”程序公正，要求法官在诉讼活动的过程中必须遵循法定的诉讼程序，保护所有当事人在诉讼中的合法权利和平等地位，即“实体公正是指系统的最终‘产品’是否公正；程序公正是指该产品的生产过程是否公正”[①]。两者不可偏废，实体公正是司法正义追求的根本目标，而程序公正是实现实体公正的保障。实践证明，无论单纯追求实体正义或是程序正义，最终都不能实现司法正义。因此，法官职业道德基本准则将实体公正和程序公正并重作为对法官的基本要求。

第二，形象公正。

法官不仅应当注重实体公正和程序公正并重，还应当重视形象公正，避免公众对司法公正产生合理的怀疑。法官职业道德基本准则第3条规定：“法官应当自觉遵守法官职业道德，在本职工作和业外活动中严格要求自己，维护人民法院形象和司法公信力。”所谓的法官形象公正是指法官在履行司法职责活动和其他社会活动中的言行举止、品格操守必须符合法官职业特点要求，必须遵守相应的法律规范和职业道德规范。法官的形象公正贯穿于整个司法活动中甚至于法官的社会交往活动中，法官应牢记自己的职业责任，自觉维护自己客观、中立、公正的裁判者地位和形象。实现司法公正是法官的职责，保持公正的形象是实现司法公正的前提。没有形象公正就不可能有公正的法官，没有公正的法官就不可能有司法公正。因此，法官形象公正是实体公正和程序公正的

① 何家弘：《司法公正论》，《中国法学》1999年第2期，第3页。

前提和基础，是实现司法公正的必然要求。

司法是正义的最后一道防线，如果通过司法无法实现公正，民众就会对法官、司法乃至法律失去信心，司法公信力就会荡然无存。正如上述案件的当事人对再审法官潘柏强所言印证了这一问题，王建平说："等我出去后，要让案件原承办人员一个个消失掉。"田伟冬也对他说："你们不给我一个交代，我一定会给社会一个交代。"另一起冤案的当事人张高平说："今天你们是法官、检察官，但你们的子孙不一定是法官、检察官，如果没有法律和制度的保障，你们的子孙很有可能和我一样被冤枉，徘徊在死刑的边缘。"[①]每一起冤假错案，不仅仅是王建平、田伟冬、张高平们等每一个深受冤屈者身怀冤屈、申诉无门所流露出来对法律、社会的失望，更是对法律的尊严和权威的损害，失去的是社会公众对公平正义的信心。

一、独立行使审判权

▶【典型案例】> > >

原法官李某某受贿案。[②]

▶【基本案情】> > >

2005 年至 2011 年期间，被告人李某某利用担任某某中级人民法院民三庭副庭长和主审法官职务的便利，在案件审理过程中，分 6 次先后收受我国香港地区某某投资有限公司、河南某乙有限公司、新乡市某某有限公司、河南某甲有限公司、河南省某某进出口有限公司的委托代理人张某某、郑某某等人以及登封市某某局周某某现金和购物卡，并收受河南某某律师事务所律师秦某某现金和购物卡，为上述单位和个人提供帮助，共收受现金人民币 18.2 万元、购物卡人民币 2 万元，共计人民币 20.2 万元。具体事实如下：

1. 2010 年 2 月，被告人李某某利用担任我国香港地区某某投资有限公司诉河南某某有限公司财产损害赔偿纠纷一案主审法官职务便利，为我国香港地区某某投资有限公司及其委托代理人张某某（另案处理）提供帮助，于 2010 年 3

① 陈东升、王春：《"萧山案"再审法官讲述法治进步背后故事》，《法制日报》2014 年 1 月 28 日，第 4 版。

② 案件来源：《河南省汤阴县人民法院刑事判决书》，（2012）汤少刑初字第 96 号，中国裁判文书网。

月左右和2011年3月左右，分2次收受张某某所送人民币共计3万元。已追退赃款人民币2.99万元。

2. 2007年6月至2009年8月，被告人李某某利用担任某某中级人民法院民三庭副庭长分管知识产权案件审理工作的职务便利，在审理新乡市某某有限公司诉刘某某侵权纠纷一案中，为新乡市某某有限公司提供帮助，李某某多次当面和打电话给承办人要求尽快结案。于2009年初和2009年8月，分2次收受新乡市某某有限公司委托代理人所送人民币共计3万元。

3. 2006年9月至2008年3月，被告人李某某利用担任河南省某甲有限公司诉江西某某有限公司经营合同纠纷一案主审法官职务便利，为某甲公司提供帮助，于2007年春节前、2007年3月、2008年3月，分3次收受某甲公司委托代理人所送人民币共计3.2万元。

4. 2006年10月至2007年6月，被告人李某某在担任河南某乙有限公司诉郑州某某商贸有限公司商标侵权纠纷一案主审法官期间，为河南某乙有限公司在通过商标侵权诉讼认定"某某"驰名商标的过程中提供帮助，分5次收受河南某乙有限公司的委托代理人郑某某（另案处理）所送人民币共计7.5万元和5000元购物卡。

5. 2005年5月，被告人李某某利用担任河南省某某进出口有限公司诉郑州某某纸业有限公司行纪合同纠纷一案主审法官便利，为河南省某某进出口有限公司提供帮助，收受河南省某某进出口有限公司委托代理人人民币1万元。

6. 被告人李某某担任某某中级人民法院法官和民三庭副庭长期间，利用职务便利，在2006年6—7月收受河南某某律师事务所律师秦某某人民币5000元；2011年4—5月收受河南某某律师事务所律师秦某某人民币5000元金钱豹饭店消费卡一张。

7. 2011年，被告人李某某利用担任某某中级人民法院民三庭副庭长分管知识产权案件审理工作的职务便利，在登封市某某建筑公司诉登封市某某局一案中，为登封市某某局提供帮助，收受登封市某某局周某某人民币1万元大商新玛特购物卡一张。

根据事实和法律，法院对本案的判决如下：

1. 被告人李某某犯受贿罪，判处有期徒刑10年；

2. 扣押在案的人民币2.99万元予以没收，由扣押机关上缴国库；其余违法所得人民币17.21万元予以追缴后上缴国库。

▶【法官的公正规则知识】> > >

本案涉及法官独立行使审判权的职业伦理，包括对独立行使审判权的理解，法官独立行使审判权的具体要求，如何保障法官独立行使审判权等问题。

▶【学理分析】> > >

独立行使审判权是司法公正的最重要的保障。根据我国宪法、法律和法官的职业道德准则等的规定可知，独立行使审判权的主体主要包括法院和法官，一般称为法院独立和法官独立。法院独立是指人民法院依照法律独立行使审判权，不受任何行政机关、社会团体和个人的干涉。我国宪法和法律都有此规定。如宪法第131条规定："人民法院依照法律规定独立行使审判权，不受行政机关、社会团体和个人的干涉。"法官独立是指法官在具体的审判实践中坚持和维护依法独立行使审判权的原则，不受任何行政机关、社会团体和个人的干涉，不受权势、人情等因素的影响。从法官职业伦理的角度而言，主要指的是法官独立行使审判权，并且"独立行使审判权"被作为保障司法公正一项具体准则对待。诚如我国法官职业道德基本准则第8条规定，法官"坚持和维护人民法院依法独立行使审判权的原则，客观公正审理案件，在审判活动中独立思考、自主判断，敢于坚持原则，不受任何行政机关、社会团体和个人的干涉，不受权势、人情等因素的影响"。可知法官职业伦理中的"独立行使审判权"应当从以下三个方面来理解。

一是外部独立。是指法官在履行职责时，应当忠实于宪法和法律，坚持和维护审判独立的原则，客观公正地审理案件，不受任何行政干预，不受权势、人情等法律规定之外的因素影响。独立行使审判权的原则在法院组织法、法官法、三大诉讼法中均有明确规定。这一准则所强调的是法官在行使审判权时不受司法体系外的其他国家权力机构、其他非法律要素影响而相对独立。

二是内部独立。法官独立行使审判权不仅相对于司法体系外的机关、社会团体和个人的独立，还应当独立于法院内部的其他司法人员，即为内部独立。法官职业道德基本准则第14条规定："尊重其他法官对审判职权的依法行使，除履行工作职责或者通过正当程序外，不过问、不干预、不评论其他法官正在审理的案件。"第26条规定："法官退休后应当遵守国家相关规定，不利用自己的原有身份和便利条件过问、干预执法办案，避免因个人不当言行对法官职业形象造成不良影响。"这一规定的目的是为排除司法系统内部来自其他法官的干扰。

目前由于存在着法官座次的科层化、法官管理的行政化、审判管理职责的扩张、"三权"(审判权、审判监督权和审判管理权)交集的微妙关系、独立程度的"量化"辩解等[①]现象,不同程度地影响着法官独立行使审判权的现象。当前的司法改革正在逐步解决这些问题。

三是法官内心独立。法官独立行使审判权既需要制度上的保障,更需要法官的内心独立。一方面在审判活动中独立思考、自主判断,敢于坚持原则,敢于坚持正确的意见,依照法律和事实审理案件;另一方面不过问、不干涉其他法官的审判活动。根据法官职业道德基本准则第 8 条规定,法官"坚持和维护人民法院依法独立行使审判权的原则,客观公正审理案件,在审判活动中独立思考、自主判断,敢于坚持原则"。这就要求法官既要自己在审理案件中应当有独立意识,运用自己的法律智慧对案件自主作出判断,排除各种不当影响,并有勇气坚持自己认为正确的观点;同时也要尊重其他法官意识的独立,判断的自主,真正发自内心地保障独立行使审判权。

上述案件中,涉案法官李某某本应当坚持独立的地位,不受权力、金钱、人情等外力因素的影响,依照事实和法律审理案件,从而保障当事人的正当合法利益,实现司法的公平公正。然而涉案法官李某某,在自己主审的案件中多次受到金钱等外力的诱惑,做出了违反法律的审判行为,同时利用自己审判庭庭长的身份,在接受当事人金钱报酬的诱惑下多次干预其他法官的审判活动,完全违背了法官职业道德基本准则的第 8 条、第 14 条规定,不仅自己丧失了独立行使审判权,同时干涉其他法官独立行使审判权。这不仅造成了个案的违法,更严重损毁了法官的形象和司法的公信力。该案法官不仅违背法官职业道德的要求,更违反了我国刑法的规定,因此受到了刑法的制裁。

二、以事实为根据,以法律为准绳

▶【典型案例】> > >

眼花法官判错案。[②]

---

① 蒋惠岭:《"法院独立"与"法官独立"之辩——一个中式命题的终结》,《法律科学(西北政法大学学报)》2015 年第 1 期,第 48—50 页。

② 案例来源:王飞:《"法官眼花判错案"再审纪实》,《检察日报》2012 年 4 月 26 日,第 5 版。

▶【基本案情】>>>

2012年3月在审理杨新华交通肇事犯罪一案的过程中,在被告人没有赔偿的情况下,法院主审法官水某作出了减轻处罚的判决。2012年4月23日,河南陕县人民法院启动案件重审程序,"眼花法官"水某被移交司法机关查处。2012年5月9日,水某被三门峡市检察机关以滥用职权罪依法逮捕。

2011年9月,河南境内发生一起交通事故,三死两伤。根据法律规定,交通肇事死亡2人以上或重伤5人以上,负事故全部责任或主要责任的,处3年以上7年以下有期徒刑。

而在2012年3月6日的该事故中,负全责的肇事司机被陕县法院主审法官水某判处有期徒刑2年。其中,重要依据是:法院认定"被告人积极赔偿受害人家属部分经济损失90余万元"。

对于该案件判决与事实不符的情况,审判庭副庭长水某称是负责审理该案件民事部分的三门峡市湖滨区法院"出具了一份表述含糊的赔偿证明",自己当时"眼睛花",才将案件"判错了"。法官的"眼花判错案"言论引起舆论的广泛关注,法官水某也被舆论称为"眼花法官"。

对于这样的糊涂判决,2012年4月16日,河南省高级人民法院院长张立勇作出批示,要求省高院立即派人调查,如情况属实,必须严肃处理,绝不姑息。同一天,三门峡市委书记杨树平批示:要求市委政法委安排市政法纪工委重点督办,确保此案依法公平公正判决。

2012年4月17日,从三门峡市中级法院有关方面了解到:陕县人民法院刑庭庭长吕丙林、主审法官水某以及湖滨区人民法院后川法庭庭长翟二民已被停职检查、接受调查、听候处理。

原审中作出错误裁决的主审法官水某,根据河南省高级人民法院《错案责任终身追究办法(试行)》的规定,已经于2012年4月21日移交司法机关查处。这是河南省4月5日出台《错案责任终身追究办法(试行)》以来,媒体公开报道中第一例适用该办法被追责的法官。

2012年5月9日,备受社会关注的河南省陕县法院"眼花"法官水某,被三门峡市检察机关以滥用职权罪依法逮捕。此案经媒体报道后,水某以自己"眼睛花、看错了"为由搪塞,在社会上造成严重的负面影响,相关责任人已受到党纪处理。

据三门峡市湖滨区检察院办案人员介绍，对水某涉嫌滥用职权犯罪立案侦查基于三点：

一是原案一审中被告人一方没有赔偿变成积极赔偿，其主要证据没有经过法庭示证和质证，按照有关规定，“没有经过法庭示证和质证”的证据不能作为定案依据；

二是被告人杨新华交通肇事造成3死2伤，量刑应在3—7年，而原一审判决对杨新华从轻处理，判处杨新华有期徒刑2年，这实际上是减轻处罚而不是从轻处罚；

三是被告人杨新华在事故中负全部责任，但是判决书上表述为负主要责任。

基于上述三点，湖滨区检察院认定水某的行为属滥用职权犯罪。

▶【法官的公正规则知识】>>>

该案主要涉及以事实为根据，以法律为准绳的法官职业伦理的知识。

▶【学理分析】>>>

确保案件裁判的公平公正，最基本的要求应当以事实为根据，以法律为准绳，这是我国三大诉讼法共同确定的原则。“以事实为根据”，是指主审法官在审理、裁判案件的过程中应当尊重客观事实，以实事求是的态度尽量全面地调查、收集、判断、辨别、审查证据，并以查证属实的证据客观、准确地认定案件事实，避免以主观想象、臆断，偏听偏信，或查无实证的假象为根据。同时也应当避免把证据完全等同于事实的情况，客观事实的认定虽然离不开证据，但证据不等于事实。“以法律为准绳”，是要求法官严格依法行使审判权，不受任何国家机关、社会团体和个人的干涉，不受金钱和人情的干扰。在事实的基础上，正确地适用法律，准确地把握法的精神，公正地行使审判权。两者对于公正合理的裁判来说缺一不可，如果失去作为基础的事实，裁判就是无本之木、无源之水，法律就难以适用；如果失去作为准绳的法律，裁判就失去了正义的保障。

“以事实为根据，以法律为准绳”也是法官法、法官职业道德基本准则对法官履行职责的基本要求。法官法第6条规定，法官要“法官审判案件，应当以事实为根据，以法律为准绳，秉持客观公正的立场。”法官职业道德基本准则第9条也规定，“坚持以事实为根据，以法律为准绳，努力查明案件事实，准确把握法律精神，正确适用法律，合理行使裁量权，避免主观臆断、超越职权、滥用职权，确保案件裁判结果公平公正”。

实践表明，法官在审理案件、履行自己的职责活动中，只要坚持了“以事实为根据，以法律为准绳”，也就为公正司法创造了最根本的条件。反之，只要违背了这两者中的一个，司法活动必然偏离公正的轨道，就会出现上述案件中的错案，法官本身必然会受到职业责任和法律责任的追究。

该案中的法官本应在事实和法律的基础上审判案件，但是事实上都违背了“以事实为根据，以法律为准绳”的职业伦理，其中把没有赔偿的事实变成“被告人积极赔偿受害人家属部分经济损失人民币 90 余万元”的“事实”，属于违背事实的行为；而把“根据法律规定，交通肇事死亡 2 人以上或重伤 5 人以上，负事故全部责任或主要责任的，处 3 年以上 7 年以下有期徒刑”减为 2 年，是违法判决。此案既偏离了事实，又违背了法律的规定，必然受到党纪国法的追究。

三、中　立

▶【典型案例】> > >

原法官袁某某受贿罪案。[1]

▶【基本案情】> > >

安徽省滁州市琅琊区人民法院审理琅琊区人民检察院指控原审被告人原淮南市田家庵区人民法院副院长、党组成员袁某某犯受贿罪一案，于 2014 年 12 月 11 日作出(2014)琅刑初字第 00233 号刑事判决。原审被告人袁某某不服，提出上诉。滁州市中级人民法院受理后，依法组成合议庭，于 2015 年 4 月 30 日公开开庭审理了本案。审理结果是驳回上诉，维持原判。

原判认定：被告人袁某某于 2001 年至 2004 年 4 月，任淮南市田家庵区人民法院泉山法庭副庭长、庭长；2004 年 4 月至 2005 年 11 月，任审判委员会委员、泉山法庭庭长；2005 年 11 月至 2010 年 5 月，任审判委员会委员、民一庭庭长；2010 年 5 月至案发，任党组成员、副院长、审判委员会委员。被告人袁某某在淮南市田家庵区人民法院任职期间，利用职务便利，接受他人请托，为他人谋取利益，先后索取、收受他人财物以及利用职权形成的便利条件，通过其他国家工作

① 案件来源：《安徽省滁州市中级人民法院刑事裁定书》，(2015)滁刑终字第 00034 号，中国裁判文书网。

人员职务上的行为,为请托人谋取不正当利益,收受请托人财物,合计人民币351800元。上述事实,有下列证据证实:

1. 2002年,淮南市田家庵区人民法院泉山法庭办理了原告廖某勇诉被告淮南市安成镇廖家湾村委会供电承包合同纠纷一案。时任泉山法庭庭长被告人袁某某介绍律师刘某甲担任了原告廖某勇的诉讼代理人,为了对袁某某介绍案件表示感谢以及希望在案件审理时给予关照,刘某甲在袁某某的办公室送给袁某某现金5000元。

2. 2004年,袁某某承办原告淮南市大祥经贸有限责任公司诉被告廖某海财产纠纷一案。原告淮南市大祥经贸有限责任公司的法定代表人廖某甲(原名廖某强)为了得到袁某某对其诉讼请求的支持,在袁某某的办公室送给袁某某1万元现金。

3. 2005年,袁某某从泉山法庭庭长调任淮南市田家庵区人民法院民一庭庭长,中铁四局第三工程有限公司法律顾问张某甲为了感谢袁某某担任泉山法庭庭长期间,在多起案件中对中铁四局第三工程有限公司的关照,以为袁某某送行为名,送给袁某某现金1万元。

4. 2007年,袁某某承办原告蚌埠市住好得家居用品商场诉被告淮南市大润发商业有限公司财产损害赔偿纠纷一案。案件第三人淮南市建厦房屋开发有限公司的诉讼代理人任某为了让袁某某在办理案件时,对第三人淮南市建厦房屋开发有限公司予以关照,作出对其有利的裁判,在袁某某的办公室送给袁某某现金5000元。

5. 2007年,淮南市田家庵区人民法院办理了被告人徐某培、徐某洲涉嫌故意伤害罪一案。被告人徐某培的母亲许某美找到姚某甲(另案处理),给姚某甲现金2万元,请姚某甲帮忙到该院疏通关系。姚某甲找到时任该院民一庭庭长被告人袁某某,希望袁某某能给案件承办人打招呼,关照一下被告人徐某培,并在袁某某的办公室送给袁某某现金1万元,收钱后袁也打了招呼。

6. 2007年,袁某某在承办原告淮南市战马球拍制造有限责任公司诉被告淮南市康奥运动器材有限公司房屋租赁合同纠纷一案时,接受淮南市康奥运动器材有限公司法定代表人赵某甲吃请,并在饭后收受赵某甲所送的现金5000元。

7. 2008年,淮南市田家庵区人民法院办理原告上海长松建筑安装有限公司诉被告曹某乙、姚某乙建设工程施工合同纠纷一案。在案件办理期间,被告姚某乙邀请时任该院民一庭庭长被告人袁某某以及该院几名同事在淮南市海明月大酒店吃饭，在该酒店卫生间，姚某乙送给袁某某现金 4000 元。

8. 2009 年，淮南市田家庵区人民法院办理原告孙某峰、孙某庆诉被告淮南市舜耕镇曹咀村社区委员会以及淮南市舜耕镇曹咀村社区委员会第四村民小组承包地征收补偿费用分配纠纷案。被告淮南市舜耕镇曹咀村社区委员会主任曹某乙找到时任该院民一庭庭长被告人袁某某，希望其在案件处理上对被告淮南市舜耕镇曹咀村社区委员会予以关照，在袁某某的办公室送给袁某某 5000 元现金。

9. 2009 年，淮南市田家庵区人民法院泉山法庭办理原告陈某路诉被告陈某明临时用地合同纠纷。陈某明的亲戚王某找到该院时任民一庭庭长被告人袁某某，希望其能给案件承办人打招呼，当时袁某某就给郑晓明庭长打了招呼，关照被告陈某明。王某送给袁某某现金 1 万元。

10. 2009 年，袁某某承办安徽淮化集团建筑安装工程有限公司诉淮南市长城房地产开发有限公司建设工程施工合同纠纷一案，原告安徽淮化集团建筑安装工程有限公司的委托代理人刘某乙为了袁某某能在案件处理上对原告予以关照，在袁某某的办公室送给袁某某现金 2000 元。

11. 2009 年，淮南市田家庵区人民法院办理了被告人姚某龙涉嫌故意伤害罪一案。被告人姚某龙的亲戚姚国防找到姚某甲，给了姚某甲现金 1 万元，请姚某甲帮忙到该院疏通关系。姚某甲找到时任该院民一庭庭长被告人袁某某，希望袁某某能给案件承办人打招呼，关照一下被告人姚某龙，并在袁某某的办公室送给袁某某现金 1 万元。收钱后，袁某某给承办人也打了招呼。

12. 2011 年，淮南市田家庵区人民法院办理陈某柱涉嫌故意伤害罪一案。被告人陈某柱的辩护人黄某找到时任该院副院长被告人袁某某，希望袁某某在该案的处理上，对被告人陈某柱予以关照，并在袁某某的办公室送给袁某某现金 3000 元。

13. 2012 年，淮南市田家庵区人民法院办理被告人姚某涉嫌故意毁坏财物罪一案。被告人姚某的亲戚叶某通过姚某甲请时任该院副院长被告人袁某某吃饭，希望袁某某能给案件承办人打招呼，关照一下被告人姚某。叶某在饭后送给袁某某现金 2 万元。

14. 2012 年，淮南市田家庵区人民法院办理被告人轩某山涉嫌故意伤害罪一案。被告人轩某山的辩护人黄某找到时任该院副院长被告人袁某某，希望袁某某在该案的处理上，对被告人轩某山予以关照，并在袁某某的办公室送给袁某某现金 3 万元。

15. 2012 年 12 月，叶某、赵某乙、姚某丙三人因与姚某存在合伙纠纷，向淮南市田家庵区人民法院提出诉前财产保全，叶某请姚某甲出面找时任该院副院长被告人袁某某帮忙。经过姚某甲联系，叶某、赵某乙、姚某丙三人到袁某某办公室送给袁某某现金 1 万元。

16. 2013 年 9 月，因安城镇下陈村村民陈某海拖欠姚某甲借款，姚某甲申请淮南市田家庵区人民法院对陈某海在安城镇下陈村的征地补偿款诉前财产保全。姚某甲在办理申请保全手续前，请时任该院副院长被告人袁某某帮忙，在袁某某安排下，立案一庭很快立案并完成冻结保全工作。为了对袁某某表示感谢，2013 年中秋节前，姚某甲委托袁某某的驾驶员姚某丁带给袁某某人民币 4000 元购物卡。

17. 2013 年，廖某甲的亲戚张某兰因生命权纠纷被起诉至淮南市田家庵区人民法院，廖某甲找到时任该院副院长袁某某，希望袁某某在案件处理上对张某兰予以关照，并在袁某某的办公室送给袁某某人民币 4000 元购物卡。

18. 2013 年，淮南市田家庵区人民法院办理原告周某翔诉被告黄蓉离婚纠纷一案。原告周某翔的诉讼代理人黄某找到时任该院副院长被告人袁某某，希望袁某某在该案的处理上，对原告周某翔予以关照，同时也是为了和他维持好关系，以便在今后的工作中能继续得到帮助和关照，并在袁某某的办公室送给袁某某现金 3000 元。

19. 2013 年，淮南市田家庵区人民法院泉山法庭办理原告姚某丙、赵某乙、叶某诉被告姚某、淮南市鼎龙工程有限公司合伙协议纠纷一案。时任该院副院长袁某某介绍律师刘某甲担任原告姚某丙、赵某乙、叶某的诉讼代理人，为了对袁某某表示感谢，刘某甲在袁某某的办公室送给袁某某现金 2 万元。

20. 2013 年，淮南市田家庵区人民法院办理原告安徽新潮投资发展有限公司诉被告安徽省旭日房地产开发有限公司建设用地使用权纠纷一案。原告安徽新潮投资发展有限公司的诉讼代理人刘某甲律师找到时任该院副院长袁某某，请袁某某帮忙关照原告。2013 年底，袁某某到原告安徽新潮投资发展有限公司购买家具，刘某甲为袁某某支付人民币 1800 元家具款。

21. 2014 年 5 月，淮南市田家庵区人民法院办理周某娜涉嫌危险驾驶罪、李伟涉嫌包庇罪一案。被告人周某娜的哥哥周某伦找到高某，请其找法院的人帮忙。高某找到时任淮南市田家庵区人民法院副院长袁某某，请袁某某帮忙给案件承办人打招呼，并在袁某某的办公室，送给袁某某1万元现金。

22. 2008年至2009年期间，袁某某在承办原告淮南市公路局石料厂起诉被告淮南市金厦房地产综合开发公司联合开发协议纠纷一案中，袁某某收受被告淮南市金厦房地产综合开发公司法定代表人李某（另案处理）现金及购物卡共计16万元人民币，收受原告淮南市公路局石料厂厂长张某乙（另案处理）现金1万元人民币。具体如下：被告淮南市金厦房地产综合开发公司法定代表人李某为请袁某某在案件审理过程中给予照顾，先后三次送给袁某某现金及购物卡共计16万元人民币，分别是：(1)约2008年6月，在袁某某办公室送给袁某某人民币3万元购物卡；(2)约2008年7月，在袁某某办公室送给袁某某3万元现金；(3)2008年9—10月，袁某某以处理案件需要打点为由向李某索要一二十万元，后李某在办公室送给袁某某现金10万元。被告人袁某某后退给李某人民币5万元。

原告淮南市公路局石料厂厂长张某乙为请袁某某在案件审理过程中帮忙照顾，于2008年7月袁某某去现场实地查看涉案地块时，在张某乙办公室送给袁某某现金1万元。

另查，案发后，被告人袁某某家人代其退出了人民币301800元赃款。另外，被告人袁某某检举他人犯罪，经查证属实。

根据上述事实和证据，原审法院认为：被告人袁某某身为国家工作人员，利用职务上的便利，接受他人请托，为他人谋取利益，先后索取、收受他人财物以及利用职权形成的便利条件，通过其他国家工作人员职务上的行为，为请托人谋取不正当利益，收受请托人财物，合计人民币351800元，其行为构成受贿罪。被告人袁某某有索贿情节，依法从重处罚；有立功情节，依法减轻处罚；有坦白情节，依法从轻处罚；案发后退清赃款，酌情从轻处罚。此案经该院审判委员会讨论决定，依照《中华人民共和国刑法》第385条第1款、第386条、第388条第1款、第68条、第67条第3款、第64条以及《中华人民共和国刑事诉讼法》第74条之规定，判决：被告人袁某某犯受贿罪，判处有期徒刑7年零6个月，并处没收财产人民币7万元；对赃款人民币30.18万元予以没收，上缴国库。

袁某某上诉后，经安徽省滁州市中级人民法院二审审理认定，原判认定事实清楚，证据确实充分，定罪准确，量刑适当，审判程序合法。依照《中华人民共和国刑事诉讼法》第225条第1款第1项的规定，裁定驳回上诉，维持原判。

▶【法官的公正规则知识】> > >

本部分主要关注的是法官保持中立地位原则。法官只有保持中立地位，不偏不倚,才能维护司法的公正。要做到中立裁判纠纷,法官必须遵守法律及职业道德的具体要求。

▶【学理分析】> > >

法官职业道德基本准则第 13 条规定,法官"审理案件保持中立公正的立场,平等对待当事人和其他诉讼参与人,不偏袒或歧视任何一方当事人,不私自单独会见当事人及其代理人、辩护人"。法官中立地位的要求,主要是确保法官始终处在中立裁判的地位,而不偏向任何一方当事人。同时,要求法官在宣判前,不得通过言语、表情或者行为流露自己对裁判结果的观点或者态度。法官在调解案件时也应当注意言行审慎,避免当事人和其他诉讼参与人对其公正性产生合理的怀疑。法官保持中立,具体要求如下。

一、法官应当平等地对待当事人及其辩护人

法律面前人人平等是我国的宪法原则,也是法官在审判工作中应当遵循的基本原则,现已纳入职业伦理之中。这项原则要求法官应当为双方当事人提供实现诉讼权利平等的条件,保证当事人都有平等的机会向法官阐述自己对案件的看法以及自己的主张和理由。法官职业道德基本准则第 13 条对此作了具体规定,要求法官审理案件保持中立公正的立场,平等对待当事人和其他诉讼参与人,不偏袒或歧视任何一方当事人。第 22 条规定:"尊重当事人和其他诉讼参与人的人格尊严,避免盛气凌人、'冷硬横推'等不良作风;尊重律师,依法保障律师参与诉讼活动的权利。"《法官行为规范》第 30 条第(4)项规定了法官庭审中平等对待与庭审活动有关的人员,不与诉讼中的任何一方有亲近的表示;第(6)项规定了法官在庭审中不得用带有倾向性的语言进行提问,不得与当事人及其他诉讼参加人争吵。

二、禁止私下单方接触当事人、代理人和辩护人

为了保证法官站在中立的立场上裁决纠纷,实现司法公正,法官职业道德基本准则第 13 条对此作了具体规定,要求法官审理案件保持中立公正的立场……不私自单独会见当事人及其代理人、辩护人。《法官行为规范》第 40 条规定了法官在调解中与一方当事人接触的规定。具体内容为法官"在调解过程中与当事人接触:(1)应当征询各方当事人的调解意愿;(2)根据案件的具体情况,可以分别与各方当事人做调解工作;(3)在与一方当事人接触时,应当保持公平,避免他方当事人对法官的中立性产生合理怀疑"。这里尤为注意处理好

法官与律师的关系。

三、抵制关系案、人情案

由于中国文化和中国社会的特殊性质，人情、关系成为最容易影响司法公正的因素之一。因此，法官职业道德基本准则第 8 条规定：“坚持和维护人民法院依法独立行使审判权的原则，客观公正审理案件，在审判活动中独立思考、自主判断，敢于坚持原则，不受任何行政机关、社会团体和个人的干涉，不受权势、人情等因素的影响。”对于人情案件的处理，有的地方法院规定，对于所有拉关系、讲人情的案件，都应当将有关情况制作笔录入卷，或者将书面材料入卷。2017 年最高人民法院印发的《人民法院落实〈保护司法人员依法履行法定职责规定〉的实施办法》第 1 条规定“法官依法办理案件不受行政机关、社会团体和个人的干涉，有权拒绝执行任何单位、个人违反法定职责或者法定程序、有碍司法公正的要求。对于任何单位、个人在诉讼程序之外递转的涉及具体案件的函文、信件或者口头意见，法官应当按照《领导干部干预司法活动、插手具体案件处理的记录、通报和责任追究规定》《司法机关内部人员过问案件的记录和责任追究规定》及其实施办法予以记录”。2019 年修订的法官法第 54 条明确规定：“任何单位或者个人不得要求法官从事超出法定职责范围的事务。对任何干涉法官办理案件的行为，法官有权拒绝并予以全面如实记录和报告；有违纪违法情形的，由有关机关根据情节轻重追究有关责任人员、行为人的责任。”

四、回避原则

回避原则是保证法官在与案件本身没有利害关系的前提条件下审理案件，从而保证法官在案件审理中保持中立立场，因此我国三大诉讼法所确立的回避基本原则，法官法第 24 条规定：“法官的配偶、父母、子女有下列情形之一的，法官应当实行任职回避：(1)担任该法官所任职人民法院辖区内律师事务所的合伙人或者设立人的；(2)在该法官所任职人民法院辖区内以律师身份担任诉讼代理人、辩护人，或者为诉讼案件当事人提供其他有偿法律服务的。”法官职业道德基本准则予以了重申。可见回避原则不仅是法官法律上的义务，也是道德上的义务。法官职业道德基本准则第 13 条规定，法官应当“自觉遵守司法回避制度”。《法官行为规范》第 27 条第 6 项规定：“自觉遵守关于回避的法律规定和相关制度，对当事人提出的申请回避请求不予同意的，应当向当事人说明理由。”根据这一要求，法官除了严格按照诉讼法规定的回避事由回避外，更强调了法官的自觉性，这是对法官最低职业道德水平的要求。2000 年最高人民法院印发的《最高人民法院关于审判人员严格执行回避制度的若干规定》第 1 条详细规定了法官自行回避的情形：(1)是本案的当事人或者与当事人有直系血亲、三代以内旁系血亲及姻亲关系的；(2)本人或者其近亲属与本案有利害关系的；(3)担任过本案的证人、鉴定人、勘验人、辩护人、诉讼代理人的；(4)与本案的诉讼代理人、辩护人有夫妻、父母、子女或者同胞兄弟姐妹关系的；(5)本人与本案当事人之间存在其他利害关系，可能影响案件公正处理的。

本案例中被告人袁某某身为法官，从 2002 年到 2009 年，多次利用职务上的便利，接受他人请托，偏袒一方当事人，为其谋取利益，违反了法官应当保持中立的原则，私下单独会见当事人及其代理人、辩护人。法官职业道德基本准则第 13 条的规定，要求法官“自觉遵守司法回避制度，审理案件保持中立公正的立场，平等对待当事人和其他诉讼参与人，不偏袒或歧视任何一方当事人，不私自单独会见当事人及其代理人、辩护人”。法官职业道德基本准则第 8 条规定：“坚持和维护人民法院依法独立行使审判权的原则，客观公正审理案件，在审判活动中独立思考、自主判断，敢于坚持原则，不受任何行政机关、社会团体和个人的干涉，不受权势、人情等因素的影响。”因袁某某在案件后多次收受请托人财物，偏袒一方当事人，为请托人谋取不正当利益，导致了法官中立立场的丧失，破坏了司法公正，损害了司法的形象和公信力，同时违反了法官的廉洁原则，并且触犯了国家的法律，理所当然地受到国家法律的处罚。

四、法官的效率规则

▶【典型案例】＞＞＞

法官以不存在的法律条款判案遭起诉案。[①]

▶【基本案情】＞＞＞

2009 年 2 月 27 日，宜良县汤池镇人达某与邓某等 4 人一起打“双扣”，一局快结束时邓某怀疑没有作弊的达某作弊而与达某发生争执，达某的头部被瓷砖砸伤，住院治疗。经法医鉴定，达某的伤情构成轻伤。住院期间，邓某支付了人

① 案件来源：洪扬、柏文婷：《法官以不存在的法律条款判案遭起诉》，http://news.sina.com.cn/s/2009-07-22/092618273637.shtml，2017 年 1 月 23 日访问。

民币 1500 元医疗费，之后就撒手不管。出院后，满腹委屈的达某向宜良县人民法院提起自诉，要求追究邓某的刑事责任并索赔医疗费等各项经济损失人民币 2.8 万余元。

庭审中，邓某辩称自己的行为属正当防卫，不构成犯罪。

经过审理，法院认为，在互殴过程中，邓某把达某打成轻伤（丙级），邓某构成故意伤害罪，鉴于情节轻微，依法可以免予刑事处罚。达某与邓某多年生活在宜良县城，本应和睦相处，因生活琐事发生辱骂，并互相殴打，双方都有过错，根据法律规定，可以减轻侵害人的民事责任。

据此，法院根据《中华人民共和国刑事诉讼法》第 234 条第 1 款、第 37 条、第 36 条，民法通则第 119 条、第 131 条，判决邓某犯故意伤害罪，免予刑事处罚，达某的经济损失人民币 7800 余元各自承担 50%，扣除先前支付的人民币 1500 元，由邓某再支付达某人民币 2400 余元。

接到判决书后，达某不服，心中产生强烈的不满。认为法官是“乱判”，并怀疑法官在包庇邓某。

其后，满腹狐疑的达某以一审法院认定事实不准，适用法律错误为由，向昆明市中级人民法院提起上诉。

法官的解释：是笔误，立即纠正。

主审法官何某仔细看了判决书后对记者解释说：“这是一个笔误，我根据的是刑法而不是刑事诉讼法，法条也是从刑法中引用而不是从刑事诉讼法中引用的。”对这一“粗心”行为，法官表示抱歉。由于之前当事人没有向法官反映过这一情况，法官对这份曾出自自己之手的判决，感觉很突然。并表示尽快做一份裁定，发给当事人，纠正这一错误。

▶【法官的公正规则知识】> > >

该案例中主要涉及保证法官效率规则的基础——勤勉敬业。保证法官的效率规则的职业伦理除此之外，还有哪些要求，这是本部分需要进一步掌握的知识。

▶【学理分析】> > >

“迟到的正义非正义”，这句谚语强调正义是即时正义，若迟来了，就不是真正的完美正义。因此，追求司法公正，必须注重审判执行的效率，及时化解纠纷。法官职业道德基本准则第 11 条将效率作为保障司法公正的一项基本准则，规定法官："严格遵守法定办案时限，提高审判执行效率，及时化解纠纷，注重节约司法资源，杜绝玩忽职守、拖延办案等行为。"这一基本准则包括以下两项内容。

一、勤勉敬业

只有勤勉敬业的法官才能够高质量、高效率地履行司法职责。根据《法官行为规范》第 7 条规定，敬业奉献是法官应具有的基本行为规范，法官应当"热爱人民司法事业，增强职业使命感和荣誉感，加强业务学习，提高司法能力，恪尽职守，任劳任怨，无私奉献，不得麻痹懈怠、玩忽职守"。法官职业道德基本准则第 23 条也规定了法官应当坚持学习，精研业务的内容。在日常的工作和学习中，只有不断地开拓创新，努力掌握和熟练应用法官必需的法律知识和司法技能，才能杜绝"一份判决书援引民法通则第 159 条判案，但民法通则总共才 156 条，'第 159 条'根本子虚乌有"①的现象发生。可见坚持学习，精研业务是勤勉敬业的首要要求。态度端正认真、恪尽职守则是勤勉敬业的又一要求。只有敬业才能杜绝"上班就喝茶、看报纸、上网、聊天，对待前来办事的群众爱搭不理，做起工作来得过且过"的现象。才会避免"有一份判决书，短短几页纸，却被发现有 66 处文字错误，连当事人的名字都弄错了"的现象②。法官只有尽职尽责、兢兢业业，努力熟悉地掌握各种法律知识和司法技能，才能不断提升审判质量和提高司法效率，更大限度地实现司法公正和社会公正。

二、严格遵守法定办案时限的规定

法官审判案件应当遵循的审限在我国三大诉讼法以及最高人民法院的司法解释中作了明确的规定。在审限内审结案件，以及在法定期限内完成生效裁判文书的执行，是提高司法效率、及时化解纠纷，节省司法资源、实现司法公正的重要保障。为此，法官应当合理地安排各项审判事务，在工作的每一个环节中注重效率，减少拖延，节约时间。在保证审判和执行质量的前提下，注意节省当事人及其代理人、辩护人的时间，注重与其他法官和其他工作人员共事的有效性，监督当事人遵守各种时限的规定，确保在诉讼期限内审结案件，在执行期限内，尽快地执行完结。

---

① 沈荣、王进力、吴涛：《"案件质量和裁判文书质量体现的是法官的水平"——汉江中院法官选任制度改革透视》，《人民法院报》2010 年 5 月 9 日，第 1 版。

② 沈荣、王进力、吴涛：《"案件质量和裁判文书质量体现的是法官的水平"——汉江中院法官选任制度改革透视》，《人民法院报》2010 年 5 月 9 日，第 1 版。

法官职业道德基本准则第 11 条将效率作为保障司法公正的一项基本准则，规定法官："严格遵守法定办案时限，提高审判执行效率，及时化解纠纷，注重节约司法资源，杜绝玩忽职守、拖延办案等行为。"《法官行为规范》第 7 条规定法官应当"热爱人民司法事业，增强职业使命感和荣誉感，加强业务学习，提高司法能力，恪尽职守，任劳任怨，无私奉献，不得麻痹懈怠、玩忽职守"。

本案中的法官适用了法律不存在的条款为依据，这一"粗心"行为是对法官勤勉敬业的职业伦理规则的违反。

第三节　法官的廉洁规则

▶【典型案例】(一) > > >

法官白某某受贿案。[①]

▶【基本案情】 > > >

长春市朝阳区人民法院审理长春市朝阳区人民检察院指控原审被告人吉林省高级人民法院原调研员、审判员白某某犯受贿罪一案，于 2014 年 12 月 24 日作出(2014)朝刑初字第 169 号刑事判决。原审被告人白某某不服，提出上诉。长春市中级人民法院依法组成合议庭，公开开庭审理了本案。现已审理终结。

原审判决认定，被告人白某某系吉林省高级人民法院原调研员、审判员，系国家工作人员。吉林省前郭县松燕山建设工程基础服务有限公司(下称松燕山公司)诉长春建工新吉润建设有限公司(下称新吉润公司)、新吉润公司吉林省西部土地开发整理镇赉项目经理部建设工程施工合同纠纷一案在吉林省白城市中级人民法院一审宣判后，新吉润公司镇赉项目实际控制人董某某(已判刑)不服，提出上诉。吉林省高级人民法院于 2011 年 8 月 16 日受理该案，在二审审理期间，董某某为将该案改判或者发回重审，找到吉林常春律师事务所律师潘某甲(已判刑)合谋贿赂省高院相关办案人员，并于 2011 年 9 月的一天，按照潘

① 案件来源：《吉林省长春市中级人民法院刑事裁定书》，(2015)长刑终字第 00041 号，中国裁判文书网。

某甲授意的行贿数额向其提供人民币 60 万元。后潘某甲找到白某某，请求其在二审期间给予帮助，并在白某某家楼下送给白某某人民币 10 万元，同时承诺事成之后再送人民币 50 万元余款。白某某收到人民币 10 万元后遂找省高院办案法官李某某做工作，请求李某某将该案改判或发回重审，李某某告知白某某省纪委正在调查此案。该案于 2011 年 11 月 25 日被省高院维持原判。白某某在得知董某某已被调查的情况下，于同年 12 月 4 日在其家楼下将收受的人民币 10 万元退还给潘某甲。2012 年 5—6 月，白某某在检察机关对其调查核实情况时曾交代上述收受钱款事实。2013 年 11 月 22 日，检察机关将白某某抓捕归案。

原审判决认定上述事实的主要证据有被告人白某某的供述，证人董某某、潘某甲、刘某某、吕某某、张某甲、赵某某、李某某、王某某的证言，视听资料及干部任免审批表、证明材料、刑事判决书等。

原审法院认为，被告人白某某身为国家工作人员，收受请托人钱款，利用其本人地位形成的便利条件，为请托人谋取不正当利益，虽请托事项最终未能实现，但其收受贿赂行为已经完成，客观上已经对国家工作人员的廉洁性造成损害，且其因得知请托人被调查害怕受贿行为败露才予以返还受贿款项，故其事后返还受贿款的行为不影响其犯罪事实成立，其行为已构成受贿罪，依法应予惩处。原审法院遂根据《中华人民共和国刑法》第 385 条第 1 款、第 388 条、第 45 条、第 47 条之规定，以受贿罪判处被告人白某某有期徒刑 10 年。

上诉后，经长春市中级人民法院审理查明的事实与一审判决认定的事实一致，上诉人白某某身为国家工作人员，收受请托人钱款，利用其本人地位形成的便利条件，为请托人谋取不正当利益，其行为已经构成受贿罪。其因得知请托人被查处，为掩饰犯罪而退还受贿款，不应影响其受贿罪的认定。原审判决认定事实清楚，证据确凿、充分，定罪准确，量刑适当，审判程序合法。依照《中华人民共和国刑事诉讼法》第 225 条第 1 款第 1 项之规定，裁定驳回上诉，维持原判。

▶【典型案例】(二) > > >

执行庭法官蔡某某受贿案。[①]

① 案件来源：《徐州市泉山区人民法院刑事判决书》，(2014)泉刑初字第 20 号，中国裁判文书网。

▶【基本案情】> > >

徐州市泉山区人民检察院以泉检诉刑诉(2013)344 号起诉书,指控被告人原江苏省沛县人民法院(以下简称沛县法院)执行局执行实施三庭副庭长,2013 年 7 月调整为沛县机构编制委员会办公室工作人员(未实际到岗工作)蔡某某、江苏省沛县沛城法律服务所法律服务工作者贾某犯受贿罪于 2013 年 12 月 30 日向法院提起公诉。法院依法组成合议庭,适用普通程序,公开开庭进行了审理。

经审理查明:

被告人蔡某某在担任沛县法院执行局执行实施三庭副庭长期间,利用执行案件的职务便利,为他人在案件执行方面谋取利益,于 2010 年至 2013 年期间,与被告人贾某共同预谋、相互勾结,索取执行案件当事人王某甲人民币 85235 元;被告人蔡某某还单独非法收受王某甲、朱某甲等人送予的财物,合计价值人民币 211425 元。被告人蔡某某将受贿犯罪所得用于家庭支出或个人使用。具体分述如下:

其一,被告人蔡某某负责承办沛县王某甲于 2008 年 1 月申请执行江苏省江都市周某甲欠款纠纷案件,案件执行标的金额人民币 351675 元。2012 年 4 月间,被告人蔡某某将执行案款 50000 元支付给王某甲后,在其办公室收取王某甲送给的包含代缴执行费 5175 元在内的人民币 10000 元,直至案发时该案件执行费人民币 5175 元仍未缴纳,10000 元人民币被蔡某某非法占有。

案件执行过程中,被告人贾某知悉被告人蔡某某承办此案,二人均了解到王某甲因多年执行无果,曾表示如能执行到位,可以只要执行本金,放弃利息及迟延履行金等作为好处费给予相关人员。2012 年 10 月,被告人贾某代理其他当事人到江都市与周某甲诉讼时,了解到周某甲银行账户有可供王某甲案件执行款项约人民币 600000 元,立即告知了被告人蔡某某。根据王某甲曾有放弃案件执行利息的意思表示,二被告人共同预谋以贾某与王某甲签订风险代理协议的形式,非法取得执行标的本金之外的相关利息、迟延履行金等款项。被告人贾某即按照二人共谋与王某甲签订了风险代理合同,并将合同签订日期提前到“2012 年 5 月 8 日”,而后又通知了被告人蔡某某。蔡某某于 2012 年 10 月 16 日到江都市从周某甲银行账户扣划了人民币 424235 元到沛县法院账户,于当月 22 日付给王某甲人民币 316000 元;后安排贾某以代理人身份与王某甲在

2012 年 10 月 25 日办理了领取案款人民币 100000 元手续，从银行取出人民币 100000 元案款后即被贾某掌控，以便由蔡某某、贾某二人分配。王某甲以经营困难为由要求贾某退回人民币 20000 元时，贾某经电话联系被告人蔡某某同意，返还给王某甲人民币 20000 元，其余人民币 80000 元由被告人蔡某某、贾某私分，各分得人民币 40000 元；2012 年 11 月 5 日，贾某以代理人身份根据被告人蔡某某开出的领款通知单及相关证明以王某甲名义领取案款人民币 8235 元，并支付给被告人蔡某某人民币 3000 元，退给王某甲人民币 3000 元，其余人民币 2235 元由被告人贾某非法占有。

其二，2010 年至 2012 年间，被告人蔡某某利用其执行案件的职务便利，非法收受案件当事人朱某甲为感谢其执行相关案件而先后 6 次送予的人民币 120000 元。

1. 2010 年 4 月的一天，被告人蔡某某在沛县法院门口朱某甲的车上，收受朱某甲在申请执行江苏汉中集团铜山县通达分公司吕某好案件中送予的人民币 10000 元。

2. 2010 年底，被告人蔡某某在沛县法院门口朱某甲的车上，收受朱某甲在申请执行江苏汉中集团铜山县通达分公司吕某好案件中送予的人民币 20000 元。

3. 2011 年 5 月的一天，被告人蔡某某在其办公室，收受朱某甲在申请执行徐州市宏远建筑安装工程公司案件中送予的人民币 10000 元。

4. 2011 年下半年的一天，被告人蔡某某在其办公室，收受朱某甲在申请执行徐州市宏远建筑安装工程公司案件中送予的人民币 20000 元。

5. 2011 年底的一天，被告人蔡某某在其办公室，收受朱某甲在申请执行徐州市宏远建筑安装工程公司案件中送予的人民币 30000 元。

6. 2012 年 5 月的一天，被告人蔡某某在办理朱某甲申请执行徐州市第六建筑安装工程公司案件中，在朱某甲开车送其回单位途中，非法收取朱某甲送予的人民币 30000 元。

其三，被告人蔡某某在承办(2007)沛执字第 365 号案件时，将被执行人李某建位于沛县沛城镇七彩街的房产委托给徐州市苏北拍卖有限公司拍卖，并为该公司提供帮助，于 2010 年夏季的一天，在其办公室收受当时在该拍卖公司工作的李某为表示感谢而送予的人民币 3000 元。

其四，被告人蔡某某承办袁某永申请执行郝某军的(2008)沛执字第 622 号案件过程中，于 2010 年下半年的一天，在其办公室收受案件申请人袁某永的代理人张某为表示感谢送予的人民币1000元。

其五，被告人蔡某某承办霍某洋申请执行李某秋的(2011)沛执字第1488号案件过程中，于2013年春节前的一天，在沛县法院门口收受案件申请人霍某洋的代理人师某为表示感谢送予的人民币2000元。

其六，朱某乙(又名朱某)于2011年11月30日申请执行王某波案件，执行标的为人民币121万元，被告人蔡某某承办，因案件迟迟未能执行，案件当事人朱某乙为让其尽快执行，先后3次送予被告人蔡某某人民币50000元。被告人蔡某某收受贿赂后于2013年8月将案件执行完毕。

1. 2013年3月的一天，被告人蔡某某在沛县法院门口朱某乙的车上，收受朱某乙送予的人民币20000元。

2. 2013年4月的一天，被告人蔡某某在朱某乙开车去沛县大屯镇送其回家途中，收受朱某乙送予的人民币10000元。

3. 2013年5月的一天，被告人蔡某某在朱某乙开车送其回家途中，收受朱某乙送予的人民币20000元。

其七，被告人蔡某某在办理涉及高扬控股投资集团公司的执行案件过程中，于2013年5月的一天，在其办公室非法收取高扬控股投资集团公司所属单位员工胡某送予的人民币5000元。

其八，被告人蔡某某在办理徐州鑫奥金属实业公司、徐州金九鼎贸易有限公司申请执行徐州永泰铸造有限公司欠款纠纷案件中，利用职务便利，于2013年5月的一天，在徐州鑫奥金属实业公司、徐州金九鼎贸易有限公司代理人靳某家中，收取靳某为让蔡某某在案件执行中提供帮助所送的人民币20000元。

其九，被告人蔡某某在办理吕某申请执行陈某启、何某凤案件过程中，于2013年6月的一天，在沛县法院门口吕某的车内，收受吕某为让其尽快执行案件所送的人民币2000元。

其十，被告人蔡某某利用办理执行案件的职务便利，于2013年6月至7月间，在其办公室先后2次收受魏某代表案件当事人所送财物，合计价值人民币2600元。

1. 被告人蔡某某承办孙某申请执行王锋案件，于2013年5月执行结案，2013年7月的一天，蔡某某在其办公室收受案件代理人魏某为感谢其及时执行案件送予的人民币2000元。

2. 蔡某权于2011年向沛县法院申请执行张某新、司某彬(又名司某某)所欠劳务费人民币 31800 元，被告人蔡某某承办该案。因案件迟迟未能执行，蔡某权的外甥孔某为了能够尽快执行案件，联系了沛县沛城法律服务所的法律服务工作者王某乙并交给王某乙人民币 1200 元作为人情费用。2013 年 7 月的一天，王某乙通过魏某在沛县苏黎迪电子有限公司厂内将沛县苏果超市购物卡人民币 600 元转送被告人蔡某某，并向蔡某某告知了请托事项。

上述事实，通过当庭质证确认属实。

徐州市泉山区人民法院认为，被告人蔡某某身为审判机关工作人员，在履行职务执行案件过程中，与身为法律服务工作者的被告人贾某相互勾结、共同预谋，使用签订虚假风险代理合同的形式非法索取案件当事人财物人民币 80000 余元；被告人蔡某某还利用职务便利，在执行案件过程中非法收受他人财物人民币 210000 余元，并为他人谋取利益，其行为均已构成受贿罪。为严肃国法，惩罚犯罪，维护国家工作人员职务行为的廉洁性，根据二被告人的犯罪事实、性质、情节和社会危害程度以及认罪悔罪表现、退赃情况等，依照《中华人民共和国刑法》第 383 条第 1 款第 1、2 项及第 2 款，第 385 条第 1 款，第 386 条，第 93 条第 1 款，第 25 条第 1 款，第 26 条第 1、4 款，第 27 条，第 67 条第 3 款，第 64 条之规定，判决被告人蔡某某犯受贿罪，判处有期徒刑 11 年，并处没收财产人民币 50000 元，被告人贾某犯受贿罪，判处有期徒刑 2 年零 6 个月。

▶【法官的廉洁规则知识】> > >

这两个案件主要涉及法官的廉洁规则。通过案例应当了解法官职业伦理中保证法官廉洁的具体要求。

▶【学理分析】> > >

廉洁是司法的生命，是司法公正的保障。自觉遵守廉洁原则是法官职业伦理中的重要内容。法官在职业伦理上的廉洁原则，是指法官应保持在物质利益和精神生活方面的纯洁与清廉，不得直接或者间接地利用职务和地位谋取任何不当利益。我国法官法第 5 条规定了“法官应当勤勉尽责，清正廉明，恪守职业道德”。法官职业道德基本准则第四章详细规定了保证法官司法廉洁的要求；《法官行为规范》也对法官的行为进行了规范。法官应当按照法官职业道德基本准则第 15 条的规定，“树立正确的权力观、地位观、利益观，坚持自重、自省、自警、自励，坚守廉洁底线，依法正确行使审判权、执行权，杜绝以权谋私、贪赃枉法行为。”

保证司法廉洁原则主要包括以下内容：

一、禁止谋取不正当利益

法官职业道德基本准则第16条规定：“严格遵守廉洁司法规定，不接受案件当事人及相关人员的请客送礼，不利用职务便利或者法官身份谋取不正当利益，不违反规定与当事人或者其他诉讼参与人进行不正当交往，不在执法办案中徇私舞弊。”这一规定主要约束法官直接和间接地接受诉讼当事人或代理人的各种方式的请客送礼。一旦法官接受这些，可能会在审理案件的过程中偏袒一方，从而影响司法的公正，使得诉讼当事人的另一方乃至一般民众对司法机关的形象和公信力产生合理性的质疑。因此，法官对诉讼当事人或潜在的诉讼当事人和代理人的任何利益都应当拒绝接受，只有这样，法官才能保持清正廉洁。

二、限制从事业外活动

限制法官的业外活动主要为了防止可能影响法官的廉洁公正形象和损毁司法机关的公信力行为的出现。限制法官从事的业外活动主要是指包括法官不得从事或者参与营利性的经营活动，法官不得提供法律服务。法官从事或者参与营利性的经营活动，或为营利性的企业充当法律顾问，提供法律服务，就不可避免地与其他工商业者发生经济往来，可能影响法官公正司法，而且会导致公众对法官的廉洁形象产生合理怀疑。法官职业道德基本准则第17条规定：法官“不从事或者参与营利性的经营活动，不在企业及其他营利性组织中兼任法律顾问等职务，不就未决案件或者再审案件给当事人及其他诉讼参与人提供咨询意见”。法官法第22条规定：“法官不得兼任人民代表大会常务委员会的组成人员，不得兼任行政机关、监察机关、检察机关的职务，不得兼任企业或者其他营利性组织、事业单位的职务，不得兼任律师、仲裁员和公证员。”

三、约束家庭成员以利用法官身份、地位寻求特殊利益

法官作为行使审判权的国家公职人员，其地位、身份、声誉本身就是一种影响。但从职业伦理的要求来看，法官的这些“财富”只能用于履行法官职责，而不得用于谋取私人利益。应当处理好个人和家庭事务，不仅自己不能用其法官身份谋取不正当利益，同时也有义务约束家庭成员利用自己的法官身份寻求特殊利益，防止损害司法廉洁形象。法官职业道德基本准则第18条规定：“妥善处理个人和家庭事务，不利用法官身份寻求特殊利益。按规定如实报告个人有关事项，教育督促家庭成员不利用法官的职权、地位谋取不正当利益。”

四、保持正常的生活方式

法官职业道德基本准则第25条规定：“加强自身修养，培育高尚道德操守和健康生活情趣，杜绝与法官职业形象不相称、与法官职业道德相违背的不良嗜好和行为，遵守社会公德和家庭美德，维护良好的个人声誉。”这就要求法官在日常生活消费方面应当保持与自己的收入基本相符，和自己法官公正的身份相符合，一旦出现法官生活方式远远超过法官的收入，或与法官的身份不相符合的情况，就会引起公众对其廉洁形象的合理怀疑，从而影响司法公正的形象。

本案例（一）涉及法官对司法廉洁原则和独立审判权原则的违反。

被告人白某某身为法官，收受请托人钱款，利用其本人地位形成的便利条件，做办案法官李某某的工作，请求李某某将该案改判或发回重审，为请托人谋取不正当利益，虽请托事项最终未能实现，但其收受贿赂行为已经完成，违反了法官的司法廉洁和司法公正的原则，客观上已经对法官的廉洁性造成损害。具体而言，其违反了我国法官职业道德基本准则第15条的规定，法官应当“树立正确的权力观、地位观、利益观，坚持自重、自省、自警、自励，坚守廉洁底线，依法正确行使审判权、执行权，杜绝以权谋私、贪赃枉法行为”。第16条规定：“严格遵守廉洁司法规定，不接受案件当事人及相关人员的请客送礼，不利用职务便利或者法官身份谋取不正当利益，不违反规定与当事人或者其他诉讼参与人进行不正当交往，不在执法办案中徇私舞弊。”同时其受贿行为违反了我国刑法的相关规定，当然也会受到刑法的制裁。

另外，本案中的法官白某某干预其他法官办案，违反了司法公正原则和法官独立行使审判权的原则。

本案例（二）涉及法官违反司法廉洁的原则。

该案系法官利用审判执行权在办理案件过程中与法律服务人员相互串通，有预谋地共同索取当事人财物人民币80000余元；另外该法官还利用职务便利，在执行案件过程中非法收受他人财物人民币210000余元，违反了我国法官的司法廉洁的义务。具体而言，违反了我国法官职业道德基本准则第15条的规定：“树立正确的权力观、地位观、利益观，坚持自重、自省、自警、自励，坚守廉洁底线，依法正确行使审判权、执行权，杜绝以权谋私、贪赃枉法行为”，以及第16条的规定：“严格遵守廉洁司法规定，不接受案件当事人及相关人员的请客送礼，不利用职务便利或者法官身份谋取不正当利益，不违反规定与当事人或者其他诉讼参与人进行不正当交往,不在执法办案中徇私舞弊。”

这种索贿受贿行为既损害了审判机关形象,又败坏了司法人员声誉,也是对司法公正原则的侵犯,因此违反了法律职业伦理和纪律的要求。同时这种行为又亵渎了国家法律尊严,具有严重的社会危害性,因此又应依法接受法律的严惩。

第四节 维护法官的司法形象

▶【典型案例】>>>

法官穿背心异地执法被疑诈骗案。[①]

▶【基本案情】>>>

2014 年 7 月底,河北 WY 县法院 3 名法官前往成都执行一起民事案件时,一名法官穿着背心短裤,引起当事人对其身份的质疑。几名法官认为一家与案件无任何关联的物业公司“拒不配合法院调查”,冻结了该公司账号,罚款人民币 30 万元,之后就罚款金额讨价还价。警方怀疑这几名法官的身份,将其控制。

物业公司一方认为,WY 县的这几名法官是在借罚款为由索要钱财。8 月 29 日,WY 县法院回应称,几名法官在本次执行中程序合法、执法得当,不存在违法行为。

8 月 26 日下午,四川省成都市岳府街的大发百度城内,成都蜀佳物业负责人杨某不断翻看着几张罚款决定和执行裁定。该公司即是被 WY 法院认定“拒不配合法院调查”而被冻结账户并罚款的当地物业公司。

案卷材料显示,WY 法院到成都执行的案件是一起生意纠纷。被执行人唐某和 WY 县的两名孟姓男子在做生意时发生纠纷,WY 法院判决孟某两人胜诉,这两人提出强制执行申请,WY 法院执行法官来成都对案件做执行。唐某在大发百度城内有商铺,WY 法院的执行法官遂来大发百度城进行调查。

① 案例来源:张剑:《法官穿背心异地执法被疑诈骗》,《京华时报》2014 年 9 月 5 日,http://epaper.jinghua.cn/html/2014-09/05/content_123335.htm,2017 年 2 月 16 日最后访问。

7月22日下午,蜀佳物业员工白玉在公司值班。WY法院的4名法官来到大发百度城。监控录像显示,有2名法官穿着短裤出现,其中一人上身只穿了一件背心。白玉说,当时几名法官向她晃了一下工作证,说是河北的法官,要找一个叫唐某的人,“当时看到穿着背心来执法,没有一人穿制服,我不太相信他们的身份,从没见过这样的法官”。虽然心存疑虑,但白玉还是查询了业主名单,并告知称该公司负责管理楼内住宅,里面没有叫唐某的业主。

其实前一天,这几名法官曾来过大发百度城,已经找到了唐某商铺的管理单位。当天,这几人找到了在这栋楼里办公的合和公司员工张某某。监控录像显示,张某某与几名法官交谈了20多分钟。张某某说,法官要找唐某,他的商铺就在这栋楼里。她明确告诉了法官,她所在的公司负责管理楼里的商铺。

相关案卷显示,7月23日,WY法院的法官前往成都市房管部门查询唐某的房屋信息。档案显示,唐某在大发百度城里拥有一个14平方米左右的商铺。调查结果表明,蜀佳物业与WY法院要执行的案件没有关系。

京华时报记者获悉,由于唐某还涉及其他案件,其在大发百度城内的商铺在WY案前已被成都市锦江区法院查封。

无关公司被罚人民币30万元

7月28日上午的1个小时内,几名法官两次来到大发百度城,将两份文书送交蜀佳物业。

这两份文书一份是执行裁定书,另一份是罚款决定书。执行裁定称,蜀佳物业拒不配合法院调查,决定冻结其相关账户。罚款决定则称,蜀佳物业不配合法院调查,对其罚款人民币30万元。

蜀佳物业负责人杨某得知消息后,向银行查询后确认公司账号已被冻结。

当天下午,几名法官又来到大发百度城,向合和公司经理彭某做了询问。询问笔录显示,法官依然是询问唐某商铺的情况。法官特别问到,蜀佳物业与合和公司是什么关系。彭某告知,两家公司没有任何关系,蜀佳物业管理住宅,合和公司管理商铺。

8月26日,大发百度城的开发商四川众合实业负责人彭先生介绍,大发百度城的1到3楼为商铺,由合和公司进行管理。3楼以上为住宅,由蜀佳物业进行管理,只是两家公司都在大发百度城内办公。WY法院来执行的案件中,被执行人唐某在大发百度城拥有的是商铺,该商铺不归蜀佳物业管理。

警方怀疑诈骗介入

由于账户被封将影响到公司的运营，杨某与几名法官取得联系，交涉“罚款”事宜。杨某认为，蜀佳物业与唐某案件没有关系，因此他不能接受罚款决定。通过监控录像，杨某发现法官穿着背心短裤来调查，他也怀疑这几名法官的真实身份，于是向警方求助。

7 月 29 日上午，杨某来到几名法官居住的成都人口宾馆，与对方交涉约 4 个小时，视频设备完整记录当时场景。视频内容显示，3 名法官出现在宾馆大厅，其中一名秃顶男法官穿着背心短裤。在交涉中，法官强调罚款没有问题，依据就是蜀佳物业不配合调查。杨某则称该公司与案件没有关系，无义务配合调查。

在交谈中，秃顶法官明确向杨某提出，“你就拿人民币 3 万元，我就把账户给你解封，这事就算完了”。该法官还称，收了钱，会给蜀佳物业“开单”。杨某询问，罚了人民币 30 万元，只交人民币 3 万元，他们怎么去解释？秃顶法官称，这并不难办，也不用询问杨某，只需要他们写好一份笔录，杨某签个字就可以。笔录的内容是杨某前来认错，蜀佳物业的经济效益也不好，罚人民币 3 万元就可以了。

杨某随后将人民币 3 万元凑齐并交给秃顶法官，先前还表示收钱要开单的法官却改口称，现在手里没有票据，如果需要会邮寄过来。在这个过程中，一名法官在不停书写，边写边说杨某在这个笔录上签个字就可以。书写过程中，该法官没有对杨某进行任何询问。书写完毕后，此人拿来印泥，让杨某签字按手印。

秃顶法官数钱完毕后，早已埋伏在周边的成都市青羊公安分局西御河派出所民警出现，将 3 名法官全部控制，随后将 3 人带回派出所调查。7 月 30 日，WY 法院 2 名负责人来到成都，将 3 人接回河北。但被查账户仍未解封。

▶【法官的司法形象知识】> > >

本案主要是涉及法官司法形象。这就需要了解法官的司法形象的重要性，维护其司法形象，从法官职业伦理高度怎样规范法官的行为，具体有什么要求。

▶【学理分析】> > >

生动形象地体现一种职业行为本质特征的，往往是这个职业的形象。法官的司法形象反映了司法审判活动的本质特征，同时法官的司法形象也可增强法官职业共同体的归属感和凝聚力，加深社会对法官职业的认可。法官的司法形象在司法活动中体现着法官的精神面貌和职业素质，有利于提高司法的公信力、维护司法的权威。把司法形象作为法官职业伦理的组成部分，就要从职业伦理的角度规范法官的行为，使之养成维护司法形象的自觉。为此，要求法官做到：

一、坚持学习，精研业务，加强自身修养，提高专业素质、法律技能和道德素养

坚持学习，精研业务，加强自身修养作为法官的一项职业道德义务，是维护法官职业形象、司法权威以及保证司法公正的必然要求。法官职业道德基本准则第 23 条规定：法官要“坚持学习，精研业务，忠于职守，秉公办案，惩恶扬善，弘扬正义，保持昂扬的精神状态和良好的职业操守”。具体要求包括三个方面：

第一，忠诚司法事业。

要求法官牢固树立社会主义法治理念，忠于党、忠于国家、忠于人民、忠于法律，做中国特色社会主义事业建设者和捍卫者[①]；坚持和维护中国特色社会主义司法制度，认真贯彻落实依法治国基本方略，尊崇和信仰法律，模范遵守法律，严格执行法律，自觉维护法律的权威和尊严[②]；热爱司法事业，珍惜法官荣誉，坚持职业操守，恪守法官良知，牢固树立司法核心价值观，以维护社会公平正义为己任，认真履行法官职责；[③]维护国家利益，遵守政治纪律，保守国家秘密和审判工作秘密，不从事或参与有损国家利益和司法权威的活动，不发表有损国家利益和司法权威的言论[④]。

第二，坚持学习，精研业务。

业务素质的高低直接影响着法官职业的质量与水平，影响着国家审判权作用的正常发挥。作为一个以法学为基础的职业，法官必须具备与职业需要相应的法学理论、法律知识和法律技能及其对现实社会比较深刻的认知。

第三，加强自身的道德修养。

这里的道德修养主要是指高尚道德操守和健康生活情趣，以及对社会公德和家庭美德的遵守。这些道德修养关乎法官的司法形象，关系到司法的公正。

① 《中华人民共和国法官职业道德基本准则》第 4 条规定。
② 《中华人民共和国法官职业道德基本准则》第 5 条规定。
③ 《中华人民共和国法官职业道德基本准则》第 6 条规定。
④ 《中华人民共和国法官职业道德基本准则》第 7 条规定。

法官职业道德基本准则第25条规定：法官应当“加强自身修养，培育高尚道德操守和健康生活情趣，杜绝与法官职业形象不相称、与法官职业道德相违背的不良嗜好和行为，遵守社会公德和家庭美德，维护良好的个人声誉”。

二、坚持文明司法，遵守司法礼仪

讲究文明、遵守礼仪是中华民族的优良传统。“礼，经国家，定社稷，序人民，利后嗣者也”。孔子主张“为国以礼”，把礼作为治国安邦的根本。司法活动作为一种特殊的社会活动，必然要求有司法礼仪。在司法活动中，司法礼仪指引着包括法官在内的司法主体在司法活动中的行为态度和方式，维护着司法的形象，成为司法活动中不可或缺的组成部分，具有其独特的意义和价值。坚持文明司法，遵守司法礼仪也就成了法官职业伦理的重要组成部分。法官职业道德基本准则第24条规定：法官应当“坚持文明司法，遵守司法礼仪，在履行职责过程中行为规范、着装得体、语言文明、态度平和，保持良好的职业修养和司法作风。”具体要求包括：

（一）遵守着装礼仪

审判制服和法袍是司法礼仪的外在的器物层面的主要内容。人们往往从着装上认识和解读法官职业的本质和特征。我国从2000年开始，胸前佩戴的天平华表徽章、黑色的法官西式制服、黑色法袍成为法官的职业着装，其体现着法院和法官是我国宪法和法律的捍卫者。《法官行为规范》第8条规定：法官应当“加强修养。坚持学习，不断提高自身素质；遵守司法礼仪，执行着装规定，言语文明，举止得体，不得浓妆艳抹，不得佩戴与法官身份不相称的饰物，不得参加有损司法职业形象的活动”。2013年最高人民法院印发的《人民法院审判制服着装管理办法》详细规定了法官的着装行为，其第3条规定：“人民法院工作人员在依法履行法律职务或在公共场合从事公务活动时应当穿着审判制服，佩戴法徽。非履行法律职务或在公共场合从事公务活动，原则上不得穿着审判制服。”第11条规定：“穿着审判制服，应当做到服装整齐洁净，仪表端庄得体，注重礼仪规范，严格遵守以下要求：（一）不得披衣、敞胸露怀、趿鞋、挽袖、卷裤腿和外露长袖衬衣下摆。（二）不得系扎围巾，不得染彩发，不得留怪异发型。男性人员不得留长发（发长侧面不过上耳沿，后面不过衣领）、蓄胡须，非特殊原因不得剃光头；女性人员留长发者不得披散发，不得染指甲、化浓妆，不得佩戴耳环、项链等首饰。（三）不得在外露的腰带上系挂钥匙或者其他饰物。（四）除工作需要或患有眼疾外，不得戴有色眼镜。（五）不得穿着审判制服从事与法院工作性质和工作人员品行不符的活动。”

（二）遵守法官行为举止的礼仪

法官的行为举止要规范、文明，遵循法官的司法礼仪的规定。这是司法礼仪的行为层面。法官职业道德基本准则第 24 条要求法官在履行职责中行为规范、着装得体、语言文明、态度平和，保持良好的职业修养和司法作风。《法官行为规范》第 29 条、第 30 条详细规定了出庭及庭审中法官应当遵循的行为举止的礼仪规范。第 29 条规定：法官“出庭时注意事项：（一）准时出庭，不迟到，不早退，不缺席；（二）在进入法庭前必须更换好法官服或者法袍，并保持整洁和庄重，严禁着便装出庭；合议庭成员出庭的着装应当保持统一；（三）设立法官通道的，应当走法官通道；（四）一般在当事人、代理人、辩护人、公诉人等入庭后进入法庭，但前述人员迟到、拒不到庭的除外；（五）不得与诉讼各方随意打招呼，不得与一方有特别亲密的言行；（六）严禁酒后出庭。”第 30 条规定了法官“庭审中的言行：（一）坐姿端正，杜绝各种不雅动作；（二）集中精力，专注庭审，不做与庭审活动无关的事；（三）不得在审判席上吸烟、闲聊或者打瞌睡，不得接打电话，不得随意离开审判席；（四）平等对待与庭审活动有关的人员，不与诉讼中的任何一方有亲近的表示；（五）礼貌示意当事人及其他诉讼参加人发言；（六）不得用带有倾向性的语言进行提问，不得与当事人及其他诉讼参加人争吵；（七）严格按照规定使用法槌，敲击法槌的轻重应当以旁听区能够听见为宜”。

三、法官退休后应当遵守国家相关规定

法官退休后的行为仍然代表着法官的形象，因此，其行为仍然要遵循法官职业道德基本准则及《法官行为规范》的相关规定。《法官行为规范》第 94 条规定“法官退休后应当参照本规范有关要求约束言行”。法官职业道德基本准则第 26 条规定：“法官退休后应当遵守国家相关规定，不利用自己的原有身份和便利条件过问、干预执法办案，避免因个人不当言行对法官职业形象造成不良影响”，从而影响司法公信力。

本案例中的法官违反法官职业道德中的维护司法形象的规定。

WY 法院法官穿背心短裤执法，损害了司法形象，引起社会公众对司法形象的合理性的质疑，违背了文明执法、遵守司法礼仪的规则。具体而言，这些法官违反了法官职业道德基本准则第 24 条的规定：法官应当“坚持文明司法，遵守司法礼仪，在履行职责过程中行为规范、着装得体、语言文明、态度平和，保持良好的职业修养和司法作风”；《法官行为规范》第 8 条规定：法官应当“加强修养。

坚持学习,不断提高自身素质;遵守司法礼仪,执行着装规定,言语文明,举止得体,不得浓妆艳抹,不得佩戴与法官身份不相称的饰物,不得参加有损司法职业形象的活动。"以及最高人民法院《人民法院审判制服着装管理办法》第3条的规定:"人民法院工作人员在依法履行法律职务或在公共场合从事公务活动时应当穿着审判制服,佩戴法徽。……"根据第11条规定,法官穿着审判制服,应当做到服装整齐洁净,仪表端庄得体,注重礼仪规范,"不得披衣、敞胸露怀、趿鞋、挽袖、卷裤腿和外露长袖衬衣下摆"。WY法院法官在履行公务活动中穿背心短裤,谈不上仪表端庄得体,更没有穿着审判制服,佩戴法徽。明显违反了以上法律法规和管理办法,极不严肃,并被人们怀疑其身份的真实性。因此,法官在履行公务活动中应当注意自己的着装、举止言行,使其符合法官的形象,维护民众对司法的信赖。

第五节　坚持司法为民

▶【典型案例】> > >

一心为民的"背篼法官"郭兴利。[①]

▶【基本案情】> > >

20年间,四川省剑阁县人民法院法官郭兴利的足迹踏遍了开封法庭辖区15个乡镇600多平方公里的村村寨寨。他所在的法庭办理各类案件5000余件,个人办案2100余件,无改判、无信访,无投诉、无不廉举报。

坚守

在郭兴利办公室的墙上,挂着一幅写有"俯首甘为孺子牛"的匾额。郭兴利告诉记者,这块匾额是他刚从部队转业到法院时,父亲为勉励他努力工作送给他的。这块匾额跟随他在法庭坚守二十几年了,每一次办公室的搬迁,他最先悬挂的就是这块匾额;接手每一件复杂的矛盾纠纷,他最先想到的也是这块匾额。

开封法庭前面是一条蜿蜒曲折的乡间小路,路边是淙淙流淌的西河水,河

---

① 聂敏宁、何伟:《"背篼法官"20年的大山情怀——记四川省剑阁县人民法院开封法庭庭长郭兴利》,《人民法院报》2011年10月11日,第5版。

的两岸是一片片金色的稻田，举目四顾，剑门大山直冲霄汉，地理位置偏僻、交通条件差，法庭工作条件的艰苦一望便知。

郭兴利的家离法庭仅有数十米的距离，除了县上开会，他大多数时候都在开封镇待着。二十多年，他只去过几次省城成都，去市里的次数也是少之又少。他说，待在这里，乡亲们有事找他方便。

"小时候，家里穷，我们兄弟几个都是靠乡亲们东家一捧米、西家一棵菜救济长大的，后来，乡亲们又敲锣打鼓把我送到军营。我对他们充满了感恩之情，所以部队转业后我来到法院，回到了开封。"郭兴利说。

让郭兴利一直坚守在开封这片土地上的原因，源于一个案子对他的"打击"。

1991 年 9 月，郭兴利被剑阁县法院分配到开封法庭。之后不久的一天早上，公店乡一村委会主任带着两个相互吹胡子瞪眼的当事人来到法庭。村主任说："希望法庭能帮忙化解二人的山林权纠纷。"

庭长正好到县城打印文书去了，郭兴利便将这官司接了下来。

郭兴利回忆说，当时，他将脑海中的法律术语都"搜索"完了，自己感觉话也都说到位了，可当事人就是不接受调解建议，到后来，两人当着他的面拉扯着要到离法庭不到 200 米远的开元寺去焚香、诅咒。

信"神"不信法，宁愿焚香诅咒也不愿听从法庭的调解。这事给了郭兴利深深的触动：一方面，他感到自己法律知识的贫乏，对当地风土人情缺乏了解，说出来的话无论从法理上还是从情理上都显得空洞无物、苍白无力；另一方面，他也清楚地认识到，越是贫穷、落后、愚昧的地方，就越是需要普及法律知识。"所以，我必须守在这儿，这不仅是一名法官的职责，更是作为一名法官所必须承担的责任。"说这话的时候，郭兴利的目光显得深邃而坚毅。

20 年间，先后有 16 名干警来法庭工作过；20 年间，当年的战友一次又一次地邀他"下海"赚大钱；20 年间，法院党组考虑到他工作扎实，要调他回院机关。一次又一次，每次他都会说："我早已是这大山里的一员，我离不开这里纯朴、善良的百姓。"

背篼

郭兴利所在的法庭辖区沟壑纵横，荆棘丛生，很多地方常年不通公路，就算是通公路的地方也常常是雨天泥泞湿滑，晴天尘土飞扬。

当记者提出要参观审判庭时，郭兴利显得有些局促："说实在的，我们很少在法庭办案子,大多数时候,我们都是到老百姓家里去审,所以审判庭应该'长'灰尘了。"郭兴利憨厚地笑了笑。

1999 年 3 月,郭兴利当上了开封法庭庭长。

此后不久的一天,要开庭审理的是一对老人状告儿女的赡养案件,说好了是上午 9 点开庭,老人的两个儿子、女儿早到了,可眼看都 12 点了,还没见老人的踪影。儿女们等得不耐烦,一个劲地说:"他们不会来啦,我们回去了。"可郭兴利却坚持要再等等,又等了很久,两位老人终于气喘吁吁、步履蹒跚地来到了法庭。

老人说,早上 5 点就起床了,饭也没吃,走了 30 多里的山路,可还是迟到了……

说完这些,老人的眼里充满了歉意。

郭兴利的眼睛湿润了,我们为什么就不能主动到老百姓家中去开庭审理案件,最大限度地减轻老百姓的诉讼负担、奔波之苦呢?

当天下午,在调解完老人的赡养案件后,郭兴利召集庭里的同志开了个会,大家一致决定:今后凡是能够就地审理的案件都必须就地开庭审理。

说干就干,第二天,郭兴利到集市上买了一个背篼,这是川北特色的竹编背篼,上大下小,郭兴利和同志们对这种背篼都很满意:下面装卷宗,安全;上面放国徽,宽敞。

从此,郭兴利开始了他的"背篼法官"生涯。

为了方便老百姓,郭兴利和同志们必须付出比平常更多的努力,承载更多的艰辛,跑乡镇、跑村组,农家院落、田间地头,工厂学校,背篼一放,国徽一挂,几张桌子一搭,甚至几块石块一垒,他们就可以开庭;10 年间,他们的鞋磨破了一双又一双,背篼背坏了一个又一个;10 年间,郭兴利和他的同志们就地公开审理的案件达 2100 余件,占收案总数的 71%。

那时,郭兴利和同志们背上背篼进村入户审案,百姓管他们叫"背篼法官";后来,条件有了好转,配了一辆警车,郭兴利和同志们才放下了背了十多年的背篼……

功夫不负有心人,连年来,开封法庭多次获得全省、全市法院优秀法庭的荣誉称号,辖区的老百姓也常常送来"清官能断家务事""父母好法官、当代包青天"之类的锦旗表达对郭兴利和同志们的感谢之情。

郭兴利说,荣誉不重要,重要的是认真地做好手里的一件件事情。

调解

20 年来，开封法庭的案件调解率都在 90% 以上，2010 年达到 95%，而 2011 年的 1 月至 9 月达到 97%！这是一个不可思议的成绩，熟悉法院工作的人都会知道成绩的背后有着怎样的艰辛。

在郭兴利的办公桌上，我们看到了一摞码起来的卷宗，那是分年度装订好的庭里调解结案案件的调解文书。简单计算了一下，足有 3000 多件，最多的一年，庭里调解了 241 件，郭兴利一个人就调解了 152 件。郭兴利说，哪一件案子，我都能在两分钟以内找出来。

谈到调解工作，郭兴利的话明显多了很多。

郭兴利考虑到，法庭处理的案件小，但都涉及亲戚朋友、低头不见抬头见的乡亲，如果因为法庭处理不好，调和不了他们之间的矛盾，甚至成了仇人，那法官就成“罪人”了。

郭兴利始终对调解有着特别的“偏好”。他说，每当看到一件案件，通过法庭的调解，愁容满面的老人又笑逐颜开时，大打出手的乡邻又握手言欢时，闹着离婚的小夫妻又破镜重圆时，农民工又领到了久违的血汗钱时……作为一名法官，一种自豪感和成就感便会油然而生。

郭兴利的骨子里，认可这样一个理念，无论当事人怎么“犟”，他总会有信服的人，让他相信的人来做工作，要容易得多，主意也要多得多。郭兴利说：“靠群众做群众的工作，事半功倍，没有他们，我啥事也做不了，啥事也做不好。”

郭兴利将辖区内所有村组干部、当地有威望的长者、70 岁以上老人的名字都记在一个随身携带的小本子里，每到一处审理或执行案子，郭兴利都会从裤兜里掏出这个小本子，邀请这些“名人”参与案件的审理与执行。这样，一件看似棘手的案件，通过大家联合做工作，当事人之间很快便能达成协议。

每接手一个案件，郭兴利都会认真地阅读原告的诉状，审查证据材料，接触对方当事人，听听他们的辩解。在全面了解案情后，他都会从法理和情理的角度，在听取双方当事人的意见后，设计一条最佳的调解路径。庭审中不能达成协议的，郭兴利会及时给他们发出调解建议书，在调解建议书上，法言法语被转化成为最通俗的语言，最浅显易懂的道理，往往在法庭上一时半会儿不能达成的调解协议，通过休庭后做工作或者当事人在阅读了调解建议书后，常常主动到法庭来签订调解协议。

郭兴利常常给庭内的同志讲，于法于理都站得住的事情，老百姓没有理由不接受。老百姓很质朴,他们懂道理但不一定懂法律,这个时候的法官就应当是他们法律上的好参谋和好帮手。

清贫

在郭兴利妻子唐克谊的带领下,记者来到了郭兴利位于开封镇的家。这是一栋在他们结婚的时候靠娘家人的资助建起来的房屋,在四周刚修起来的高楼面前显得陈旧而矮小。

简朴的木床、洁净的老木桌、老式的沙发、一些简单的日常生活用品……

唐克谊笑着说,家里的老式洗衣机是弟弟的"淘汰品",空调是郭兴利荣获四川省劳动模范后,广元中院奖励的。虽然日子过得紧巴巴的,但是看到上级对郭兴利那么关心,看到乡里乡亲给郭兴利送了那么多锦旗,再苦也值得。

"早些年,父母多病、孩子小,他的收入也不高,但在兄弟姐妹们的接济下,一家人节约着,日子也挺过来了;1998 年,我从剑阁县丝绸厂下岗后,家里日子更紧张了,为补贴家用,我在镇上帮一家服装店卖衣服,起早贪黑,每个月挣 600 元。"唐克谊说。

唐克谊的脸上过早地写满了艰难和沧桑,可她坚毅的眼神里,始终流露着对丈夫的关切,对未来美好生活的向往。

唐克谊还含着眼泪给我们讲了这样一个故事:

2005 年 12 月,郭兴利一个月都在外面办案子,几乎忘了家里还有一个奄奄一息、重病在床的父亲。25 日那天早上,父亲去世了,郭兴利租了辆"摩的"回到家,刚布置好灵堂,就见有几个人在附近转悠,好像是有什么事,可见到这个情况又不好意思开口。终于,他们见郭兴利忙完了,悄悄将郭兴利拉到院坝边上,没说几句话,郭兴利就同那几个人走了,到中午才回来。唐克谊很生气地问郭兴利:"啥子天大的事有比给父亲守灵更重要?"郭兴利却什么也没说。下午的时候,上午来的那几个人又来到父亲的灵堂前,恭恭敬敬地在父亲的灵前磕了三个响头。这时,唐克谊才知道,他上午是去开庭审案子了。

谈到对家庭的照顾,唐克谊似乎有很多的话要说:"他呀,一天到晚就只有他的案子、他的当事人。家里有什么、缺什么,他从不操心,儿子的学习、工作,从来不闻不问。就连他的哥哥出了车祸,在绵阳住了 9 个月的院,他就去过两次,一次是入院、一次是出院……"

早些年,有些乡亲为感谢郭兴利,常常送些米、面、鸡蛋之类的东西给他。他们说,"自家地里长的,自家鸡下的,不收,就瞧不起人了!"郭兴利实在拗不过，也会按照市场价把钱给老百姓送去。老百姓知道给郭兴利送东西反倒给他添了麻烦，渐渐地也就没人给他送礼了。而那些送现金、送贵重礼品希望郭兴利能网开一面的，他也想方设法一一退还谢绝。

郭兴利常常告诫自己和庭里的同志，法官的人品是第一位的，人品不好，案子办得再对，老百姓也会因为对法官人品的质疑而对案件的处理产生合理怀疑。

在郭兴利家里，全国优秀法官、四川省劳动模范、四川省优秀共产党员、广元市第六届党代表当选证书、全市优秀人民法庭庭长、十佳法官……各种荣誉证书被整齐地码放在墙角。

"何方可化身千亿，处处落红见法魂。"百里西河滋润的这片红土地，郭兴利已深深根植其中，血液中浸润着大山的气息、流淌着泥土的芬芳。

▶【法官的司法为民知识】>>>

这部分主要关注的法官职业伦理是"为民"。通过案例我们需要进一步了解司法为民的职业伦理规范的具体要求。

▶【学理分析】>>>

法官职业伦理的核心是"公正、廉洁、为民"。其中"为民"是人民司法的本质要求。司法为民就是要求法官在履行司法职责时忠于人民、服务人民、依靠人民、保护人民。人民是审判执行工作质量、效果的直接承受者和评价者，司法的尊严和权威的维护来自人民群众对法律和司法的信任。因此在审判和执行过程中应当贯彻司法为民的规则。具体而言包括：

一、牢固树立以人为本、司法为民的理念

法官职业道德基本准则第 19 条规定："牢固树立以人为本、司法为民的理念，强化群众观念，重视群众诉求，关注群众感受，自觉维护人民群众的合法权益。"

二、努力寻求多种解决纠纷的方法，实现法律效果与社会效果的统一

法官职业道德基本准则第 20 条规定："注重发挥司法的能动作用，积极寻求有利于案结事了的纠纷解决办法，努力实现法律效果与社会效果的统一。"

三、认真执行司法便民规定

法官职业道德基本准则第 21 条规定："认真执行司法便民规定，努力为当

事人和其他诉讼参与人提供必要的诉讼便利,尽可能降低其诉讼成本。”

四、尊重当事人和其他诉讼参与人的人格尊严

法官职业道德基本准则第22条规定:“尊重当事人和其他诉讼参与人的人格尊严,避免盛气凌人、‘冷硬横推’等不良作风;尊重律师,依法保障律师参与诉讼活动的权利。”

本案中的郭兴利法官20年如一日,重视群众诉求,关注群众感受,在自觉维护人民群众的合法权益和司法为民的理念下,带领他的法官团队,背着竹篓送法下乡,为当地群众解决纠纷提供了诉讼便利,降低了当地群众的诉讼成本。并且根据当地的情况,积极地探寻调解解决纠纷的方式,加上他的诚心、公心、热心、正直廉洁的人格魅力,往往能打动当事人,从而促成调解,案结事了,并且大多数案件都是当事人自行执行的,真正做到了法律效果和社会效果的统一。这一切都表明郭兴利法官一直坚持遵循司法为民的准则,理所当然地成为广大司法工作者学习的楷模。

第六节 法官职业责任

▶【典型案例】(一) > > >

河南伊川矿难牵出法院窝案。[①]

▶【基本案情】> > >

查伊川矿难,牵出法院院长

2010年8月5日举行的河南省全省法院打击涉煤犯罪暨第九次党风廉政建设工作电视电话会议上,河南省高院通报了对洛阳伊川法院涉嫌徇私枉法裁判导致伊川“3·31矿难”的查处情况。

2010年3月31日19时22分,洛阳市伊川县某煤业公司发生一起特别重大煤与瓦斯突出事故,并引起瓦斯涌出井口发生爆炸和燃烧,造成44人遇难、4人失踪、4人受伤。

---

① 韩景玮、孙伟伟:《河南伊川矿难牵出法院窝案,正副院长等数人被捕》,http://news.sina.com.cn/c/2010-08-06/052020837361.shtml。

事故发生后，矿主王某政和伊川县政府派驻的驻矿安监员逃逸，给抢救工作带来困难。后来，王某政投案自首。

后经国务院批准，相关部门成立了矿难事故调查组。调查中王某政供述，2009 年 5 月 1 日，该矿曾发生煤与瓦斯事故，造成 2 人死亡，但一直隐瞒不报，后被当地相关部门查实。同年 9 月，伊川县法院以重大安全事故责任罪，对王某政判处有期徒刑 1 年、缓刑 1 年。

在法院审理过程中，王某政曾向法院有关领导和法官行贿。按照国务院《生产安全事故报告和调查处理条例》和《国务院关于预防煤矿生产安全事故的特别规定》的规定，王某政 5 年内不得再担任任何煤矿的法定代表人。

但事实上王某政在缓刑期间，仍作为矿主和实际控制人违法乱纪、继续组织矿井违法违规生产，地方政府及有关部门监管和处罚不到位、不落实，最终导致“3·31 矿难”发生。

法院院长落马，一个基层法院集体“沦陷”

事发后，省高院连夜派出以监察室主任刘国松为首的纪检监察、巡查问责部门，前往伊川调查涉案人员在伊川矿难中徇私枉法裁判、违法违纪等情况。

根据省高院调查的情况，2009 年 5 月 1 日，伊川县某煤业公司发生 2 人死亡的矿难事故。伊川县法院在办理该矿法定代表人王某政重大责任事故案中，该法院院长张某庆等人收受王某政的贿赂后，对王某政进行了从轻判决。让人不可思议的是，法院并没将判决书和监管通知书按规定送给警方，而是将这些司法文书直接交给了王某政本人。

王某政拿到上述司法文书后，也没向警方移交，直接到煤矿继续担任煤矿矿主，最终导致又一矿难发生。2010 年 7 月 19 日至 27 日，伊川县法院院长张某庆，该法院党组成员、刑庭庭长董某，案件承办人张某分别因涉嫌受贿、滥用职权、玩忽职守罪被检察机关依法逮捕。

现已认定，张某庆先后三次收受王某政的贿赂。而王某政被抓后，伊川法院副院长兼政治处主任李某伟、民一庭庭长张某乾、刑庭内勤、服务中心主任等 4 人因涉嫌犯罪被抓，还有 2 人在逃。

警示全省法官，通报法院干警违纪查处情况

本案经洛阳中院院长办公会研究决定，已给予张某庆开除公职处分，省法院调查组已向洛阳市纪委建议，给予张某庆开除党籍处分。

为警示全省法院法官和其他工作人员，做到警钟长鸣。在 8 月 5 日的会上，省高院专门通报了2010年1月至7月，全省法院干警违法违纪及近期个别中院基层法院领导干部被采取刑事强制措施情况。

数字一：62名干警因违法违纪被查处

2010年1月至7月，河南省全省法院共查处违法违纪干警62人，其中受到党政纪处分的61人，被追究刑事责任的1人。

在查处的人员中，1人被判刑，4人受到党纪政纪双重处分，57人受到政纪处分，其中行政警告36人，记过12人，记大过8人，开除公职1人。在查处的违纪案件中，违法审判类的17人，经济类的10人，渎职失职类的24人，违反社会管理秩序类的4人，其他违纪的7人。

按级别划分：中级法院21人，基层法院38人，基层法庭3人。

按职务划分，庭长8人，副庭长13人，审判长1人，审判员14人，其他26人。

按违法违纪人员所在部门划分，从事民事审判的17人，从事执行的18人，从事行政审判的4人，从事审判监督的1人，从事立案信访的1人，其他审判部门的9人，其余12人。

按行政级别划分：处级干部4人，科级干部32人，一般干部22人，其他人员4人。

按归属地划分：郑州市2人，开封市1人，洛阳市2人，安阳市10人，新乡市16人，平顶山市19人，漯河市2人，周口市3人，鹤壁市4人，信阳市3人。

数字二：多名基层法院院长落马

2010年8月5日，河南省高院还通报了项城市法院院长李某鹏因涉嫌受贿，于6月12日被周口市检察院逮捕的消息。

另外，平舆县法院院长刘某山在担任驻马店中院刑二庭庭长期间，因涉嫌滥用职权为黑社会犯罪分子违法减刑，于5月11日被检察机关逮捕。

开封中院执行局局长冯某中因在办理开封市某地产公司固定资产拍卖案中涉嫌受贿，于7月31日被刑拘。开封市鼓楼区法院一刑庭庭长因涉嫌受贿，于7月30日被拘留。

全省法院劲吹“廉政风暴”

省高院巡视员张中林表示：从全省法院1月至7月违法违纪被追究的情况来看，特别是近期极少数基层法院领导因涉嫌违法被逮捕，严重损害了司法权威和司法公信力。从伊川法院案件中，还暴露出了个别法院私设小金库，干警入股煤矿等问题。

据记者了解，在伊川法院查处过程中，仅该法院刑庭就查出300万元的小金库。此前，除中央三令五申要求清理和查禁私设小金库外，省高院还在2010年5月，专门下达通知，对小金库问题进行专项治理，但问题仍然严重。

▶【典型案例】（二）>>>

法官黄某犯受贿罪案。[①]

▶【基本案情】>>>

凤城市人民法院审理凤城市人民检察院指控原审被告人丹东市中级人民法院审判员黄某犯受贿罪一案，于2014年10月20日作出（2014）凤刑初字第00250号刑事判决。宣判后，原审被告人黄某不服，提出上诉。丹东市中级人民法院依法组成合议庭，经过阅卷，讯问上诉人黄某，征询辩护人的意见，认为案件事实清楚，决定不开庭进行审理。现已审理终结。

凤城市人民法院判决认定，被告人黄某于1999年9月至2012年3月任丹东市中级人民法院执行庭执行员。2007年至2008年间，被告人黄某在办理申请人徐某某申请执行丹东市外贸冷冻加工厂所有的丹东市振兴区山上街10号京辉灯饰批发市场营业厅一层房屋一案时，为申请人提供帮助，并于2007年8月某日，在丹东市开发区一饭店内收受徐某某一方利害关系人崔某某贿赂款人民币2万元；于2008年2月某日，在丹东市中级人民法院附近收受崔某某贿赂款人民币10万元。2012年末，被告人黄某退还崔某某贿赂款人民币2万元。

2014年5月下旬，被告人黄某主动到丹东市中级人民法院纪检部门投案，并如实供述了自己的犯罪事实，同时将贿赂款人民币9.9万元退还给崔某某。案发后，司法机关从崔某某处追缴人民币11.9万元，从被告人黄某处追缴人民币1000元。

凤城市人民法院认为，被告人黄某在执行公务中，利用职务上的便利，非法收受他人财物，为他人谋取利益，其行为已构成受贿罪。被告人黄某能主动投案，并如实供述自己的犯罪事实，系自首，可以减轻处罚。被告人黄某主动退缴赃款，可酌情从轻处罚。依照《中华人民共和国刑法》第385条第1款、第383

① 案例来源：《辽宁省丹东市中级人民法院刑事裁定书》，（2014）丹刑二终字第00278号，中国裁判文书网，最后访问日期：2017年2月16日。

条第1款第1项、第67条第1款、第64条之规定，判决认定被告人黄某犯受贿罪，判处有期徒刑5年，并处没收其个人财产人民币5万元；依法追缴被告人黄某赃款人民币10万元。

丹东市中级人民法院经依法全面审查，对一审判决认定的事实以及所列证据依法予以确认。丹东市中级人民法院根据《中华人民共和国刑事诉讼法》第225条第1款第1项的规定，裁定驳回上诉，维持原判。

▶【典型案例】(三) > > >

余某某、袁某某，任某某违纪受行政处分案。[①]

▶【基本案情】> > >

贵州省习水县人民法院审判员余某某、袁某某于2013年1月8日下午4时左右擅离职守，与两名社会人员相约到茶楼带彩打牌，被该县作风效能明察暗访组查获。事后，余某某、袁某某分别受到行政记过处分。

湖南省衡阳市石鼓区人民法院审判员任某某在2013年春节假期之后继续自行放假，并以元宵节前办不成事为由对诉讼当事人推诿搪塞。事后，任某某受到行政记大过处分和党内严重警告处分，同时，该院执行局局长秦某因管理失职受到行政警告处分。

▶【法官职业责任知识】> > >

这几个案例主要涉及法官违背了职业伦理、法律法规的情况下必然要承担的法官职业责任问题。需要了解法官职业责任含义，法官职业责任的内容。

▶【学理分析】> > >

一、法官职业责任的含义

所谓的法官职业责任应当是指“法官因违反法官职业伦理进而违反了国家公务员管理纪律或法律法规的规定，从而承担的不利后果”[②]。由于法官的职业伦理不仅仅是道德的内容，除依靠典型的道德的维系方式——良心、社会舆论等方式维系外，往往通过各种纪律乃至国家法律法规的形式加以保证道德的运

---

① 案例来源：《查纠不正不良之风推动建立长效机制——最高人民法院通报6起工作作风不正的典型案例》，《人民法院报》2013年4月19日，第1版，部分内容。

② 许身健主编：《法律职业伦理》，北京大学出版社2014年版，第148页。

行，从而使得伦理道德法律化。由于法官职业伦理规范具有法官的职业伦理义务、职业纪律义务和法律义务的多重性质，因此法官违反职业伦理，不仅受到良心、社会舆论的谴责，也要遭受纪律的惩戒和法律的制裁。

由于法官的职业行为直接关系到司法公正的实现，而司法公正离不开法官独立行使审判权，为此在规定法官职业责任时应当围绕着法官独立行使审判权和司法公正展开，既要保障司法公正，又不能损害法官的独立审判权。

（一）法官职业责任的客体是法官的特定行为

法官违反职业伦理义务，需要给予惩戒的行为一般只限于法官的违法犯罪和其他的不当行为。法官涉及严重违反职业伦理的犯罪行为，必然会被追究刑事责任。其他的不当行为法官也要承担职业责任，值得注意的是，为了保障独立行使司法审判权，因法官的业务水平、能力和经验的不足导致错误判决的，各个国家均将这类行为排除在追究法官职业责任之外。具体而言，我国法官需要承担的职业责任行为和形式在法官法第 46 条、第 47 条及《人民法院工作人员处分条例》第 2 章有具体的规定。

（二）法官职业责任追究的主体是特定的机构

人民法院和法官独立行使审判权，法律保障法官独立行使审判权。为了不受行政机关、社会团体和个人的影响和干涉，法官的各种不当行为的职业责任追究的主体应当是特定的机构。这个特定的机构一般由精通法律知识和熟悉法律业务和司法活动规律的人员组成。2016 年两高印发《建立法官、检察官惩戒制度的意见（试行）》中提到法官的惩戒工作由人民法院与法官惩戒委员会分工负责。人民法院负责对法官涉嫌违反审判职责行为进行调查核实，并根据法官惩戒委员会的意见作出处理决定。惩戒委员会由政治素质高、专业能力强、职业操守好的人员组成，包括来自人大代表、政协委员、法学专家、律师的代表以及法官、检察官代表。法官、检察官代表应不低于全体委员的 50%，从辖区内不同层级人民法院、人民检察院选任。2017 年 3 月 15 日，北京市法官检察官惩戒委员会成立。2019 年修订的法官法第 48 条第 1 款、第 2 款规定："最高人民法院和省、自治区、直辖市设立法官惩戒委员会，负责从专业角度审查认定法官是否存在本法第四十六条第四项、第五项规定的违反审判职责的行为，提出构成故意违反职责、存在重大过失、存在一般过失或者没有违反职责等审查意见。法官惩戒委员会提出审查意见后，人民法院依照有关规定作出是否予以惩戒的决定，并给予相应处理。法官惩戒委员会由法官代表、其他从事法律职业的人员和有关方面代表组成,其中法官代表不少于半数。"自此,法官惩戒委员会的成立和运行有了法律依据。

(三)法官职业责任确定的特定程序

法官的司法形象代表着法律的神圣和尊严,因此对法官的职业责任追究必须严格遵循实体正义和程序正义的要求,做到公平、公正、公开,保证涉案法官享有合法程序的保护。我国法官法第 46 条规定对"法官的处分按照有关规定办理"。《人民法院工作人员处分条例》第 3 条规定"人民法院工作人员依法履行职务的行为受法律保护。非因法定事由、非经法定程序,不受处分"。2017 年最高人民法院关于印发《人民法院落实〈保护司法人员依法履行法定职责规定〉的实施办法》第 4 条中规定,"法官履行法定职责的行为,非经法官惩戒委员会听证和审议,不受错案责任追究"。我国法官法第 49 条规定,法官惩戒委员会审议惩戒事项时,当事法官有权申请有关人员回避,有权进行陈述、举证、辩解。第 50 条规定:"法官惩戒委员会作出的审查意见应当送达当事法官。当事法官对审查意见有异议的,可以向惩戒委员会提出,惩戒委员会应当对异议及其理由进行审查,作出决定。"第 51 条规定:"法官惩戒委员会审议惩戒事项的具体程序,由最高人民法院商有关部门确定。"

二、法官职业责任的内容

我国法官职业责任的法律依据主要是 2019 年修订的法官法第 46 条,该条规定进一步概括了法官应受处分的 10 种行为,其中大多数是违反法官职业伦理的行为。以此为依据,最高人民法院颁布了一系列规范性文件,具体细化了法官职业责任的规定。当前具有法律效力的这些规范性文件主要有最高人民法院 2009 年 12 月颁布的《人民法院工作人员处分条例》,2011 年颁布的《关于对配偶子女从事律师职业的法院领导干部和审判执行岗位法官实行任职回避的规定(试行)》,2012 年印发的《关于人民法院落实廉政准则防止利益冲突的若干规定》,2015 年 3 月中共中央办公厅、国务院办公厅印发的《领导干部干预司法活动、插手具体案件处理的记录、通报和责任追究规定》和同年 8 月实施的《人民法院落实〈领导干部干预司法活动、插手具体案件处理的记录、通报和责任追究规定〉的实施办法》,2015 年 3 月中央政法委印发的《司法机关内部人员过问案件的记录和责任追究规定》及其最高人民法院印发的《人民法院落实〈司法机关内部人员过问案件的记录和责任追究规定〉的实施办法》等。这些规范性文件主要涉及法官职业责任追究的行为、法官职业责任追究的形式和法官职业责任追究的程序等法官职业责任的基本内容。

（一）法官职业责任追究的行为

2001年修正的法官法第33条规定“法官有本法第三十二条所列行为之一的，应当给予处分；构成犯罪的，依法追究刑事责任。”2001年修正的法官法第32条所列应当给予处分的行为具体包括：“（一）散布有损国家声誉的言论，参加非法组织，参加旨在反对国家的集会、游行、示威等活动，参加罢工；（二）贪污受贿；（三）徇私枉法；（四）刑讯逼供；（五）隐瞒证据或者伪造证据；（六）泄露国家秘密或者审判工作秘密；（七）滥用职权，侵犯自然人、法人或者其他组织的合法权益；（八）玩忽职守，造成错案或者给当事人造成严重损失；（九）拖延办案，贻误工作；（十）利用职权为自己或者他人谋取私利；（十一）从事营利性的经营活动；（十二）私自会见当事人及其代理人，接受当事人及其代理人的请客送礼；（十三）其他违法乱纪的行为。”2019年修订的法官法第46条规定：“法官有下列行为之一的，应当给予处分；构成犯罪的，依法追究刑事责任：（一）贪污受贿、徇私舞弊、枉法裁判的；（二）隐瞒、伪造、变造、故意损毁证据、案件材料的；（三）泄露国家秘密、审判工作秘密、商业秘密或者个人隐私的；（四）故意违反法律法规办理案件的；（五）因重大过失导致裁判结果错误并造成严重后果的；（六）拖延办案，贻误工作的；（七）利用职权为自己或者他人谋取私利的；（八）接受当事人及其代理人利益输送，或者违反有关规定会见当事人及其代理人的；（九）违反有关规定从事或者参与营利性活动，在企业或者其他营利性组织中兼任职务的；（十）有其他违纪违法行为的。”在《人民法院工作人员处分条例》第2章分则中进一步细化，具体来说，法官职业责任的追究包括如下：

1. 违反政治纪律的行为

这是《人民法院工作人员处分条例》第2章第1节的内容，包括从第22条到第28条的规定：（1）散布有损国家声誉的言论，参加旨在反对国家的集会、游行、示威等活动的；（2）参加非法组织或者参加罢工的；（3）违反国家的民族宗教政策、造成不良后果的；（4）在对外交往中损害国家荣誉和利益的；（5）非法出境，或者违反规定滞留境外不归的；（6）未经批准获取境外永久居留资格，或者取得外国国籍的；（7）有其他违反政治纪律行为的。

2. 违反办案纪律的行为

这是《人民法院工作人员处分条例》第2章第2节的内容，包括从第29条到第54条的规定：（1）违反规定，擅自对应当受理的案件不予受理，或者对不应当受理的案件违法受理的;(2)违反规定应当回避而不回避,造成不良后果的;明知诉讼代理人、辩护人不符合担任代理人、辩护人的规定,仍准许其担任代理人、辩护人,造成不良后果的;(3)违反规定会见案件当事人及其辩护人、代理人、请托人的;(4)违反规定为案件当事人推荐、介绍律师或者代理人,或者为律师或者其他人员介绍案件,造成不良后果的;(5)违反规定插手、干预、过问案件,或者为案件当事人通风报信、说情打招呼的;(6)依照规定应当调查收集相关证据而故意不予收集,造成不良后果的;(7)依照规定应当采取鉴定、勘验、证据保全等措施而故意不采取,造成不良后果的;(8)依照规定应当采取财产保全措施或者执行措施而故意不采取,或者依法应当委托有关机构审计、鉴定、评估、拍卖而故意不委托,造成不良后果的;(9)违反规定采取或者解除财产保全措施,造成不良后果的;(10)故意违反规定选定审计、鉴定、评估、拍卖等中介机构,或者串通、指使相关中介机构在审计、鉴定、评估、拍卖等活动中徇私舞弊、弄虚作假的;(11)故意违反规定采取强制措施的;(12)故意毁弃、篡改、隐匿、伪造、偷换证据或者其他诉讼材料,指使、帮助他人作伪证或者阻止他人作证的;(13)故意向合议庭、审判委员会隐瞒主要证据、重要情节或者提供虚假情况的;(14)故意泄露合议庭、审判委员会评议、讨论案件的具体情况或者其他审判执行工作秘密的;(15)故意违背事实和法律枉法裁判的;(16)因徇私而违反规定,迫使当事人违背真实意愿撤诉、接受调解、达成执行和解协议并损害其利益的;(17)故意违反规定采取执行措施,造成案件当事人、案外人或者第三人财产损失的;(18)故意违反规定对具备执行条件的案件暂缓执行、中止执行、终结执行或者不依法恢复执行,造成不良后果的;(19)故意违反规定拖延办案的;(20)故意拖延或者拒不执行合议庭决议、审判委员会决定以及上级人民法院判决、裁定、决定、命令的;(21)私放被羁押人员的;(22)违反规定私自办理案件的,内外勾结制造假案的;(23)伪造诉讼、执行文书,或者故意违背合议庭决议、审判委员会决定制作诉讼、执行文书的,送达诉讼、执行文书故意不依照规定的;(24)违反规定将案卷或者其他诉讼材料借给他人的;(25)对外地人民法院依法委托的事项拒不办理或者故意拖延办理,阻挠、干扰外地人民法院依法在本地调查取证或者采取相关财产保全措施、执行措施、强制措施的;(26)有其他违反办案纪律行为的。

3. 违反廉政纪律的行为

这是《人民法院工作人员处分条例》第2章第3节的内容,包括从第55条到第65条的规定:(1)利用职务便利,采取侵吞、窃取、骗取等手段非法占有诉讼费、执行款物、罚没款物、案件暂存款、赃款赃物及其孳息等涉案财物或者其他公共财物的;(2)利用司法职权或者其他职务便利,索取他人财物及其他财产性利益的,或者非法收受他人财物及其他财产性利益,为他人谋取利益的,利用司法职权或者其他职务便利为他人谋取利益,以低价购买、高价出售、收受干股、合作投资、委托理财、赌博等形式非法收受他人财物,或者以特定关系人"挂名"领取薪酬或者收受财物等形式,非法收受他人财物,或者违反规定收受各种名义上的回扣、手续费归个人所有的;(3)行贿或者介绍贿赂的,向审判、执行人员行贿或者介绍贿赂的;(4)挪用诉讼费、执行款物、罚没款物、案件暂存款、赃款赃物及其孳息等涉案财物或者其他公共财物的;(5)接受案件当事人、相关中介机构及其委托人的财物、宴请或者其他利益的,违反规定向案件当事人、相关中介机构及其委托人借钱、借物的;(6)以单位名义集体截留、使用、私分诉讼费、执行款物、罚没款物、案件暂存款、赃款赃物及其孳息等涉案财物或者其他公共财物的;(7)利用司法职权,以单位名义向公民、法人或者其他组织索要赞助或者摊派、收取财物的;(8)故意违反规定设置收费项目、扩大收费范围、提高收费标准的;(9)违反规定从事或者参与营利性活动,在企业或者其他营利性组织中兼职的;(10)利用司法职权或者其他职务便利,为特定关系人谋取不正当利益,或者放任其特定关系人、身边工作人员利用本人职权谋取不正当利益的;(11)有其他违反廉政纪律行为的。

4. 违反组织人事纪律的行为

这是《人民法院工作人员处分条例》第2章第4节的内容,包括从第66条到第76条的规定:(1)违反议事规则,个人或者少数人决定重大事项,或者改变集体作出的重大决定,造成决策错误的;(2)故意拖延或者拒不执行上级依法作出的决定、决议的;(3)对职责范围内发生的重大事故、事件不按规定报告、处理的;(4)对职责范围内发生的违纪违法问题隐瞒不报、压案不查、包庇袒护的,或者对上级交办的违纪违法案件故意拖延或者拒不办理的;(5)压制批评,打击报复,扣压、销毁举报信件,或者向被举报人透露举报情况的;(6)在人员录用、招聘、考核、晋升职务、晋升级别、职称评定以及岗位调整等工作中徇私舞弊、弄虚作假的;(7)弄虚作假,骗取荣誉,或者谎报学历、学位、职称的;(8)拒不执行机关的交流决定,或者在离任、辞职、被辞退时,拒不办理公务交接手续或者拒不接受审计的;(9)旷工或者因公外出、请假期满无正当理由逾期不归,造成不良后果的;(10)以不正当方式谋求本人或者特定关系人用公款出国,或者擅自延长在国外、境外期限,或者擅自变更路线,造成不良后果的;(11)有其他违反组织人事纪律行为的。

5. 违反财经纪律的行为

这是《人民法院工作人员处分条例》第2章第5节的内容,包括从第77条到第81条的规定:(1)违反规定进行物资采购或者工程项目招投标,造成不良后果的;(2)违反规定擅自开设银行账户或者私设"小金库"的;(3)伪造、变造、隐匿、毁弃财务账册、会计凭证、财务会计报告的;(4)违反规定挥霍浪费国家资财的;(5)有其他违反财经纪律行为的。

6. 失职行为

这是《人民法院工作人员处分条例》第2章第6节的内容,包括从第82条到第90条的规定:(1)因过失导致依法应当受理的案件未予受理,或者不应当受理的案件被违法受理,造成不良后果的;(2)因过失导致错误裁判、错误采取财产保全措施、强制措施、执行措施,或者应当采取财产保全措施、强制措施、执行措施而未采取,造成不良后果的;(3)因过失导致所办案件严重超出规定办理期限,造成严重后果的;(4)因过失导致被羁押人员脱逃、自伤、自杀或者行凶伤人的;(5)因过失导致诉讼、执行文书内容错误,造成严重后果的;(6)因过失导致国家秘密、审判执行工作秘密及其他工作秘密、履行职务掌握的商业秘密或者个人隐私被泄露,造成不良后果的;(7)因过失导致案卷或者证据材料损毁、丢失的;(8)因过失导致职责范围内发生刑事案件、重大治安案件、重大社会群体性事件或者重大人员伤亡事故,使公共财产、国家和人民利益遭受重大损失的;(9)有其他失职行为造成不良后果的。

7. 违反管理秩序和社会道德的行为

这是《人民法院工作人员处分条例》第2章第7节的内容,包括从第91条到第98条的规定:(1)因工作作风懈怠、工作态度恶劣,造成不良后果的;(2)故意泄露国家秘密、工作秘密,或者故意泄露因履行职责掌握的商业秘密、个人隐私的;(3)弄虚作假,误导、欺骗领导和公众,造成不良后果的;(4)因酗酒影响正常工作或者造成其他不良后果的;(5)违反规定保管、使用枪支、弹药、警械等特殊物品,造成不良后果的;(6)违反公务车管理使用规定,发生严重交通事故或者造成其他不良后果的;(7)妨碍执行公务或者违反规定干预执行公务的;(8)以殴打、辱骂、体罚、非法拘禁或者诽谤、诬告等方式侵犯他人人身权利的,体罚、虐待被羁押人员，或者殴打、辱骂诉讼参与人、涉诉上访人的；(9)与他人通奸，造成不良影响的，与所承办案件的当事人或者当事人亲属发生不正当两性关系的；(10)重婚或者包养情人的；(11)拒不承担赡养、抚养、扶养义务，或者虐待、遗弃家庭成员的；(12)吸食、注射毒品或者参与嫖娼、卖淫、色情淫乱活动的；(13)参与赌博的，为赌博活动提供场所或者其他便利条件的；(14)参与迷信活动，组织迷信活动的；(15)违反规定超计划生育的；(16)有其他违反管理秩序和社会道德行为的。

(二)法官职业责任追究的形式

法官法第46条规定法官有本法本条“行为之一的，应当给予处分；构成犯罪的，依法追究刑事责任”。根据法官法的规定，法官的职业责任追究的形式分为纪律责任和刑事责任。

1. 纪律责任

法官的行为违反了职业道德、职业纪律，尚未构成犯罪的，应当承担纪律责任，接受处分。依照法官法第46条规定的“法官的处分按照有关规定办理”。根据《人民法院工作人员处分条例》第7条，受处分的期间为：(1)警告，6个月；(2)记过，12个月；(3)记大过，18个月；(4)降级、撤职，24个月。第8条规定“受处分期间不得晋升职务、级别，其中，受记过、记大过、降级、撤职处分的，不得晋升工资档次；受撤职处分的，应当按照规定降低级别”。第9条规定“受开除处分的，自处分决定生效之日起，解除与人民法院的人事关系，不得再担任公务员职务。”第10条规定“同时有两种以上需要给予处分的行为的，应当分别确定其处分种类。应当给予的处分种类不同的，执行其中最重的处分；应当给予撤职以下多个相同种类处分的，执行该处分，并在一个处分期以上、多个处分期之和以下，决定应当执行的处分期。在受处分期间受到新的处分的，其处分期为原处分期尚未执行的期限与新处分期限之和，处分期最长不超过四十八个月”。对于依法承担刑事责任的，一律给予开除处分。从总体上说，根据《人民法院工作人员处分条例》中的纪律处分是行政处分，应当承担行政责任。

法官职业道德基本准则第28条规定，对于违反法官职业道德基本准则的行为，“视情节后果予以诫勉谈话、批评通报；情节严重构成违纪违法的，依照相关纪律和法律规定予以严肃处理”。诫勉谈话、批评通报可视为对法官职业伦理责任追究的形式。

2. 刑事责任

根据法官法第46条规定，具有法官法第46条规定的行为，构成犯罪的，依法追究刑事责任。法官违反职业伦理构成的犯罪主要是我国刑法第八章、第九章规定的职务犯罪，包括贪污罪、受贿罪，挪用公款罪、滥用职权罪、玩忽职守罪、泄露国家秘密罪、徇私枉法罪、枉法裁判罪、徇私舞弊减刑、假释、暂予监外执行罪。法官的行为构成以上犯罪的，依照刑法相关规定应当分别承担的刑事责任包括：拘役、有期徒刑、无期徒刑、死刑、剥夺政治权利、罚金和没收财产。

在案例（一）中，伊川法院院长张国庆等人在办理该矿法定代表人王国政重大责任事故案中收受王国政的贿赂后，对王国政进行了从轻判决。并且将判决书和监管通知书直接交给了王国政本人，没有按规定送给警方。既违反了法官职业伦理有关廉洁、中立、司法公正的规则，又违犯了法官法和刑法等法律的规定。具体而言为法官法第32条第2项贪污受贿；第3项徇私枉法；第10项利用职权为自己或者他人谋取私利；第12项私自会见当事人及其代理人，接受当事人及其代理人的请客送礼；并且情节严重，构成犯罪行为。为此不仅依照《人民法院工作人员处分条例》第56条"利用司法职权或者其他职务便利，索取他人财物及其他财产性利益的，或者非法收受他人财物及其他财产性利益，为他人谋取利益的，给予记大过处分；情节较重的，给予降级或者撤职处分；情节严重的，给予开除处分"的规定承担开除公职的纪律责任，还要承担刑事责任。

在案例（二）中，中级人民法院执行庭执行员黄某在办理申请人徐某某申请执行丹东市外贸冷冻加工厂所有的丹东市振兴区山上街10号京辉灯饰批发市场营业厅一层房屋一案时，利用职务上的便利，非法收受申请人财物，为其提供帮助，既违反了法官职业伦理关于廉洁的规定，又违犯了法官法第32条第2项贪污受贿和第10项利用职权为自己或者他人谋取私利的规定，并且情节严重，构成了受贿罪，应当承担刑事责任。

在案例（三）中，贵州省习水县人民法院审判员余某某、袁某某工作时间擅离职守，与两名社会人员相约到茶楼带彩打牌的行为，湖南省衡阳市石鼓区人民法院审判员任某某在2013年春节假期之后继续自行放假，并以元宵节前办不成事为由对诉讼当事人推诿搪塞的行为，既违背了法官职业伦理中的司法为民、勤勉尽责、恪尽职守的规则，又违反了法官法第32条第9项拖延办案，贻误工作应当给予处分的规定。按照《人民法院工作人员处分条例》第74条"旷工或者因公外出、请假期满无正当理由逾期不归，造成不良后果的，给予警告、记过或者记大过处分；情节较重的，给予降级或者撤职处分；情节严重的，给予开除处分"的规定受到相应的纪律处分。

►【案例、问题与讨论】> > >

【案例（一）】

审判庭上的"怪象"

2008年1月3日，在四川省南充市西充县人民法院审判庭上，记者看到了不少"怪象"：女审判员庭审期间穿着一款红色带毛领的羽绒服，并在庭审中打手机，通话时间长达近2分钟；书记员也身着便装，一边抽烟一边听案；更让人意想不到的是，原告正在作陈述时，审判长的手机响了，他掏出手机通话近1分钟，原告只能"知趣"地停止陈述。①

【案例（二）】

2014年政法系统通报查处法官违纪违法典型案件②

1. 湖北省高级人民法院刑事审判三庭原庭长张某违纪案。2010年以来，张某多次与律师王某发生不正当两性关系，多次收受下级法院所送礼金人民币1.5万元，向该省两位律师借款人民币50万元用于个人购房（已于案发前偿还）。目前，张某已被开除党籍、开除公职。

2. WY县法院赵桥法庭原庭长蒋某某受贿案。2004年2月以来，蒋某某在担任WY县法院赵桥法庭副庭长（主持法庭全面工作）期间，利用职务之便，在审理一起房产纠纷案中，歪曲法律，枉法裁判，并通过不正当途径影响该案二审和再审诉讼，收受当事人贿赂人民币20万元。目前，蒋某某已被开除党籍、开除公职，并被判处有期徒刑13年。

3. 义乌市人民法院原审判员徐某某、金某某枉法裁判、受贿案。2009年2

---

① 杨涛：《司法礼仪在基层法院是"奢侈品"》，《北京青年报》2008年1月9日，http://star.news.sohu.com/20080109/n254539933.shtml，2017年2月16日最后访问。

② 《今年以来政法系统通报查处违纪违法典型案件40余起》，中国共产党新闻网，http://fanfu.people.com.cn/n/2014/0523/c64371-25053975.html，2014年5月23日。2017年3月28日最后访问。

月，徐某某与他人商定，通过虚假诉讼、法院判决的方式来逃避房屋产权过户产生的税费，并就此事请托金某某。金某某在明知相关证据虚假的情况下，作出判决并协助办理房屋产权过户手续，造成国家税收损失人民币200余万元。此外，徐某某利用职务便利收受相关案件当事人贿赂人民币4.2万元。徐某某犯民事、行政枉法裁判罪、受贿罪，被判处有期徒刑1年零9个月，金某某犯民事、行政枉法裁判罪，被判处有期徒刑10个月，两人被开除党籍、开除公职。

4. 2012年，株洲市天元区人民法院知识产权庭原副庭长尹某某，在担任金某挪用资金罪一案主审法官期间，收取金某贿赂并接受其请吃请喝，向其泄露案件审理内部情况，被金某在网上发帖披露，造成极坏的社会影响。目前，尹某某已被开除党籍、开除公职，依法移送司法机关处理。

【问题与讨论】

1. 有人说司法礼仪是“奢侈品”，你怎么看待案例（一）中的问题？谈谈法官职业伦理规定司法礼仪的重要性。法官的司法礼仪应当注意哪些问题？

2. 结合上述案例，分析法官职业伦理和职业责任的具体内容。

CHAPTER 2

第二章

检察官职业伦理

第一节 检察官职业伦理概述

▶【典型案例】> > >

彭文忠:检徽在胸不染尘。[①]

▶【基本案情】> > >

市场经济时代,价值的社会引领同样不可或缺。当利欲熏心者被物欲遮蔽了心灵而迷失方向时,贵州省人民检察院毕节地区分院反贪局原副局长彭文忠却以"堂堂正正做人,清清白白为官"的立身之本,充分展示了一名人民检察官的崇高道德风范和传承法律精神的形象。

作为检察官,彭文忠深谙"其正身,不令而行;其身不正,虽令不从"的道理,率先从自身及其家人那里筑牢拒腐的堤坝。

他的妻子陈涛曾是一家保险公司的总经理,手头有管人管财的权力,他时时告诫她不能要的东西坚决不要。他与家人约定,不许向他打听工作上的事,不许接受别人不正当的礼物和吃喝,私人在外就餐必须自己结账,不准开发票到单位报销。

一年春节,有人打电话说要带礼物到他家拜年,他正言道:"别来这一套!你若真要拿来,我就原物上交!"放下电话,他对妻子说:"现在国家给了我们不错的待遇,我们应该知足了,千万莫做违背法纪和良知的事。"

① 林广成主编:《检察人员廉洁守纪指南》,中国检察出版社 2012 年版,第 108—109 页。

2007年彭文忠承办杨某的案件，杨某得知后跑到彭文忠办公室求他网开一面，当场遭到彭文忠拒绝。杨某不甘心，放了一个信封在沙发上就走。彭文忠打开一看是一沓钱，立即打电话要杨某把钱拿回去。见杨某没有回应，彭文忠将信封直接交到了纪检组。杨某见此路不通，又改变策略。一天，他来到办公室，拿出一个信封递给彭文忠，遭拒绝后还是悄悄地把信封留了下来，彭文忠发现后连看都没有看就立即交到监察处。处里的同志打开一看，里面是一张已付款的名牌西服购物单。

还有一次，他与同事调查一桩涉及一名县级干部的案件，两人加班后正在洪南路一家饭馆吃饭，该县级干部安排自己的司机给彭文忠送来人民币2万元钱，彭文忠当即警告对方："你告诉他，想用人民币2万元买法律，门都没有！"

在办理一桩恶势力犯罪案件时，一个犯罪嫌疑人的亲戚用烟盒包了人民币2万元钱硬塞给彭文忠后立即跑走，彭文忠当即把钱交到打黑除恶办，并把那个给钱的人叫来狠狠训斥了一顿。曾经有人出人民币10万元要"摆平"他正在办的一桩案子，也被他严词拒绝了。

"清心为治本，直道是身谋。"彭文忠以廉洁奉公捍卫着法律的尊严，并在磨砺和奉献中不断完善自己。

▶【检察官职业伦理知识】> > >

该案例主要涉及检察官职业伦理的概念等问题。

检察官职业伦理的概念是什么？这是我们学习检察官职业伦理首先要回答的问题。这个问题主要涉及以下几个方面：一是检察官的任职条件；二是检察官职业伦理的主体；三是检察官职业伦理的对象；四是检察官职业伦理的内容。

▶【学理分析】> > >

检察官职业伦理是法律职业伦理的重要组成部分之一，是在检察制度形成、发展及社会需求中相应产生的一种特殊的社会意识形态和行为准则，是正确行使检察权的重要保障，是建立司法公信的基础，也是建设法治社会必不可少的基本价值。检察官职业伦理的重要性，在于其可以对检察官的内心和外在行为同时予以规范，培养检察官高尚独立的情操，严格地依法履行职责，确保司法公正。基于检察业务的特殊性，检察官职业伦理同普通的公务人员职业伦理相比，有着自己的一些比较突出的特性。

一、检察官职业伦理概念

检察官职业伦理，是检察官职业所遵循的重要行为准则，是检察人员在履行其职责的过程中所应具备的良好的道德品质，以及在协调处理各种社会关系时所应遵守的优良道德规范的总和。检察官职业伦理应是从检察官的自身行为，从检察官与其他法律职业从业人员，与犯罪嫌疑人、受害人之间的关系出发，研究如何把普通的公务人员培养成为合格及优秀的检察官的道德规范。现实中，某些检察官由于欠缺检察官职业伦理，给社会和公众的司法信任造成了极为恶劣的影响。所以说，必须要增强检察官的忧患意识，完善理性、文明的检察官职业伦理，凸显检察官身份荣誉感，增强检察官的职业认同感。目前，按照中央关于深化司法体制改革的要求，最高人民检察院正着力推动以主任检察官办案责任制、检务公开和信息化建设为主要内容的新一轮司法改革。司法改革要求完善检察官职业伦理，以配合主任检察官办案责任制的实施，通过把职业伦理内化于心、外践于行，实现检察人员的自我约束。

二、检察官的任职条件

随着时间的推移，刑事诉讼中的自诉、决斗等裁决方式退出诉讼程序，公诉制度得以确立，检察官随之出现。一般而言，大陆法系检察官的职权较英美法系宽泛。但无论是大陆法系国家，还是英美法系国家，检察官职业越来越趋向于精细化，职业分工更加明确，检察官制度也越来越完备。我国检察官的任职资格同样也越来越注重专业化。根据我国2019年4月23日第十三届全国人民代表大会常务委员会第十次会议修订的《中华人民共和国检察官法》（1995年通过，2001年第一次修正，2017年第二次修正，2019年修订）第12、13条规定，担任中华人民共和国检察官必须具备下列条件：

（一）积极条件

1. 具有中华人民共和国国籍；

2. 拥护中华人民共和国宪法，拥护中国共产党领导和社会主义制度；

3. 具有良好的政治、业务素质和道德品行；

4. 具有正常履行职责的身体条件；

5. 具备普通高等学校法学类本科学历并获得学士及以上学位；或者普通高等学校非法学类本科及以上学历并获得法律硕士、法学硕士及以上学位；或者普通高等学校非法学类本科及以上学历，获得其他相应学位，并具有法律专业知识；

6. 从事法律工作满五年。其中获得法律硕士、法学硕士学位，或者获得法学博士学位的，从事法律工作的年限可以分别放宽至四年、三年；

7. 初任检察官应当通过国家统一法律职业资格考试取得法律职业资格。

适用前款第五项规定的学历条件确有困难的地方，经最高人民检察院审核确定，在一定期限内，可以将担任检察官的学历条件放宽为高等学校本科毕业。

（二）消极要件

下列人员不得担任检察官：

1. 因犯罪受过刑事处罚的；

2. 被开除公职的；

3. 被吊销律师、公证员执业证书或者被仲裁委员会除名的；

4. 有法律规定的其他情形的。

以上两个要件是检察官任职最基本的资格。司法实务中检察官的选任条件会更高一些，原因即在于司法实践中检察队伍人员的素质参差不齐，整体的素质和业务能力仍有待大幅度地提升。2017 年修正的检察官法第 13 条规定，初任检察官采用考试、考核的办法，按照德才兼备的标准，从通过国家统一法律职业资格考试取得法律职业资格并且具备检察官条件的人员中择优提出人选。2019 年修订的检察官法第 14 条第 1 款规定为初任检察官采用考试、考核的办法，按照德才兼备的标准，从具备检察官条件的人员中择优提出人选。由上可见，入职条件只是初任检察官的最低门槛，一名合格的检察官还需要检察官职业素养和职业伦理长时间的熏陶。检察官职业的特有性质也决定了其不仅要具有专业的知识和很强的业务能力，还应该具备与检察官职业相符合的独特的职业道德。

三、检察官职业伦理的主体是检察官

依照中央司法体制改革方案，检察院工作人员分为检察官、检察辅助人员、司法行政人员三类。其中，检察辅助人员是协助检察官履行检察职责的工作人员，包括检察官助理、书记员、司法警察、检察技术人员等。这些工作人员虽然不是职业检察官，但是他们的任务是协助职业检察官行使检察权，根据自己职业行为规范来工作，与职业检察官的司法活动有着极为密切的联系。但他们毕竟不是职业检察官，两者之间的职业差异还是有本质上的区别。基于此，两者之间的职业伦理要求也不大相同。司法行政人员是从事行政管理事务的工作人员，主要负责检察院政工党务、行政事务、后勤管理等工作。从人员类别和职责可以看出，司法行政人员不参与司法办案，因此没有必要参照执行，只需要遵守基本的司法行政人员的职业伦理即可。因此，检察官职业伦理的主体只能是在检察院专门行使国家检察权的职业检察官，并不包括检察院的其他组成人员。检察官依照检察官法第2条规定，是指"依法行使国家检察权的检察人员，包括最高人民检察院、地方各级人民检察院和军事检察院等专门人民检察院的检察长、副检察长、检察委员会委员和检察员"。

四、检察官职业伦理规范的对象主要是检察官履行司法职务行为及其各种社会活动

检察官职业伦理规范的对象是特定的，主要指向检察官的职业行为及其各种社会活动。检察官职业伦理首先调整的是检察官的职业行为。如"忠诚"的职业伦理要求检察官忠于党、忠于国家、忠于人民，忠于事实和法律，忠于人民检察事业，恪尽职守，勇于奉献等等；"公正"要求检察官树立"正义"的理念，独立行使检察权，坚持法律面前人人平等，自觉维护程序公正和实体公正，等等。这些职业伦理不同于普通的职业伦理，相比较而言，前者的要求更高，规范得更严格。检察官是社会正义的表率，代表着法律公正无私的形象。因此，检察官的一言一行必须要谨慎，不管是在检察官自己日常的职业活动中，还是在业外活动中。检察官应模范地遵守法律职业伦理，尤其是检察官职业伦理。

五、检察官职业伦理的内容

检察官职业伦理的基本内容是忠诚、为民、担当、公正、廉洁，其核心是忠诚、公正。忠诚和公正更能代表检察官职业的属性。检察官主要是代表国家行使法律监督权，必然要忠于国家、忠于人民、忠于党、忠于宪法和法律。公正是司法的生命，恪守客观公正义务是对检察官的根本要求。检察官的一切司法活动都是围绕着公正司法。作为一种特殊的法律职业，检察官的任务是代表国家行使检察权，追踪犯罪嫌疑人的违法犯罪活动，保护人民群众的生命、财产和健康安全，保障公民的人身权利、民主权利和其他权利，维护正常的社会秩序。只有忠诚公正，才能不负党的重托，才能取信于人民。

第二节　检察官的忠诚原则

▶【典型案例】(一) > > >

原安徽省阜阳市颍泉区人民检察院检察长汪某报复陷害案。[①]

▶【基本案情】> > >

2007年8月,安徽省阜阳市颍泉区委书记张某安为报复举报其违法违纪问题的李某某,编造了举报李某某有关问题的信件,指示时任阜阳市颍泉区人民检察院检察长的汪某对李某某进行查处,以实现对李某某打击报复的目的。汪某明知张某安报复举报人李某某而迎合张某安,滥用检察权,违背事实和法律违法办案,利用上述举报信,安排检察人员以贪污、受贿等罪名对李某某予以逮捕和提起公诉,同时,在张某安指使下,汪某又安排对李某某的妻子、女婿以帮助毁灭证据罪、贪污罪和窝藏罪提起公诉,致使举报人及其亲属的人身权利受到严重损害。2008年3月13日,李某某收到起诉书后自缢身亡。2010年3月,法院以报复陷害罪,判处张某安有期徒刑7年,以受贿罪数罪并罚,判处张某安死刑,缓期2年执行,剥夺政治权利终身,并处没收个人全部财产;以报复陷害罪,判处汪某有期徒刑6年。

▶【典型案例】(二) > > >

原陕西省蓝田县检察院助理检察员朱某参加非法组织案。[②]

▶【基本案情】> > >

1993年1月,51岁的陕西省蓝田县检察院原助理检察员朱某参加非法组织"门徒会",在其中担任蓝田小会配执,主抓"开新工"工作。朱某先后5次参加"门徒会"蓝田小会"同工会"会议。1993年3月,蓝田县政府发出了关于坚

---

① 中央纪委驻最高人民检察院纪检组、最高人民检察院监察局编:《警示与镜戒:检察人员违纪违法典型案例剖析》,中国检察出版社2013年版,第41页。

② 林广成主编:《检察人员廉洁守纪指南》,中国检察出版社2012年版,第8—9页。

决取缔非法组织“门徒会”的通告。县检察院党组发现了朱某的问题，及时对朱某进行了批评教育。朱某拒绝党组织的批评教育和挽救，不正视自己的严重错误，背着党组织继续参加“门徒会”活动。自1994年6月任“门徒会”蓝田小会配执主抓“开新工”期间，朱某共组织发展新工教会50个、新教徒100多人。1994年10月19日，“门徒会”被公安机关取缔后，朱某打探消息，烧毁自己存放的“门徒会”的资料。1995年，组织对朱某作出开除党籍和开除公职处理。

▶【检察官的忠诚原则知识】> > >

上述两个案件涉及检察官的忠诚原则的重要性、忠诚的内涵等重大问题。

▶【学理分析】> > >

检察官要在平时的工作中做到严格执法，监督法律切实得到遵行，敢于纠正公安机关、人民法院和惩罚执行机关的违法行为。检察官必须要有忠诚的信念。2016年11月最高人民检察院印发的《中华人民共和国检察官职业道德基本准则》(以下简称《检察官职业道德基本准则》)第1条规定：“坚持忠诚品格，永葆政治本色”。将忠诚置于检察官职业伦理之首，充分显示了“忠诚”对于检察官职业伦理的重要性。“忠诚是公正、廉洁、文明的保证。”[①]检察官的思维首先要服从规则，而不能服从感情，检察官拥有情感并捍卫情感，但这需要在法律规则范围内，在法律术语的承载下谨慎地斟酌涉及情感的问题。[②] 检察官承担着实现社会公平正义、尊重和保障人权、维护国家法制统一的法律监督职责，首先，检察官在行为上应当忠于党、忠于国家、忠于人民，以维护人民的利益为毕生职责。其次，应当忠于事实和法律。最后，应当具有强烈的内心自律感，在主观上确立“检察为民”的信念，忠于检察事业。同时，检察官还要坚持“四个自信”、严守政治纪律和政治规矩、强化“四个意识”，永葆政治本色。

一、忠于党、忠于国家、忠于人民

检察官代表国家行使法律监督权，必然要求检察官忠于党、忠于国家、忠于人民、忠于宪法和法律，牢固树立依法治国、执法为民、公平正义、服务大局、党

① 常艳：《论检察官职业道德基本准则：忠诚》，《中国检察官》2010年第11期。

② 张文显主编：《法理学》(第五版)，高等教育出版社2018年版。

的领导的社会主义法治理念，做中国特色社会主义的建设者、捍卫者和社会公平正义的守护者。忠于党是政治正确的前提，只有忠于党，才能保证在大是大非的政治问题上站稳坚定正确的立场。忠于国家是独立行使检察权的保证。一个违背国家利益、罔顾民族利益的检察官必然会受到不良影响的侵蚀，难以做到独立行使检察权。人民的利益是国家公务员一切利益的根本出发点。判断一个检察官是否合格的标准在于其能否真正地维护好人民的权利，保护好人民的生命、健康和财产安全。检察官应坚持立检为公、执法为民的宗旨，维护最广大人民的根本利益，保障民生，服务群众，亲民、为民、利民、便民。

二、忠诚于事实和法律

检察官法第 3 条规定："检察官必须忠实执行宪法和法律，维护社会公平正义，全心全意为人民服务。"第 5 条规定："检察官履行职责，应当以事实为根据，以法律为准绳，秉持客观公正的立场。"《检察官职业行为基本规范（试行）》第 10 条规定："坚持客观公正，忠于事实真相，严格执法，秉公办案，不偏不倚，不枉不纵，使所办案件经得起法律和历史检验。"案件的基本构成要素便是事实构成与法律规范，这两者也是审理案件的最基本的要素。忠于事实是忠于法律的前提，错误的事实是不可能经由法律推理得出正确的结论的。忠于事实的同时也必须忠于法律，即要求检察官遵守程序的相关规定，积极查明真相，准确地理解和执行法律，保障司法公正。忠于事实和法律在检察实务中体现为"以事实为依据，以法律为准绳"，二者相辅相成，缺一不可。

三、忠诚于检察事业

检察官应热爱人民检察事业，珍惜检察官荣誉，忠实履行法律监督职责，自觉接受监督制约，维护检察机关的形象和检察权的公信力。作为一种特殊的法律职业，检察事业要求检察官对自己的职业更加投入，更有使命感。忠于检察事业就要积极反对那些违反规定、插手经济纠纷，滥用职权，报复和打击举报人、控告人、申诉人的行为。检察官应该珍惜自己的职业荣誉感，切实在强化检察业务和遵守职业伦理两个方面提高自己的职业能力和道德水准。

四、坚持"四个自信"强化"四个意识"，永葆政治本色

检察院是国家的法律监督机关，检察官代表国家依法实施法律监督权。因此，一名合格的检察官理应政治素质过硬，政治立场坚定正确。不仅如此，强烈的政治意识、足够的政治敏锐性也是必需的。在办理案件的过程中，检察官应牢记自己是人民的检察官，既要保障公平正义，维护司法尊严，也要心系人民，维护人民的生命、健康和财产安全。首先，检察官应具有政治意识。人民检察院是党领导下的检察机关，依照法律独立行使检察权，在政治上坚定正确的政治立场，始终坚守对马克思主义的信仰、对中国特色社会主义和共产主义的信念、对党和人民的绝对忠诚。坚持"四个自信"强化"四个意识"，永葆政治本色。其次，检察官应具有大局意识。《检察官职业行为基本规范(试行)》第7条规定："坚持服务大局，围绕党和国家中心工作履行法律监督职责，为改革开放和经济社会科学发展营造良好法治环境。"最后，检察官应具有核心意识和看齐意识。检察官应当时刻关注政治动态，特殊的国情决定了我国法制建设的进程在某种程度上与政治大环境息息相关。检察官既要关注法律动态，也应关注政治动态，时刻要清楚地认识到党的领导核心地位，向党看齐，敢于担当，尽职尽责，忠诚地履行检察官的职责。

本案例(一)中，原阜阳市颍泉区人民检察院检察长汪某违反了检察官忠诚的职业伦理规范。2009年印发的《中华人民共和国检察官职业道德基本准则(试行)》第5条规定："忠于党、忠于国家、忠于人民、忠于宪法和法律，牢固树立依法治国、执法为民、公平正义、服务大局、党的领导的社会主义法治理念，做中国特色社会主义事业的建设者、捍卫者和社会公平正义的守护者。"(2016年印发的《检察官职业道德基本准则》第1条规定："坚持忠诚品格，永葆政治本色"，涵盖了2009年印发的忠诚准则的内容，并在此基础上有所扩展和深化，因此关于检察官的忠诚义务是一以贯之的。)《检察官职业行为基本规范(试行)》第10条规定："坚持客观公正，忠于事实真相，严格执法，秉公办案，不偏不倚，不枉不纵，使所办案件经得起法律和历史检验。"在明知张某安报复举报人李某某的情况下迎合张某安，滥用检察权，违背事实和法律违法办案，致使举报人及其亲属的人身权利受到严重损害。

另外，可以看到汪某在行使检察权时缺少公正意识，偏离了检察官独立行使检察权职责的轨道，最终必然承担检察官违背职业道德和法律的严重后果。

案例(二)检察院原助理检察员朱某参加非法组织"门徒会"，在其中担任蓝田小会配执，违反了检察官忠诚的职业伦理规范。因为检察官代表国家行使法律监督权，就应当忠于党，忠于国家，忠于人民，培养健康情趣，坚持终身学习，崇尚科学，反对迷信，追求高尚，抵制低俗组织。因此，朱某必然承担违背职业伦理的不利后果。

第三节　检察官的公正原则

▶【典型案例】(一) > > >

原安徽省蚌埠市蚌山区人民检察院副检察长朱某某徇私枉法案。[①]

▶【基本案情】 > > >

2008 年 8 月,在办理固镇县公安局交警大队大队长陈晓光受贿案期间,分管公诉的安徽省蚌埠市蚌山区人民检察院副检察长朱某某多次接受陈晓光亲属吃请,并接受所送现金人民币 6 万元。朱某某与公诉科科长胡某(另行处理)合谋,没有将此案提交检委会讨论,也未按《人民检察院公诉工作操作规程》的规定报上级人民检察院公诉部门备案审查,而擅自决定从陈晓光受贿的人民币 16 万元中核减人民币 7 万元,并否定陈晓光涉嫌玩忽职守罪。2008 年 11 月 25 日,陈晓光的量刑幅度也由 10 年以上有期徒刑降为 5 年以上 10 年以下有期徒刑。法庭审理期间,朱某某应陈晓光亲属的请托,亲自出面联络宴请主审法官胡某和张某(均已判刑),还向两个法官提出认定陈晓光自首并适用缓刑的建议,承诺检察机关对判决结果不提出抗诉。在其斡旋下,法院认定陈晓光有自首情节,判处其有期徒刑 3 年,缓刑 5 年。朱某某在判决审查表上签字同意该判决结果。案发后,陈晓光受贿案重审,认定陈晓光受贿人民币 16 万元,自首不成立,依法判处其有期徒刑 11 年。2009 年 10 月,朱某某被开除党籍;2009 年 12 月,其因犯徇私枉法罪被判处有期徒刑 6 年零 6 个月;2010 年 4 月,其被开除公职。

▶【典型案例】(二) > > >

原内蒙古自治区巴彦淖尔市乌拉特中旗人民检察院郭某甲等人徇私枉法案。[②]

---

① 中央纪委驻最高人民检察院纪检组、最高人民检察院监察局编:《警示与镜戒:检察人员违纪违法典型案例剖析》,中国检察出版社 2013 年版,第 121—125 页。

② 中央纪委驻最高人民检察院纪检组、最高人民检察院监察局编:《警示与镜戒:检察人员违纪违法典型案例剖析》,中国检察出版社 2013 年版,第 126—131 页。

▶【基本案情】> > >

2008 年 6 月 3 日晚，被害人刘某（女，案发时 17 岁）在放学途中，被犯罪嫌疑人特日格乐、吕思学、郭家乐 3 人轮奸。6 月 27 日，乌拉特中旗公安局对特日格乐、吕思学、郭家乐、孙伟等 4 人涉嫌强奸罪向乌拉特中旗人民检察院提请批准逮捕。分管副检察长王某指示承办人对涉案人员郭家乐不予批准逮捕。因与王某意见有分歧，先后有 2 名承办人不愿承办该案。后王某亲自办理该案，以郭家乐不符合逮捕条件为由，要求公安机关将郭家乐从提请逮捕的 4 名犯罪嫌疑人中去除后重新报捕，旗公安局对郭家乐取保候审，其余 3 名犯罪嫌疑人被批准逮捕。

在得知郭家乐被取保候审后，犯罪嫌疑人吕思学的父亲吕某某等宴请乌拉特中旗人民检察院公诉科的郭某甲、郭某乙等，请托关照，郭某甲等均允诺。2008 年 8 月 8 日，特日格乐等人强奸案被移送乌拉特中旗人民检察院审查起诉。在审查起诉过程中，该案辩护律师及犯罪嫌疑人家属积极活动，指使被害人和犯罪嫌疑人多次翻证翻供，并宴请布某、郭某甲、郭某乙等人，郭某甲、郭某乙分别收受犯罪嫌疑人家属贿赂人民币 9000 元、8000 元。经审查案卷，在明知已有证据能够证明犯罪事实，也知晓被害人与犯罪嫌疑人串通后翻证、翻供的情况下，郭某甲、郭某乙经向分管检察长王某汇报后，以事实不清、证据不足两次将该案退回公安机关补充侦查。同年 10 月 29 日，乌拉特中旗公安局补充侦查后将案件重新移送乌拉特中旗人民检察院审查起诉，郭某甲、郭某乙擅自决定以案件不符合起诉条件为由，主动与旗公安局办案人员及分管领导协商，由公安局将案件撤销。同年 11 月 26 日，乌拉特中旗公安局撤销该案。2010 年 8 月，内蒙古自治区巴彦淖尔市人民检察院在案件审查过程中，发现这起基本事实清楚的强奸案件被乌拉特中旗公安局撤案。经立案侦查，这起涉及公安干警、检察人员、律师及犯罪嫌疑人亲属等 20 余人的特大徇私枉法案浮出水面。

2011 年 8 月，法院以徇私枉法罪判处郭某甲有期徒刑 2 年、郭某乙有期徒刑 1 年零 6 个月。乌拉特中旗人民检察院检察长乌某因失职、失教、失察、失管，负有直接领导责任，被责令引咎辞职，同时受到撤销党内职务和记大过处分。乌拉特中旗人民检察院主管副检察长王某因失职、失管，并违反规定与下属办案人员一同接受当事人宴请，受到党内严重警告和记大过处分。

▶【典型案例】(三) > > >

原天津市人民检察院第二分院检察员陈某严重违反办案纪律案。[①]

▶【基本案情】> > >

2009年6月,陈某在任天津市人民检察院第二分院公诉处检察员承办某专案期间,长期占用涉案单位的车辆,多次接受案件当事人宴请,经常抛开同组办案人员一人外出办案。同年6月15日,陈某为徇私情,给自己和朋友捞取好处,在未经检委会研究决定和院领导批准的情况下,利用主管领导出差机会,向负责管理院章的同志谎称"已向领导请示,可以先盖院章,后办理审批手续",骗过负责管理院章的工作人员,将院章盖在由个人起草的对某专案不起诉意见的报告上,并以第二分院的名义上报市院。后被院领导发现,对其实施停职检查。2009年10月,陈某因严重违反检察工作纪律和办案规定被开除党籍和公职。

▶【检察官的公正原则知识】> > >

上述三个案件涉及检察官公正原则的含义及其所包含的内容等问题。

▶【学理分析】> > >

检察官法第5条规定:"检察官履行职责,应当以事实为根据,以法律为准绳,秉持客观公正的立场。"第10条第2项规定检察官应当履行"秉公办案,不得徇私枉法"的义务。检察官职业道德基本准则第4条规定:"坚持公正理念,维护法制统一。""公正"是指"崇尚法治,客观求实,依法独立行使检察权,坚持法律面前人人平等,自觉维护程序公正和实体公正"。对于职业检察官而言,公正无私是其职业最显著的特点,也是检察官职业伦理的核心内容。"由检察工作的性质、工作主题所决定的'公正'是检察官履职的最基本要求,是检察官的法律义务[②]。"在司法实践中,"公正"就是要求检察官不办关系案、人情案、金钱案,独立思考,中立客观,只依据案件自身的证据和量刑标准来作出决定。罗尔

---

① 中央纪委驻最高人民检察院纪检组、最高人民检察院监察局编:《警示与镜戒:检察人员违纪违法典型案例剖析》,中国检察出版社2013年版,第137—142页。

② 常艳:《论检察官职业道德基本准则:公正》,《中国检察官》2010年第8期。

斯曾经指出，正义是社会制度的首要价值，正像真理是思想体系的首要价值一样。百姓在司法人员身上寄托了维护公正的希望，如果司法人员自身腐败了，将会践踏司法公信力，降低民众对司法公正的信赖度，偏离法治国家的轨道。检察官坚持树立公正司法的理念，依法公正执法，才能实现打击犯罪、保护人民的目的。因此，检察官的“公正”职业伦理包含着以下两个方面的内容。

一、树立“公正司法”的理念

检察官应牢牢树立“公正司法”的理念，将法治理想、目标和要求内化为自己的信念，用强烈的法律意识和正义感，自觉地尊重和维护法律的尊严。检察官应树立忠于职守、秉公办案的观念，坚守惩恶扬善、伸张正义的良知，保持客观公正、维护人权的立场，养成正直善良、谦虚平和的品格，培育刚正不阿、严谨细致的作风。检察官应树立证据意识，依法客观全面地收集、审查证据，不伪造、隐瞒、损毁证据，不先入为主、主观臆断，严格把好事实关、证据关；树立程序意识，坚持程序公正与实体公正并重，严格遵循法定程序，维护程序正义；树立人权保护意识，尊重诉讼当事人、参与人及其他相关人员的人格，保障和维护其他合法权益。检察官还应严格执行检察人员执法过错责任追究制度，对执法过错行为，要实事求是，敢于及时纠正，勇于承担责任。

二、坚持公正执法的行为

检察官不仅要树立“公正司法”的理念，还应在实际工作中身体力行，严格执法。检察官依法履行检察职责，受法律保护，不受行政机关、社会团体和个人干涉，敢于监督，善于监督，不为金钱所诱惑，不为人情所动摇，不为权势所屈服。检察官要以事实为根据，以法律为准绳，不偏不倚，不滥用职权和漠视法律，正确行使检察裁量权；自觉遵守法定回避制度，对法定回避事由以外可能引起公众对办案公正产生合理怀疑的，应当主动要求回避；尊重律师的职业尊严，支持律师履行法定职责，依法保障和维护律师参与诉讼活动的权利；出席法庭审理活动，应当尊重庭审法官，遵守法庭规则，维护法庭审判的严肃性和权威性；严格遵守检察纪律，不违反规定过问、干预其他检察官、其他人民检察院或者其他司法机关正在办理的案件，不私自探询其他检察官、其他人民检察院或者其他司法机关正在办理案件的情况和有关信息，不泄露案件的办理情况及案件承办人的有关信息，不违反规定会见案件当事人、诉讼代理人、辩护人及其他与案件有利害关系的人员。检察官还应努力提高案件质量和办案水平，严守法定办案时限，提高办案效率，节约司法资源。

在案例(一)中,蚌埠市蚌山区人民检察院副检察长朱某某多次接受陈晓光亲属吃请,并接受所送现金人民币 6 万元。朱某某与公诉科科长胡某(另行处理)合谋,没有将此案提交检委会讨论,也未按《人民检察院公诉工作操作规程》的规定报上级人民检察院公诉部门备案审查,而擅自决定从陈晓光受贿的人民币 16 万元中核减人民币 7 万元,并否定陈晓光涉嫌玩忽职守罪,把陈晓光的量刑幅度也由 10 年以上有期徒刑降为 5 年以上 10 年以下有期徒刑。违反了检察官关于公正的义务,具体而言是违反了当时 2009 年最高人民检察院印发的《中华人民共和国检察官职业道德基本准则(试行)》第三章公正义务的内容。其中第 14 条规定:"树立忠于职守、秉公办案的观念,坚守惩恶扬善、伸张正义的良知,保持客观公正、维护人权的立场,养成正直善良、谦抑平和的品格,培育刚正不阿、严谨细致的作风。"第 15 条规定:"依法履行检察职责,不受行政机关、社会团体和个人的干涉,敢于监督,善于监督,不为金钱所诱惑,不为人情所动摇,不为权势所屈服"。第 16 条规定:"自觉遵守法定回避制度,对法定回避事由以外可能引起公众对办案公正产生合理怀疑的,应当主动请求回避。"第 17 条规定:"以事实为根据,以法律为准绳,不偏不倚,不滥用职权和漠视法律,正确行使检察裁量权。"第 19 条规定:"树立程序意识,坚持程序公正与实体公正并重,严格遵循法定程序,维护程序正义。"2016 年最高人民检察院印发《检察官职业道德基本准则》第 4 条"坚持公正理念,维护法制统一"的规定,是 2009 年印发的继承和发展,两者在公正义务方面存在着一致性。2001 年修正的检察官法第 8 条第 2 项规定,检察官"履行职责必须以事实为根据,以法律为准绳,秉公执法,不得徇私枉法"。2019 年修订的检察官法第 3 条和第 10 条第 2 项继承发展了这一规定。2001 年修正的检察官法第 9 条第 2 项规定,检察官"依法履行检察职责不受行政机关、社会团体和个人的干涉"。2019 修订的检察官法第 6 条"检察官依法履行职责,受法律保护,不受行政机关、社会团体和个人的干涉"继承发展了这一规定。在法庭审理期间,朱某某应陈晓光亲属的请托,亲自出面联络宴请主审法官胡某和张某(均已判刑),还向法官提出认定陈晓光自首并适用缓刑的建议,干涉了法官的独立审判权。理应承担相应的刑事责任和纪律责任。

在案例(二)中,郭某甲、郭某乙分别接受犯罪嫌疑人宴请和收受犯罪嫌疑人家属贿赂人民币 9000 元、8000 元后,在明知已有证据能够证明犯罪事实,也知晓被害人与犯罪嫌疑人串通后翻证、翻供的情况下,郭某甲、郭某乙经向分管检察长布某汇报后,以事实不清、证据不足为由两次将该案退回公安机关补充侦查。违反了检察官关于公正的义务。具体而言是违反了当时 2009 年最高人民检察院印发《检察官职业道德基本准则(试行)》第三章公正义务的内容。其中第 15 条规定:"依法履行检察职责,不受行政机关、社会团体和个人的干涉,敢于监督,善于监督,不为金钱所诱惑,不为人情所动摇,不为权势所屈服。"第 16 条规定:"自觉遵守法定回避制度,对法定回避事由以外可能引起公众对办案公正产生合理怀疑的,应当主动请求回避。"第 17 条规定:"以事实为根据,以法律为准绳,不偏不倚,不滥用职权和漠视法律,正确行使检察裁量权。"(2016 年最高人民检察院印发《检察官职业道德基本准则》第 4 条"坚持公正理念,维护法制统一"的规定,是 2009 年印发的继承和发展,两者在公正义务方面存在着一致性。)违反了当时 2001 年修正的检察官法第 8 条第 2 项检察官"履行职责必须以事实为根据,以法律为准绳,秉公执法,不得徇私枉法"的规定(2019 年修订的检察官法第 3 条和第 10 条第 2 项继承发展了这一规定),损害了司法公正和检察机关的威信和公正的形象。

在案例(三)中,陈某多次接受案件当事人宴请,为徇私情,给自己和朋友捞取好处,在未经检委会研究决定和院领导批准的情况下,利用主管领导出差机会,违反程序,骗取检察院院章盖在由个人起草的对某专案不起诉意见的报告上,并以第二分院的名义上报市院。违反了当时 2009 年最高人民检察院印发《中华人民共和国检察官职业道德基本准则(试行)》第三章公正义务的内容。其中第 17 条规定:"以事实为根据,以法律为准绳,不偏不倚,不滥用职权和漠视法律,正确行使检察裁量权。"第 19 条规定:"树立程序意识,坚持程序公正与实体公正并重,严格遵循法定程序,维护程序正义。"(2016 年最高人民检察院印发检察官职业道德基本准则第 4 条"坚持公正理念,维护法制统一"的规定,是2009 年印发的继承和发展,两者在公正义务方面存在着一致性。)同时违反了 2001 年修正的检察官法第 8 条第 2 项检察官"履行职责必须以事实为根据,以法律为准绳,秉公执法,不得徇私枉法"(2019 年修订的检察官法第 3 条和第 10 条第 2 项继承发展了这一规定)、《检察官职业行为基本规范(试行)》第 9 条"坚持依法履行职责,严格按照法定职责权限、标准和程序执法办案,不受行政机关、社会团体和个人干涉,自觉抵制权势、金钱、人情、关系等因素干扰"的规定,理应承担检察官的职业责任。

以上三案中的检察官同时违反了检察官廉洁的职业伦理规范。

第四节　检察官的为民原则

▶【典型案例】>>>

潘志荣：一心为民的检察官。①

▶【基本案情】>>>

2016年3月，潘志荣被最高人民检察院、内蒙古自治区党委授予“全国模范检察官”“自治区优秀共产党员”荣誉称号。年底，他又将“CCTV2016年度法治人物”收入囊中，成为社会公众通过网络投票选出的10名(组)年度法治人物之一。“他是我采访过的最接地气的检察官，让我感受到了司法为民的情怀。”一名曾经跟随潘志荣深入牧区进行采访的记者如是说。

一组组数据与“最接地气”相互印证：潘志荣从检30年，特别是担任检察室主任以来，每年有2/3的时间工作在基层农牧区，走遍全旗77个嘎查和行政村，巡访过980多个牧场点与3400多户农牧民，化解矛盾纠纷近百起。他写下了8.4万多字的《民情日记》，收集了大量检察工作第一手资料；制作蒙汉双语“检民联系卡”，发到5000多名群众手中，并始终兑现24小时不关手机承诺。潘志荣每年接到农牧民诉求电话近200次，次次有答复；手机里保存着320多个农牧民群众的电话，并经常打电话问候或者唠家常……

一个个事例生动诠释了“司法为民”：潘志荣三赴90公里外的犯罪嫌疑人家里，动之以情、晓之以理、释之以法，为70多岁老阿妈追回7000多元的养命钱。为了协商矿山赔偿牧民事宜，因劳累过度半夜突发心脏病，经抢救转危为安，几天后又奔向草原……

▶【检察官的为民原则知识】>>>

这个案例涉及检察官为民的职业伦理的内容。

① 徐盈雁：《准则里写上为民，潘志荣式的检察官不会少》，《检察日报》2017年3月5日，第2版。

▶【学理分析】> > >

检察机关的权力来源于人民,人民性是检察机关的根本属性,人民检察官首先承担的是对人民的责任。党的十八大以来,党中央一再强调"坚持以人民为中心的发展思想",要求司法机关"恪守司法为民的职业良知"。这些都要求在检察官职业伦理中把"为民"突出出来。检察官法第 3 条规定:"检察官必须忠实执行宪法和法律,维护社会公平正义,全心全意为人民服务"。2016 年修订的检察官职业道德基本准则第 2 条规定:"坚持为民宗旨,保障人民权益",旨在对检察官的"为民"道德作出明确规范。"为民"突出让人民群众在每一个司法案件中都感受到检察机关在维护公平正义。结合检察官法和《检察官职业行为基本规范(试行)》的规定,检察官的司法为民主要包括以下内容。

一、坚持打击犯罪和保护人民相统一

检察官法第 5 条第 2 款规定:"检察官办理刑事案件,应当严格坚持罪刑法定原则,尊重和保障人权,既要追诉犯罪,也要保障无罪的人不受刑事追究。"《检察官职业行为基本规范(试行)》第 11 条规定:"坚持打击与保护相统一,依法追诉犯罪,尊重和保护诉讼参与人和其他公民、法人及社会组织的合法权益,使无罪的人不受刑事追究。"

二、重视化解矛盾纠纷,做到案结、事了、人和

《检察官职业行为基本规范(试行)》第 22 条规定:"重视化解矛盾纠纷,加强办案风险评估,妥善应对和处置突发事件,深入排查和有效调处矛盾纠纷,注重释法说理,努力做到案结、事了、人和,促进社会和谐稳定。"

三、坚持执法为民,坚持人民利益至上,密切联系群众

《检察官职业行为基本规范(试行)》第 4 条规定:"坚持执法为民,坚持人民利益至上,密切联系群众,倾听群众呼声,妥善处理群众诉求,维护群众合法权益,全心全意为人民服务。"第 21 条规定:"重视群众工作,了解群众疾苦,熟悉群众工作方法,增进与群众的感情,善于用群众信服的方式执法办案。"第 37 条规定:"保持和发扬良好工作作风,密切联系群众,遵循客观规律,注重调查研究,察实情,讲实话,办实事,求实效,不搞形式主义,不弄虚作假。"

本案例中的潘志荣检察官从检 30 年,特别是担任检察室主任以来,每年有 2/3 的时间工作在基层农牧区,走遍全旗 77 个嘎查和行政村,巡访过 980 多个牧场点与 3400 多户农牧民,化解矛盾纠纷近百起,符合《检察官职业行为基本规范(试行)》第4条规定:"坚持执法为民,坚持人民利益至上,密切联系群众,倾听群众呼声,妥善处理群众诉求,维护群众合法权益,全心全意为人民服务"。符合第21条规定:"重视群众工作,了解群众疾苦,熟悉群众工作方法,增进与群众的感情,善于用群众信服的方式执法办案"等检察官的职业行为规范,并且三赴90公里外的犯罪嫌疑人家里,动之以情、晓之以理、释之以法,为70多岁老阿妈追回人民币7000多元的养命钱,既惩罚了犯罪行为,又维护了犯罪嫌疑人母亲的合法权益。这些事例均体现了《检察官职业道德基本准则》第2条即"坚持为民宗旨,保障人民权益"的规定,将司法为民融入自己的血液中。潘志荣的"心中有人民"为所有的检察人员树立了一个"司法为民"典范,应当成为全体检察人员的榜样。

第五节　检察官的担当原则

▶【典型案例】> > >

彭少勇:勇于担当是检察官的坚守。①

▶【基本案情】> > >

2014年3月21日,在保定市人民检察院的四楼会议室里,彭少勇召集保定市、顺平县十几名检察院业务骨干展开了一场关于"是否决定批准逮捕犯罪嫌疑人王玉雷"的激烈辩论,此时批捕期限只剩最后两天。

2014年2月18日晚,顺平县北朝阳村村民王玉雷在回家路上发现一名男子躺在地上,旁边有血迹,怀疑其死亡,遂拨打"110"报案。公安机关经侦查,以涉嫌故意杀人罪刑事拘留王玉雷并提请县检察院批捕。顺平县检察院讯问王玉雷时,发现其右臂用石膏固定,且供述前后矛盾,于是3月21日,将该案报到市检察院。

会议室里,持批准逮捕意见与持不批准逮捕意见的检察官们各抒己见,作

---

① 《彭少勇:勇于担当是检察官的坚守》,人民网,http://legal.people.com.cn/n/2015/1012/c188502-27688898.html;《彭少勇:"担当是检察官的职业素养"》,http://www.spp.gov.cn/ztk/2014/qzzxadjcg/jj/201505/t20150527_98050.shtml,2017年4月10日访问。

为主管侦查监督工作的副检察长彭少勇认真听着每个人的意见，并通过之前对卷宗的审阅、证据的排查、案情的研判，提出“三个不足信”，即作案时间不足信、有罪口供不足信、认定有罪不足信。

最终，他顶住压力，排除非法证据，指导顺平县检察院作出了不予批捕决定。“拍板定案看证据，证据就是核心，要用证据说话。”回忆此案，彭少勇告诉记者，刑检部门办案就是审查证据，对刑事案件来说，审查批捕工作就是审查证据，用证据来决定捕或不捕；审查起诉工作也是审查证据，用证据来决定诉或不诉。

“当时据批捕期限只剩两天，如果临时将案件报保定市院检委会，很有可能因人员无法到位而导致会议无法召开。”谈起不批准逮捕所承受的压力，彭少勇感叹道：“现有证据无法证明王玉雷有罪，如果错误批捕王玉雷，有可能造成另一个内蒙古‘呼格’案；如果不批捕，则可能成为一个悬案，到时候被害人家属上访、嫌疑人出逃再次作案、网络炒作，检察机关将面临尴尬处境，责任谁担？”

在作出不批准逮捕决定后，检察机关迅速启动引导侦查机制，彭少勇提出两点要求：“一要穷尽一切手段，对遗留在现场的物证进行鉴定，获取有价值的客观性证据；二是适当扩大排查范围，追查是否有其他真凶？”他带领办案干警提出 9 条补充侦查意见。

最终，公安机关抓获真凶王斌，检察机关以涉嫌故意杀人罪对王斌批准逮捕，洗清了王玉雷的冤屈。

彭少勇说，敢于担当是检察官基本的职业素养，只有坚守法律底线，坚守职业操守，坚守公平正义，才能对得起自己承担的那份责任。

▶【检察官的担当原则知识】> > >

该案涉及检察官敢于担当的职业伦理内容。

▶【学理分析】> > >

法律监督是宪法赋予检察机关的基本职责。《中共中央关于全面推进依法治国若干重大问题的决定》强调检察机关加强对司法活动的监督。检察官作为履行法律监督职责的司法人员，必须对执法不严、司法不公问题进行监督，不能当老好人，要原意监督，敢于监督，否则就失去了最起码的职业道德。因此，检察官要履行好职责，必须首先要有担当精神。《检察官职业道德基本准则》第 3 条规定：“坚持担当精神，强化法律监督。”这旨在对检察官“担当”道德作出明确规范。包含了勇于行使权力清单规定的决定权或其他权限、勇于承担司法责任、坚守防止冤假错案件底线等内容,更加突出时代特点和检察官职业特色。根据检察官法、《检察官职业行为基本规范(试行)》等规定勇于担当的道德规范包括:

一、勇于独立行使检察权

独立行使检察权是检察官保证司法公正的基本要求。因此,检察官法第6条规定:"检察官依法履行职责,受法律保护,不受行政机关、社会团体和个人的干涉";《检察官职业行为基本规范(试行)》第9条规定:"坚持依法履行职责,严格按照法定职责权限、标准和程序执法办案,不受行政机关、社会团体和个人干涉,自觉抵制权势、金钱、人情、关系等因素干扰。"独立行使检察权既是检察官的权利,又是检察官的义务。想要勇于独立行使检察权,在权势、金钱、人情、关系的重重包围下,能够顶住各种压力和诱惑,只依照事实和法律行使法律监督权,就需要担当精神,勇于承担司法责任。《最高人民检察院关于检察机关贯彻执行〈领导干部干预司法活动、插手具体案件处理的记录、通报和责任追究规定〉和〈司法机关内部人员过问案件的记录和责任追究规定〉的实施办法(试行)》第7条规定,强化责任担当。检察人员应当恪守法律,坚持原则,公正司法,不徇私情,不得执行任何领导干部违反法定职责或法定程序、有碍司法公正的要求;对检察机关内部人员干预、说情或者打探案情,应当予以拒绝;对于不依正当程序转递涉案材料或者提出其他要求的,应当告知依照程序办理。检察官法规定了检察官的职业保障,第55条规定:"任何单位或者个人不得要求检察官从事超出法定职责范围的事务。对任何干涉检察官办理案件的行为,检察官有权拒绝并予以全面如实记录和报告;有违纪违法情形的,由有关机关根据情节轻重追究有关责任人员、行为人的责任。"这一规定,进一步保障了检察官独立行使检察权。

二、敢于监督,勇于纠错,捍卫宪法和法律尊严

作为履行法律监督职责的检察官,担负着对侦查机关、审判机关、看守所和监狱等的法律监督职责,自觉开展批评与自我批评,坚持真理,修正错误,以身作则,率先垂范。《最高人民检察院关于检察机关贯彻执行〈领导干部干预司法活动、插手具体案件处理的记录、通报和责任追究规定〉和〈司法机关内部人员过问案件的记录和责任追究规定〉的实施办法(试行)》第6条规定:"依法履行诉讼监督职责。检察人员应当严格依照刑事诉讼法、民事诉讼法、行政诉讼法以及刑事诉讼规则、民事诉讼监督规则等法律和规定,依法履行诉讼监督职责,严禁借诉讼监督之名,过问、干预其他司法机关刑事立案、侦查、审判、刑罚执行和民事、行政诉讼等司法办案活动。”据此,应处理好监督与独立行使检察权或独立行使审判权的关系。

总之,勇于行使独立检察权和勇于监督,敢于纠错,都必须以事实为依据,以宪法和法律为准绳,以防止冤假错案件为底线。

本案例中的彭少勇检察官,在“是否决定批准逮捕犯罪嫌疑人王玉雷”的激烈辩论中能够认真听取每个人的意见,在审阅卷宗、排查证据、研判案情的基础上,以事实为依据,以法律为准绳,独立思考,自主判断,顶住压力,勇于独立行使检察权,提出“三个不足信”排除非法证据,指导顺平县检察院作出了不予批捕决定,避免了一个冤假错案的产生。彭少勇的行为符合《检察官职业道德基本准则》第3条“坚持担当精神,强化法律监督”的规定,由此可见,只有勇于担当,敢于担当,坚守防止冤假错案的底线,才能承担起检察官的责任,捍卫公平正义,维护检察官的形象。

第六节　检察官的廉洁规则

▶【典型案例】(一) > > >

原重庆市涪陵区人民检察院检察长葛某某受贿案。[①]

▶【基本案情】> > >

2007年8月,重庆市涪陵区人民检察院对中国农业银行重庆市分行何某受贿案立案侦查,并扣押涉案款物人民币191万元。2008年7月,法院对何某受贿案作出生效判决,认定何某受贿金额人民币116.5374万元。当时,正值全国检察机关开展清理扣押冻结款物专项活动期间。2009年4月,重庆市人民检察院监察处根据何某亲属举报,专门向涪陵区人民检察院发出监察建议,要求妥善及时处理。2009年5月至6月,何某亲属又多次向涪陵区人民检察院申请要

① 中央纪委驻最高人民检察院纪检组、最高人民检察院监察局编:《警示与镜戒:检察人员违纪违法典型案例剖析》,中国检察出版社2013年版,第37—40页。

求退还法院未予认定的扣押款物，一直未获同意。为此，何某亲属通过涪陵区人民检察院检察长葛某某之子请求葛提供帮助，接受请托后，葛某某决定将该笔款项退还给案件当事人亲属。事后，葛某某直接收受何某亲属贿赂人民币1万元，通过其儿子收受贿赂人民币8万元。2010年7月，法院以受贿罪判处其有期徒刑5年零6个月，追缴犯罪所得赃款人民币9万元；同年11月，葛某某被开除党籍和公职。

▶【典型案例】（二）＞＞＞

原山西省忻州市繁峙县人民检察院副检察长穆某某受贿案。[①]

▶【基本案情】＞＞＞

2004年下半年，原山西省忻州市繁峙县人民检察院副检察长穆某某为本县建筑商沙某承揽忻州医药公司繁峙分公司办公楼改建工程，收受贿赂人民币138万元；2007年9月，利用繁峙县鑫源矿产公司发生塌方事故之机，向该矿经理帅某提出在该矿入股要求，帅某怕穆某某找麻烦，送给穆某某人民币现金20万元；2006年4月，受涉嫌非法买卖枪支罪被大同市公安局立案侦查的李某之托，穆某某违反管辖规定，私自持繁峙县检察院的公函将该案调回繁峙县检察院审查起诉，李某为表示感谢送给穆某某银元120枚（价值人民币1.7万元）。综上，穆某某共索取和收受他人贿赂折合人民币159.7万元。此外，忻州市纪委经调查认定，穆某某违反规定从事营利性经营活动，借操办婚丧事宜敛财，收受请托人财物，共获利人民币1560万余元和钻戒两枚、轿车一辆。其中，仅在繁峙县宗山矿业有限公司富鑫分公司入股人民币50万元，获利就达人民币770万元；在代县程林铁矿入股人民币50万元，获利人民币200万元；从繁峙县信用社违规贷款人民币1000万元转借他人，获利人民币200万元；在忻州市金山矿业公司入股人民币100万元，获利人民币68万元；协调繁峙县选矿厂转让，获利人民币14万余元和钻戒两枚。同时，穆某某还违规从事其他经营活动。2006年以来，他先后在繁峙县杏园油库、繁峙县盛源房地产公司以及陕西省西安市个体老板肖某处投资人民币676万余元。2009年10月、12月，穆某某被先后开除党籍和公职。2010年3月，法院以受贿罪判处其有期徒刑12年。

---

① 中央纪委驻最高人民检察院纪检组、最高人民检察院监察局编：《警示与镜戒：检察人员违纪违法典型案例剖析》，中国检察出版社2013年版，第145—152页。

▶【检察官的廉洁规则知识】> > >

上述案件涉及检察官廉洁规则的含义及其主要表现等问题。

▶【学理分析】> > >

廉洁是检察官作为公务人员最起码的职业伦理底线。《检察官职业道德基本准则》第5条规定:“坚持廉洁操守,自觉接受监督。”检察官职业伦理中的“廉洁”指的是品行正派、克己奉公,杜绝贪污腐化、奢侈浪费、好逸恶劳的生活习惯和以权谋私、贪赃枉法的丑恶行为。廉洁对检察官的基本要求:一是不接受他人非正常的馈赠、吃请等;二是不做违背社会公序良俗的事情,洁身自好,自觉接受国家和人民群众的监督。随着中国改革开放进程的深化,人民的生活条件普遍改善,检察官队伍也面临着种种诱惑,检察官在司法实践中,总会遇到各种利益诱惑,有着腐化和堕落的危险,这就需要检察官常怀敬畏之心,秉高尚之节,行磊落之事,即使是正常的人情往来,只要有损廉洁形象,就应该加以抵制。可见,加强检察官的廉政建设是十分必要的。检察官应以社会主义核心价值观为根本的职业价值取向,遵纪守法,严格自律,并教育近亲属或者其他关系密切的人员模范地执行有关廉政规定,秉持清正廉洁的情操。廉洁对检察官的要求主要体现在两个方面:

一、业内活动的自我约束

检察官不得以权谋私,以案谋私,以案谋利,借办案插手经济纠纷。检察官不得利用职务便利或者检察官的身份、声誉及影响,为自己、家人或者他人谋取不正当利益;不从事、参与营利性经营活动,以及其他可能有损检察官廉洁形象的商业、经营活动;不参加营利性或者可能借检察官影响力营利的社团组织。检察官不得收受案件当事人及其亲友、案件利害关系人或者单位及其所委托的人以任何名义馈赠的礼品礼金、有价证券、购物凭证以及干股等;不参加其安排的宴请、娱乐休闲、旅游度假等可能影响公正办案的活动;不接受其提供的各种报销费用,出借的钱款、交通通信工具、贵重物品及其他利益。

二、业外活动的自我约束

检察官法第23条规定:“检察官不得兼任人民代表大会常务委员会的组成人员,不得兼任行政机关、监察机关、审判机关的职务,不得兼任企业或者其他营利性组织、事业单位的职务,不得兼任律师、仲裁员和公证员。”检察官不得私下为所办案件的当事人介绍辩护人或者诉讼代理人。检察官在职务外活动中，不得披露或者使用未公开的检察工作信息，以及在履职过程中获得的商业秘密、个人隐私等非公开的信息。检察官应妥善处理个人事务，按照有关规定报告个人事项，如实申报收入。保持与合法收入、财产相当的生活水平和健康的生活情趣。检察官退休后应当继续保持良好的操守，不再沿用原检察官身份、职务，不利用原地位、身份形成的影响和便利条件，过问、干预执法办案活动，为承揽律师业务或者其他请托事宜打招呼、行便利，避免因不当言行给检察机关带来不良影响。

案例(一)(二)中检察官接受当事人或家属的请托，收受巨额贿赂，违反了检察官廉洁的职业道德的要求，突破了检察官职业道德的底线，为他人和自己谋取不正当利益，难逃法律和纪律的惩罚。具体违反了当时2007年《检察人员纪律处分条例(试行)》(现已失效)第66条"利用职务上的便利，通过其他国家工作人员职务上的行为，为请托人谋取不正当利益，索取请托人财物，或者非法收受、变相非法收受请托人财物的"的规定。从上述案例中我们看出，作为履行法律监督权的检察官，如果心有贪念、唯利是图，进行权钱交易、法钱交易，无法廉洁自律，就是业务素质过硬，也是不合格的检察官。这样的检察官在执行公务中难以避免用手中的权力非法换取自己不应得到的利益，如果确实如此，谈何公平正义。

案例(二)中穆某某作为检察官本不应从事和参加经营性活动，事实上违反规定从事营利性经营活动。违反了当时2007年《检察人员纪律处分条例(试行)》(现已失效)第71条"违反规定经商办企业，或者违反规定从事营利活动，或者利用职务上的便利为其亲友的经营活动谋取利益"的规定，必然承担相应的职业责任。

第七节　检察官的文明规则

▶【典型案例】> > >

湖北省恩施土家族苗族自治州巴东县检察院刑讯逼供致人死亡案。[①]

① 中央纪委驻最高人民检察院纪检组、最高人民检察院监察局编：《警示与镜戒：检察人员违纪违法典型案例剖析》，中国检察出版社2013年版，第165—169页。

▶【基本案情】> > >

2011 年 1 月 3 日，湖北省恩施土家族苗族自治州巴东县检察院对冉建新以涉嫌受贿罪立案侦查，5 月 12 日将其刑事拘留，5 月 26 日决定对其逮捕。在办案中，原巴东县检察院反贪局教导员任某、原司法警察大队教导员谭某等人违规在办案区羁押犯罪嫌疑人，审讯中不按规定进行同步录音录像，和恩施土家族苗族自治州纪委互借办案手段搞联合办案，采取辱骂、捆绑、殴打、不让吃饭、不让上厕所、连续审讯等严重违规方式审讯犯罪嫌疑人。6 月 4 日，犯罪嫌疑人冉建新在办案区死亡。为掩盖事实、推脱责任，巴东县检察院反贪局局长曾某、教导员任某召集办案人员统一口径、破坏事发现场，伪造审讯场所，应对调查。该事件引起了新闻媒体、社会各界和人民群众的高度关注，造成了极其恶劣的影响，极大地损害了检察机关的形象和执法公信力。2012 年 1 月 19 日，法院以刑讯逼供罪判处任某有期徒刑 3 年、谭某有期徒刑 1 年。同日，恩施土家族苗族自治州人民检察院决定给予原巴东县检察院检察长郑某、原反贪局局长曾某撤职处分；给予巴东县检察院反渎局教导员吴某、反贪局干警赵某和谭某记大过处分。

▶【检察官的文明规则知识】> > >

上述案件涉及检察官文明规则的必要性、文明的内涵等问题。

▶【学理分析】> > >

检察机关负责自侦案件的办理工作，由于与犯罪嫌疑人经常接触，并且近些年来案件数量的增加，容易养成简单粗暴的执法作风。这不利于培养检察官职业伦理。一个合格的检察官不仅要政治素质、业务素质过硬，在职业伦理上也应当过硬，在执法方式和工作态度上应该成为社会文明的表率。每一名检察官都应当具有勤勉尽责的工作态度，严格遵循法律的程序，秉持严谨认真的工作作风，展现公正凛然的执法精神。在具体的执法活动中展现文明的理念，体现文明的司法形象，保持文明工作态度，使用文明规范的语言，坚持文明规范的工作方式。文明侦查，文明办案，契合现代司法理念。在司法实践中，要严格遵守司法程序，防止侵犯犯罪嫌疑人、被告人的权利。检察机关的整体形象，检察官司法的过程，包括自侦案件对待犯罪嫌疑人的态度、侦查监督时讯问的态度及公诉人庭上辩论的态度等等,无不体现出检察官的文明态度。《检察官职业行为基本规范(试行)》第19条规定:“坚持文明执法,树立文明理念,改进办案方式,把文明办案要求体现在执法全过程。”“文明”作为检察官职业伦理的标准体现在以下三个方面:

其一,文明工作礼仪。

《检察官职业行为基本规范(试行)》第41条规定:“遵守工作礼仪,团结、关心和帮助同事,爱护工作环境,营造干事创业、宽松和谐、风清气正的工作氛围。”做到执法理念文明,执法行为文明,执法作风文明,执法语言文明。在执行公务时,严格守时,遵守活动纪律。本人或者亲属与他人发生矛盾、冲突的,应当通过正当合法的途径解决,不应以检察官身份寻求特殊照顾,不要恶化事态酿成事端;在职务外活动中应当约束言行,避免公众对检察官公正执法和清正廉洁产生合理怀疑,避免对履行职责产生负面作用,避免对检察机关的公信力产生不良影响。

其二,文明着装礼仪。

《检察官职业行为基本规范(试行)》第42条规定:“遵守着装礼仪,按规定着检察制服、佩戴检察徽标,着便装大方得体。”做到仪表庄重、举止大方、态度公允、用语文明,保持良好的职业操守和风范,维护检察官的良好形象。在执行公务时,检察官应按照检察人员的着装规定穿着检察制服,佩戴检察标识徽章,在业外活动中则禁止穿着检察制服,尤其是禁止穿着检察正装、佩戴检察标识到营业性娱乐场所进行娱乐、休闲活动或者在公共场所饮酒,不参与赌博、色情、封建迷信活动。

其三,文明接待和语言礼仪。

《检察官职业行为基本规范(试行)》第43条规定:“遵守接待和语言礼仪,对人热情周到,亲切和蔼,耐心细致,平等相待,一视同仁,举止庄重,精神振作,礼节规范。使用文明礼貌用语,表达准确,用语规范,不说粗话、脏话。”在具体的礼仪方面,要求检察官的言谈举止应遵守各项检察礼仪规范,注重职业礼仪约束,为此,2010年6月9日最高人民检察院颁布了《检察机关文明用语规则》。

另外,在公共场合及新闻媒体上,不发表有损法律严肃性、权威性,有损检察机关形象的言论;未经批准,不对正在办理的案件发表个人意见或者进行评论。《检察官职业行为基本规范(试行)》第46条规定:“谨慎发表言论,避免因不当言论对检察机关造成负面影响。遵守检察新闻采访纪律，就检察工作接受采访应当报经主管部门批准。”

本案中的检察院反贪局教导员任某在审讯中不按规定进行同步录音录像，和恩施土家族苗族自治州纪委互借办案手段搞联合办案，采取辱骂、捆绑、殴打、不让吃饭、不让上厕所、连续审讯等严重违规方式审讯犯罪嫌疑人。违反了《检察官职业行为基本规范（试行）》第 19 条的“坚持文明执法，树立文明理念，改进办案方式，把文明办案要求体现在执法全过程”的规定，违反了检察官文明的职业道德规范，并且导致了犯罪嫌疑人冉建新在办案区死亡，进一步掩盖事实，破坏事发现场，伪造审讯场所，造成了极其恶劣的影响，极大地损害了检察机关的形象和执法公信力，理应受到纪律处分和刑事处罚。

第八节　检察官职业责任

▶【典型案例】(一) > > >

最高检通报 21 起违法违纪案。[①]

▶【基本案情】> > >

最高人民检察院 2015 年 11 月 18 日通报 9 起检察人员违法案件和 12 起检察人员违纪案件。通报强调，各级检察机关要对查出的问题研究具体整改方案，真正把每一个不规范问题改彻底。

检察人员违法案件包括河北省石家庄市赞皇县人民检察院法警大队原队长杜月明因犯受贿罪、帮助犯罪分子逃避处罚罪，数罪并罚被判处有期徒刑 11 年零 6 个月；新疆维吾尔自治区于田县人民检察院公诉处热比娅因犯受贿罪被判处有期徒刑 5 年，没收非法所得 6.75 万元；吉林省人民检察院行政处孙文成因犯受贿罪被判处有期徒刑 11 年等 9 起案件。

检察人员违纪案件包括贵州省黔西南布依族苗族自治州兴仁县人民检察院反贪污贿赂局李崇智因违规不移交涉案款物，被给予记过处分；山西省阳泉

① 刘子阳：《最高检通报 21 起违法违纪案》，《法制日报》2015 年 11 月 18 日，第 3 版。

市人民检察院刑事执行检察处王俊峰因违规给在押人员捎带物品，被给予记大过处分；辽宁省阜新市人民检察院反渎职侵权局朱琦因接受吃请馈赠，被给予警告、记过处分，并被免去反渎职侵权局副局长职务，调离工作岗位等 12 起案件。

▶【典型案例】(二) > > >

江阴检察官受贿案。[①]

▶【基本案情】> > >

原江苏省江阴市检察院公诉科科长徐某某涉嫌受贿一案，2015 年 7 月 30 日在南通市如东县法院开庭审理。据悉，徐某某对于公诉人的指控予以当庭认罪，法庭将择日宣判。

7 月 30 日上午 9 点，如东县法院第十七法庭开庭办案，对案号为(2015)东刑二初字第 00068 号的案件予以审理。该案被告人、原江阴市检察院公诉科科长徐某某，此前因涉嫌受贿罪被如东县检察院公诉至如东县法院。

经审理查明，徐某某利用担任江阴市人民检察院检察委员会专职委员、公诉科科长的职务之便，在案件办理过程中非法为他人谋取利益，先后在经手的 7 个案件中收受钱财共计人民币 63 万元、美元 5000 元以及价值人民币 38000 元的购物卡。这些案件其中 6 起是收受钱财后替刑事案件当事人“谋取利益”，使其获得取保候审或被轻判，另有一起则相反——从 2013 年到 2014 年，他先后收受江阴当地一家企业老板许某良贿赂款共计人民币 40 万元，准备去“协调”江阴市公、检、法有关人员，从而“重办”该老板的竞争对手马灵。案发后，徐某某主动投案并如实供述了自己的主要犯罪事实，并退出全部赃款。

▶【检察官职业责任知识】> > >

该部分涉及检察官职业责任问题，在此我们应当了解检察官职业责任的含义及其检察官职业责任的种类等问题。

---

① 薛雷:《被控办案过程中收钱为他人谋取利益，江阴检察官受贿案被告当庭认罪》,《北京青年报》2015 年 7 月 31 日，第 A18 版。

▶【学理分析】>>>

检察官职业责任是指检察官违背了职业伦理规范，进而违反法律和检查工作纪律，所应当承担的不利后果和责任。我国检察官法第6章专门规定了检察官的考核、奖励和惩戒制度。其中第47条规定了检察官的处分行为：检察官有下列行为之一的，应当给予处分；构成犯罪的，依法追究刑事责任：(1)贪污受贿、徇私枉法、刑讯逼供的；(2)隐瞒、伪造、变造、故意损毁证据、案件材料的；(3)泄露国家秘密、检察工作秘密、商业秘密或者个人隐私的；(4)故意违反法律法规办理案件的；(5)因重大过失导致案件错误并造成严重后果的；(6)拖延办案，贻误工作的；(7)利用职权为自己或者他人谋取私利的；(8)接受当事人及其代理人利益输送，或者违反有关规定会见当事人及其代理人的；(9)违反有关规定从事或者参与营利性活动，在企业或者其他营利性组织中兼任职务的；(10)有其他违纪违法行为的。检察官的处分按照有关规定办理。

最高人民检察院2007年修改的《检察人员纪律处分条例(试行)》进一步详细规定了各种纪律处分的方式、行为，并规定了纪律处分的原则，2016年10月20日经最高人民检察院第十二届检察委检委会修订的《检察人员纪律处分条例》，对之进行了修订。2007年印发的《检察人员执法过错责任追究条例》主要详细规定了检察人员执法过错责任的追究问题。2015年《最高人民检察院关于检察机关贯彻执行〈领导干部干预司法活动、插手具体案件处理的记录、通报和责任追究规定〉和〈司法机关内部人员过问案件的记录和责任追究规定〉的实施办法(试行)》《最高人民检察院关于检察机关办案部门和办案人员违法行使职权行为纠正、记录、通报及责任追究的规定》，从不同方面对检察官职业责任，主要是纪律责任给予了规定。

总之，上述法律法规所涉及的检察官的职业责任主要包括纪律责任和刑事责任。

一、检察官的纪律责任

检察官的纪律责任，是指检察官违反职业伦理规范进而违反法律法规和检察工作纪律应当承担的纪律处分。主要包括检察官承担纪律责任的原则、应当承担纪律责任的行为和检察官纪律处分的种类。

(一)检察官承担纪律责任的原则

检察官承担纪律责任的原则主要应坚持从严治检原则、实事求是的原则、纪律面前人人平等的原则、处分与违纪行为相适应原则、惩戒与教育相结合的原则、依照法律承担责任原则。前五个原则在2016年《检察人员纪律处分条例》第2条和《检察人员执法过错责任追究条例》第3条中有详细规定。前者规定为“检察机关的纪律处分工作，应当坚持全面从严治检、实事求是、纪律面前一律平等、处分与违纪行为相适应、惩戒与教育相结合的原则。”后者为“追究执法过错责任，应当遵循实事求是、主观过错与客观行为相一致、责任与处罚相适应、惩戒与教育相结合”。而依照法律承担责任原则在2016年《检察人员纪律处分条例》第5条规定为：“检察人员依法履行职责和其他合法权益受法律保护，非因法定事由、非经法定程序，不受纪律处分。”

（二）检察官应当承担纪律责任的行为

依照检察官法和检察官职业道德基本准则规定，结合2016年《检察人员纪律处分条例》的规定，检察官应当承担纪律责任的行为有：

1. 检察官违反忠诚义务的行为

检察官应当遵循忠诚的义务，永葆政治本色。违反忠诚义务的行为主要包括2016年《检察人员纪律处分条例》第43—59条规定，具体而言为：公开发表坚持资产阶级自由化立场，反对四项基本原则，或者反对改革开放的文章、演说、宣言、声明等，以及发布、播出、刊登、出版前款所列文章、演说、宣言、声明等或者以上述行为提供方便条件的；公开发表违背四项基本原则，违背、歪曲党的改革开放政策，或者其他严重政治问题的文章、演说、宣言、声明的；妄议中央大政方针，破坏党的集中统一的；丑化党和国家形象，或者诋毁、污蔑党和国家领导人，或者歪曲党史、军史的；发布、播出、刊登、出版前款所列内容或者为上述行为提供方便条件的；组织、参加反对党的基本理论、基本路线、基本纲领、基本经验或者重大方针政策的集会、游行、示威等活动的，或者组织讲座、论坛、报告会、座谈会等方式、反对党的基本理论、基本路线、基本纲领、基本经验、基本要求或者重大方针政策的；组织、参加旨在反对党的领导、反对社会主义制度或者敌视政府等组织的；组织、领导会道门或者邪教组织的；搞团团伙伙、结党营私、拉帮结派、培植私人势力或通过搞利益交换、为自己营造声势等活动捞取政治资本的；拒不执行党和国家的方针政策以及决策部署的，故意作出与党和国家的方针政策以及决策部署相违背的决定的，擅自对应当由中央决定重大政策问题作出决定和对外发表主张的；挑拨民族关系制造事端或者参加民族分裂活动的；组织、利用宗教活动反对党的路线、方针、政策和决议，破坏民族团结的；组织、利用宗教势力对抗党和政府，妨碍党和国家的方针政策以及决策部署的实施，或者破坏党的基层组织建设的；组织迷信活动的，参加迷信活动，造成不良影响的；在国（境）外、外国驻华使（领）馆申请政治避难，或者违纪违法后逃往国（境）外、外国驻华使（领）馆的，或者在国（境）外公开发表反对党和政府的言论的；违反党和国家的民族、宗教政策；编造谣言丑化党和国家形象或者传播谣言丑化党和国家形象的；在涉外活动中，其言行在政治上造成恶劣影响，损害党和国家尊严、利益的。

2. 检察官违反公正义务的行为

检察官在履行职责中应当公平公正，不能违反公正的职业伦理的要求，否则就要承担纪律责任。检察官法第 47 条第 1、2、3、4、5、6、7、8 项规定了法官违反公正义务应当承担纪律责任的行为有：徇私枉法，刑讯逼供；隐瞒、伪造、变造、故意损毁证据、案件材料的；泄露国家秘密、检察工作秘密、商业秘密或者个人隐私的；故意违反法律法规办理案件的；因重大过失导致案件错误并造成严重后果的；拖延办案，贻误工作的；利用职权为自己或者他人谋取私利的；接受当事人及其代理人利益输送，或者违反有关规定会见当事人及其代理人的。2016 年《检察人员纪律处分条例》具体为：故意伪造、隐匿、损毁举报、控告、申诉材料，包庇被举报人、被控告人，或者对举报人、控告人、申诉人、批评人报复的（第 76 条）；泄露案件秘密，或为案件当事人及其近亲属、辩护人、诉讼代理人、利害关系人等打探案情、通风报信的（第 77 条）；擅自处理案件线索、随意初查或在初查中对被调查对象采取限制人身自由强制措施的（第 78 条）；违反有关规定搜查他人身体、住宅，或者侵入他人住宅的（第 79 条）；违反有关规定采取、变更、解除、撤销强制措施的（第 80 条）；违反有关规定限制、剥夺诉讼参与人人身自由、诉讼权利的（第 81 条）；违反职务犯罪侦查全程同步录音录像有关规定的（第 82 条）；殴打、体罚虐待、侮辱犯罪嫌疑人、报告人及其他人员的（第 83 条）；采用刑讯逼供等非法方法收集犯罪嫌疑人、报告人供述，或采用暴力、威胁等非法方法收集证人证言、被害人陈述的（第 84 条）；故意违背案件事实作出勘验、检查、鉴定意见的（第 85 条）；违反有关规定阻碍律师依法行使会见权、阅卷权、申请收集调取证据等执业权利（第 87 条）；违反规定应当回避而故意不回避，或拒不服从回避决定，或对符合回避条件的申请故意不作出回避决定的（第 88 条）；私自会见案件当事人及其近亲属、辩护人、诉讼代理人、利害关系人、中介组织，或接受上述人员提供的礼品、礼金、消费卡等财物，以及宴请、娱乐、健身、旅游等活动的(第89条);违反规定干预司法办案活动,在初查、立案、侦查、审查逮捕、审查起诉、审判、执行等环节为案件当事人请托说情的;邀请或要求办案人员私下会见案件当事人或其被害人、诉讼代理人、近亲属以及其他与案件有利害关系的人的;私自为案件当事人及其近亲属、被害人、诉讼代理人传递涉案材料的;领导干部授意、纵容身边工作人员或近亲属为案件当事人请托说情的;领导干部为了地方利益或部门利益,以听取汇报、开协调会、发文件等形式,超越职权对案件处理提出倾向性意见或具体要求的;其他影响司法人员依法公正处理案件的(第96条);对领导干部违规干预司法办案活动、司法机关内部人员过问案件,两次以上不记录或不如实记录的,对如实记录人员打击报复的(第97条);利用检察权或借办案之机,借用、占用案件当事人、辩护人、诉讼代理人、利害关系人,或发案单位、证人等的住房、交通工具或其他财物,或谋取个人利益的,利用职务上的影响,借用、占用企事业单位、社会团体或个人的住房、交通工具或其他财物(第98条)。

3. 检察官违反廉洁义务的行为

检察官违反廉洁义务,应当承担相应的纪律责任。检察官法第47条第1、7、8、9项规定的违反廉洁性的行为有:贪污受贿;利用职权为自己或者他人谋取私利;接受当事人及其代理人利益输送,或者违反有关规定会见当事人及其代理人的;违反有关规定从事或者参与营利性活动,在企业或者其他营利性组织中兼任职务的。2016年《检察人员纪律处分条例》具体规定了违反廉洁义务的行为有:利用职权或职务上的影响为他人谋取利益,本人的配偶、子女及其配偶等亲属和其他特定关系人收受对方的财物的(第101条);相互利用职权或职务上的影响为对方及其配偶、子女及其配偶等亲属和其他特定关系人谋取利益搞权权交易的(第102条);纵容、默许配偶、子女及其配偶等亲属和身边工作人员利用本人的职权或职务上的影响谋取私利的,检察人员的配偶、子女及其配偶未从事实际工作而取得薪酬或虽从事实际工作但领取明显超出同职级标注薪酬,检察人员知情未予纠正的(第103条);收受可能影响公正执行公务的礼品、礼金、消费卡等的,收受其他明显超出正常礼尚往来的礼品、礼金、消费卡等的(第104条);向从事公务的人员及其配偶、子女及其配偶等亲属和其他特定关系人赠送明显超出正常礼尚往来的礼品、礼金、消费卡的(第105条);利用职权或职务上的影响操办婚丧喜庆事宜,在社会上造成不良影响的(第106条);接受可能影响公正执行公务的宴请或者旅游、健身、娱乐等活动安排的(第107

条）；违反有关规定取得、持有、实际使用运动健身卡、会所和俱乐部会员卡、高尔夫球卡等各种消费卡，或违反有关规定出入私人会所、夜总会的（第 108 条）；违反有关规定从事营利活动：（1）经商办企业的；（2）拥有非上市公司（企业）的股份或证券的；（3）买卖股票或进行其他证券投资的；（4）兼任律师、法律顾问、仲裁员等职务，以及从事其他有偿中介活动的；（5）在国（境）外注册公司或投资入股的；（6）其他违反有关规定从事营利活动的。利用职权或职务上的影响，为本人配偶、子女及其配偶等亲属和其他特定关系人的经营活动谋取利益的。违反有关规定在经济实体、社会团体之兼职，或经批准兼职但获取薪酬、奖金、津贴等额外利益的（第 109 条）；领导干部的配偶、子女及其配偶，违反有关规定在该领导干部管辖的区域或业务范围内从事可能影响其公正执行公务的经营活动，或在该领导干部管辖的区域或业务范围内的外商独资企业、中外合资企业中担任由外方委派、聘任的高级职务，该领导干部应按照规定予以纠正，拒不纠正的（第 110 条）；检察机关违反有关规定经商办企业的（第 111 条）；领导干部违反工作、生活保障制度，在交通、医疗等方面为本人、配偶、子女及其配偶等亲属或其他特定关系人谋求特殊待遇的（第 112 条）；在分配、购买住房中侵犯国家、集体利益的（第 113 条）；利用职权或职务上的影响，侵占非本人经管的公私财物，或以象征性地支付钱款等方式侵占公私财物，或者无偿、象征性地支付报酬解释服务、使用劳务的。利用职权或职务上的影响，将本人、配偶、子女及其配偶等亲属应当由个人支付的费用，由下属单位、其他单位或者他人支付、报销的（第 114 条）；利用职权或职务上的影响，违反有关规定占用公物归个人使用，占用公物进行营利活动的，将公物借给他人进行营利活动的（第 115 条）；违反有关规定组织、参加用公款支付的宴请、高消费娱乐、健身活动，或用公款购买、赠送、发放礼品的（第 116 条）；违反有关规定滥发津贴、补贴、奖金等的（第 117 条）；用公款旅游、借公务出差之机旅游或以公务差旅为名变相旅游的，以考察、学习、培训、研讨、参展等名义变相用公款出国（境）旅游的（第 118 条）；违反公务接待管理规定，超标准、超范围接待或借机大吃大喝的（第 119 条）；违反有关规定配备、购买、更换、装饰、使用公务车或有其他违反公务用车管理规定行为的（第 120 条）；违反会议活动管理规定，到禁止召开会议的风景名胜区开会的；接待或者批准具备各类节会、庆典活动的。擅自举办评比达标表彰活动或借评比达标表彰活动收取费用的（第 121 条）；违反办公用房管理规定，决定或批准兴建、装修办公楼、培训中心等楼堂馆所，超标准配备、使用办公用房的，用公款包租、占用客房或其他场所归个人使用的(第 122 条);搞权色交易或给予财物搞权色交易的(第 123 条);有其他违反廉洁从检规定的行为(第 124 条)。

4. 检察官违反为民义务的行为

检察官违反为民义务,应当承担纪律责任的行为主要包括检察官法第 47 条第 4 项规定:"故意违反法律法规办理案件的";第 5 项规定:"因重大过失导致案件错误并造成严重后果的";第 6 项规定:"拖延办案,贻误工作"的行为。还包括 2016 年《检察人员纪律处分条例》的具体规定:认定事实、适用法律出现重大错误,或者案件被错误处理的,遗漏重要犯罪嫌疑人或重大罪行的,错误羁押或超期羁押犯罪嫌疑人、报告人的,犯罪嫌疑人、被告人串供、毁证、逃跑的,涉案人员自杀、自伤、行凶的(第 90 条);在检察工作中违反有关规定向群众收取、摊派费用的(第 125 条)。在从事涉及群众事务的工作中,刁难群众、吃拿卡要的(第 126 条)。对群众合法诉求消极应付、推诿扯皮,损害检察机关形象的(第 127 条)。对待群众简单粗暴、态度恶劣,造成不良影响的(第 128 条)。遇到国家财产和人民群众生命财产受到严重威胁时,能救而不救(第 129 条)。不按照规定公开检察事务,侵犯群众知情权(第 130 条)。有其他违反群众纪律规定行为的(第 131 条)。

5. 检察官违反文明义务的行为

检察官违反文明义务,应当承担纪律责任的行为主要包括检察官法第 47 条第 1 项规定的"刑讯逼供"的行为。2016 年《检察人员纪律处分条例》中检察官违反文明的职业道德和职业纪律的行为主要有:以其他方法非法剥夺他人人身自由的(第 78、81 条);违反有关规定法搜查他人身体、住宅,或者侵入他人住宅的(第 79 条);刑讯逼供的(第 84 条);殴打、体罚虐待、侮辱犯罪嫌疑人、报告人及其他人员的(第 83 条);违反有关规定,体罚虐待被监管人员,私自带人会见被监管人员,给监管人员特殊待遇或照顾的,或者让被监管人员为自己服务的(第 94 条);违法办案或者严重不负责任,造成犯罪嫌疑人、被告人逃跑,涉案人员自杀、自伤、行凶的(第 90 条)。

(三)检察官纪律处分的种类

检察官法第 47 条第 2 款规定,检察官的处分按照有关规定办理。2016 年《检察人员纪律处分条例》第 8 条规定:"纪律处分期间分别为:(1)警告,六个月;(2)记过,十二个月;(3)记大过,十八个月;(4)降级、撤职,二十四个月。"第

9 条规定:检察人员在处分期间不得晋升职务、级别。其中,受记过、记大过、降级、撤职处分的,在处分期间不得晋升工资档次。第 10 条规定,受降级处分的,自处分的下个月起降低一个级别。如果受处分人为最低级别的,按降低一个工资档次处理;如果受处分人为最低级别最低档次的,给予记大过处分。第 11 条规定,受撤职处分的,撤销其所有行政职务。在处分期间不得担任领导职务,自处分的下个月起按降低一个以上的职务层次另行确定非领导职务。办事员应当仅有撤职处分的,给予降级处分。第 12 条规定,受开除处分的,自处分决定生效之日起解除其人事关系,其职务、级别自然撤销,不得再被录用为检察人员。

二、检察官的刑事责任

检察官法第 47 条规定,检察官有本法第 47 条所列行为之一的,"应当给予处分;构成犯罪的,依法追究刑事责任"。根据该条规定,主要指的是检察官违反职业伦理进而触犯刑法的职业犯罪行为,不包括检察官除职业犯罪之外的犯罪行为。这类犯罪行为主要包括:刑讯逼供罪、暴力取证罪;贪污罪;受贿罪;巨额财产来源不明罪;滥用职权罪、玩忽职守罪;泄露国家秘密罪;徇私枉法罪;私放在押人员罪;失职致使在押人员逃脱罪等。

本案例(二)中的徐某某利用担任江阴市人民检察院检察委员会专职委员、公诉科科长的职务之便,在案件办理过程中为他人谋取利益,违反了检察官廉洁的义务,其中 6 起是收受钱财后替刑事案件当事人"谋取利益",使其获得取保或被轻判,偏向一方当事人,又违反了检察官公正的规则。另有一起则相反——从 2013 年到 2014 年,他先后收受江阴当地一家企业老板许某良共计人民币 40 万元,准备去"协调"江阴市公、检、法有关人员,从而"重办"该老板的竞争对手马灵。干涉其他司法工作人员的工作,同样违背了公正规则。因此触犯了检察官法第 47 条规定:检察官不得有下列行为:(1)贪污受贿;(2)徇私枉法;(3)利用职权为自己或者他人谋取私利。第 47 条规定:"检察官有下列行为之一的,应当给予处分;构成犯罪的,依法追究刑事责任:……"因此徐某某应当承担相应的纪律责任和刑事责任。

案例(一)(二)反映出违反职业道德,必然承担相应的职业责任。因此有必要开展司法理念和廉洁从检教育活动,引导广大检察干警坚定理想信念,恪守职业道德和良知,坚持高线、守住底线、不踩红线,真正做到忠诚、干净、担当。

▶【案例、问题与讨论】> > >

【案例】

福建省泉州市检察机关刑讯逼供致人死亡案[1]

死者白东川(男,33岁),因涉嫌非法经营“六合彩”被福建省泉州市安溪县公安局立案侦查,后被取保候审。2009年3月,在该案提起公诉期间,泉州市检察机关多次接到群众举报,反映白东川多次向司法机关有关人员行贿的问题。经初查发现,白东川在取保候审期间,确有通过他人疏通关系,干扰案件办理的行为。泉州市检察院与惠安县检察院组成办案组办理该案,并商请泉州市纪委参与办理此案。经与法院协调,决定对白东川采取逮捕措施。2009年5月26日晚,泉州市检察院反贪局副局长王某、惠安县检察院反贪局局长林某召集所有办案人员开会,要求办案人员加大力度,不要有顾虑。在以后的9天时间里,在纪委办案点,办案人员采取殴打、罚跪、罚站、戴脚镣等行为对白东川长时间体罚,逼取口供,询问过程中没有录音录像。6月3日凌晨,白东川出现呼吸困难等症状,经送医院抢救无效,于凌晨3时许死亡。该案发生后,泉州市检察机关有7名检察人员受到刑事追究,分别被判处有期徒刑11年、7年、2年或被作不起诉处理,有13名监察人员受到不同程度的党纪检纪处分。

【问题与讨论】

上述案例中7名检察人员违反了哪些职业道德规范?应当承担的职业责任有哪些?

---

① 中央纪委驻最高人民检察院纪检组、最高人民检察院监察局编:《警示与镜戒:检察人员违纪违法典型案例剖析》,中国检察出版社2013年版,第176—180页。

CHAPTER 3

第三章

律师职业伦理概述

第一节　律师职业伦理概念

▶【典型案例】(一) > > >

律师肖某妨害作证案。[①]

▶【基本案情】> > >

肖某,原江西某律所律师。2004 年 9 月梅某等人对被害人阳某实施了强奸。9 月 20 日,梅某的家属聘请肖某为梅某侦查阶段至一审判决的辩护人。肖某会见梅某时,得知梅某强奸了被害人。2004 年 11 月,未经侦查机关许可,肖某与梅某家属多次找被害人阳某协商,以支付其精神损失费人民币 3000 元,诱使阳某改变以前向侦查机关作的陈述,做了一份阳某与梅某发生性关系是自愿的调查笔录。2005 年 4 月 4 日,肖某持该笔录向赣州市章贡区人民法院申请被害人阳某出庭作证。庭审时,阳某未到庭,肖某为梅某作了无罪辩护。当日下午,阳某向一审法官陈述,其与梅某发生性关系是自愿的。因案件证据发生重大变化,一审法院延长审理期限 1 个月,公诉机关建议延期审理 1 个月。经公安机关补充侦查,查明被害人阳某在收取梅某家属贿赂的情况下,才改变陈述。经第三次庭审,一审法院于 2005 年 7 月以强奸罪判处梅某有期徒刑 10 年,判决肖某犯妨害作证罪,判处有期徒刑 1 年零 6 个月。肖某不服,提出上诉。2005 年 5 月 25 日,江西省赣州市中级人民法院作出终审判决,认定肖某构成辩护人妨害作证罪,判处有期徒刑 1 年。

---

① 案例来源:《肖芳泉辩护人妨害作证案——辩护人妨害作证罪中的"证人"是否包括被害人》,《刑事审判参考》(2007 年第 3 辑),法律出版社 2007 年版。

▶【典型案例】(二) > > >

实习律师私自接案被起诉诈骗罪案。[①]

▶【基本案情】> > >

30岁的实习律师王某在法院门口揽业务,独立代理了一起侵害名誉权纠纷,并收取了当事人人民币3000元的费用。而在与当事人的交涉中,当事人报警,王某被抓。记者获悉,王某因涉嫌诈骗罪被检方公诉到海淀法院。

出生于1982年的王某于2008年通过司法考试,2009年2月成为实习律师。据了解,按照规定,实习律师不能独立办案,可以在有执业律师作为指导老师的情况下,以助手的身份办理案件。据王某的代理人程海律师介绍,王某有个1岁的小孩,由于能协助指导老师办理的案源并不多,王某为了养家,在北京一些法院门口揽业务。2009年3月间,王某在法院门口接到一笔业务,代理姜女士的一起侵害名誉权纠纷,并收取了人民币3000元代理费。此后,王某写了相关材料,并去两个妇联机构为姜女士投递材料。后因姜女士家里有事,没有要求王某继续办理起诉等事宜。2011年4月,姜女士打电话给王某,想让他退一部分费用。双方约好4月17日下午在地铁站见面。王某如约而至,见面后,姜女士带着儿子把王某抓住并报警。4月18日,警方认为王某的行为构成诈骗,对其予以刑事拘留,此后检方以诈骗罪提起公诉。

▶【律师职业伦理知识】> > >

上述两个案例中涉及律师职业伦理,这就需要我们了解律师职业伦理含义、律师执业的条件、律师职业伦理特征、分类及作用等问题。

▶【学理分析】> > >

一、律师职业伦理的含义

律师是一种重要的法律职业,随着社会政治、经济的发展,我国律师事业也在蓬勃地发展,队伍迅速壮大,截至2018年底,全国共有执业律师42.3万多人,比2017年底增长了14.8%。律师人数超过1万人的省(区、市)有18个。

---

① 案例来源:《实习律师私自接案被诉诈骗》,中国法律网,http://www.5law.cn/info/a/fazhixinwen/zuixindongtai/2012/0216/159667.html,2017年3月28日访问。

1.2 万多家党政机关、人民团体和 1600 多家企业开展了公职律师、公司律师工作。全国共有律师事务所 3 万多家，比 2017 年底增长了 8%。2018 年律师共办理各类诉讼案件 497.8 万多件，提供各类公益法律服务 127.2 万多件。[①] 其在社会主义法治国家建设中有着重要的作用，但是，由于各种原因，律师队伍中确有损害律师形象和行业声誉的现象不断出现，因此有必要加强律师职业伦理的规范、宣传及培养律师自身的职业道德修养。我国在《中华人民共和国律师法》《律师执业行为规范（试行）》《律师和律师事务所违法行为处罚办法》《关于规范法官与律师相互关系维护司法公正的若干规定》《律师职业道德基本准则》等法律法规及行业规范中均规定了律师的职业伦理规范。

律师职业伦理，是指从事律师职业的从业人员及其从业机构在执行职务、履行职责时应当遵守该行业行为规范或要求的总称，是法律职业伦理不可或缺的部分。律师的职业伦理是伴随着律师行业的产生而形成，是从事律师行业的人都应该遵守的行为准则。对于律师而言，他不仅要遵守法官、检察官、公证员及从事法律教育与研究的学者在内的法律职业者共同应当遵守的伦理规范，还要履行其在工作过程中的行为规范。这就要求律师在其工作中处理各种利益冲突时要对其行为进行道德判断，但它不同于一般伦理和其他专业职业伦理，可能会与常理相悖。例如，在一般观念中，说谎是一种道德的丧失，而律师在法庭上为保障当事人的合法权益，不主动上交不利于当事人的诉讼材料，甚至对不利于当事人的事实证据进行否认，从律师的职业伦理角度来看，这是一种对当事人负责、忠诚的表现；但是，从另一方面来说，这不意味着律师可以凭借其专业知识等无所顾忌地乱行使其权利，违反国家法律法规为他人和自己谋取私利。为此，需要了解律师的任职条件、律师职业伦理的特征、分类及作用等问题。

二、律师的执业条件

律师的执业条件主要规定于律师法中。我国律师法 1996 年 5 月 15 日第八届全国人民代表大会常务委员会第十九次会议通过，在 2001 年、2012 年和 2017 年三次修改，现行是 2017 年律师法。按照我国 2017 年律师法第 2 章律师规定条件的规定，律师执业的条件既有积极条件又有消极条件。

积极条件为律师法第 5 条的规定，"申请律师执业，应当具备下列条件：

① 《2018 年律师、基层法律服务工作统计分析》，中国律师网，http://www.acla.org.cn/article/page/detailById/24965，2019 年 6 月 22 日访问。

(一)拥护中华人民共和国宪法;(二)通过国家统一法律职业资格考试取得法律职业资格;(三)在律师事务所实习满一年;(四)品行良好。"实行国家统一法律职业资格考试前取得的国家统一司法考试合格证书、律师资格凭证,与国家统一法律职业资格证书具有同等效力。也就是取得律师资格证书即持有律师资格凭证(2002 年前)或国家统一司法考试合格证书(2002 年后),或全国统一法律职业资格证书(2018 年后),取得任一证书视为获得律师资格或律师执业资格、律师从业资格。但获得律师资格并不意味着律师就可以代理案件,应当按照规定参加律师协会组织的实习活动,并须满足实习一年,并经律师协会考核合格。并且要拥护中华人民共和国宪法和品行良好。第 12 条规定了申请兼职律师执业,除符合本办法第 5 条规定的条件外,还应当具备下列条件:(1)在高等院校、科研机构中从事法学教育、研究工作;(2)经所在单位同意。依照本法第 6 条规定的程序,可以申请兼职律师执业。第 8 条规定了具有高等院校本科以上学历,在法律服务人员紧缺领域从事专业工作满 15 年,具有高级职称或者同等专业水平并具有相应的专业法律知识的人员,申请专职律师执业的,经国务院司法行政部门考核合格,准予执业。具体办法由国务院规定。

消极条件为《律师法》第 7 条规定:申请人有下列情形之一,不予颁发律师执业证书:(1)无民事行为能力或者限制民事行为能力的;(2)受过刑事处罚的,但过失犯罪的除外;(3)被开除公职或者被吊销律师、公证员执业证书的。

对于律师而言,必须受律师事务所委派,统一接受案件,不允许律师在执业期间以公民身份参与诉讼,除非与当事人之间是直系亲属关系,否则都不能以公民身份代理案件。

三、律师职业伦理的特征

第一,具有阶级性。恩格斯曾说过:"一切以往的道德论归根到底都是当时社会经济状况的产物。而社会直到现在还是在阶级对立中运动的,所以道德始终是阶级的道德。"①伦理道德是人们在日常生活中用于维护社会公共秩序的手段,对于统治者而言,调节社会关系时除了运用法律的手段,伦理也是不可或缺的一部分。一个国家,统治阶级要求被统治阶级按照其意志进行活动,用于保证统治阶级利益的实现。而作为伦理分支的律师职业伦理也因此具有阶级性。21 世纪的中国,律师作为法治的守护者,维护法律权威与实施,维护公平正义,

① 中共中央马克思恩格斯列宁斯大林著作编译局编:《马克思恩格斯选集》(第三卷),人民出版社 1991 年版,第 134 页。

是律师的职责。一名合格的律师应当敢于同腐败现象作斗争，敢于维护公民的利益，《律师职业道德和执业纪律规范》也明确了其制定的目的是“……保障律师切实履行对社会和公众所承担的使命和责任”。由此可见，其目的在于维护律师的职业声誉，全面提高律师队伍的道德水准，从而规范律师的执业行为。

第二，具有职业性。律师职业伦理的职业性与其职业有关，它是律师这一群体所需遵守的要求，也只有律师把它作为自己的行业公德。律师职业伦理的基础是社会公德，调整的是律师的职业行为和职务活动。因此，律师职业伦理的范围是特定的，即只约束从事律师行业的人。

第三，具有继承性。在任何的经济形态下，事物之间是相互联系，不可分割的，与之相适应伦理也会具有继承性。律师职业伦理作为一种社会道德意识，继承性是非常明显的。比如律师职业伦理“忠于法律和事实”，在我国古代就存在。只不过在我国古代律师的称呼叫作“讼师”。如果“讼师”不忠诚于法律和事实，将会受到严惩。《唐律疏议·斗讼》规定：“诸为人作辞牒，加增其状（将罪情夸大），不如所告者（与事实不符），笞五十；若加增罪重，减诬告一等（按诬告罪减一等）。”现代中国律师职业伦理更加强调这一点。如《律师法》第3条第2款规定：“律师执业必须以事实为根据，以法律为准绳。”如果律师违反这一原则将承担刑事责任。由此可以看出，律师职业伦理是在历史长河中对其合理的内容进行吸收，将其中具有生命力的伦理道德观念用于丰富律师职业伦理。

四、律师职业伦理的分类

律师职业伦理是法律伦理学的重要组成部分，其独特之处在于将道德和法律进行融合。依据制定机关可以分为国家规范和协会规范，例如律师法，2017年3月20日第九届全国律协常务理事会第二次会议审议通过的《律师执业行为规范（试行）》，2014年6月5日中华全国律师协会印发的《律师职业道德基本准则》等等。

五、律师职业伦理的作用

第一，教育作用。指的是律师通过职业伦理的规范对其行为发生的影响。作用的对象在于规范律师的执业行为，即包括对违反职业伦理规范的行为给予惩处或法律制裁，也包括对所有律师的教育、惩戒作用，当然也对严格遵守职业伦理规范的行为加以保护、奖励，进而鼓励所有律师遵守。

第二，导向作用。它具体指的是职业伦理作为一种行为规范，为律师的执业活动及其本身的行为提供某种行为模式,引导律师可以这样行为,禁止或不得那样行为。律师职业伦理的导向作用是树立良好行业风气的必要条件,对于律师整体行业而言,良好的行业风气需要每一个个体行为的努力,但对于每一个个体而言力量薄弱,缺乏效率,需要行业规范性的整体导向,这也对于律师行业的发展,适应市场经济和建设法治社会具有重大意义。

第三,约束作用。律师职业伦理与律师的执业活动具有非常密切的关系,这也使得律师职业伦理有了现实的约束性。如果律师违反职业伦理的有关规定,就要受到职业纪律的约束,甚至遭受社会谴责或行业、法律的制裁。违反职业伦理会受到社会舆论的谴责,导致其信誉下降,业务减少,这是社会制裁;个别不计较后果的律师违反职业伦理损害律师行业的信誉时,要受到有关组织或协会的制裁,这是行业制裁;极少数不依法执业的律师侵害社会或委托人利益,要受到法律的制裁,这是法律制裁。因此,无论是哪种约束,都可以对违反律师职业伦理的行为进行约束、否定。

案例(一)中的肖律师违背了律师职业伦理中的以事实为依据的基本要求,以威逼利诱的方式胁迫受害者作伪证,并利用律师的便利与行为人串供、篡改案卷材料,未经法律授权的情况下,利用律师的便利条件与被害人见面;明知会泄露案情导致部分证人翻证,导致司法资源的浪费,正因为如此,该律师不仅违反了律师职业伦理的要求,还触犯了刑法,理应受到相应的刑事处罚。

案例(二)中王某是实习律师,是没有经过律师事务所委托的,属于私自接受委托、收取费用。该案例中,王某的实习律师身份使得他不能独立承办案件,但在王某的实习过程中以委托代理人的身份参与诉讼,说明王某经常为他人提供法律服务,没有诈骗财物的直接故意。对于王某而言,其私自接受委托的原因在于维持家庭的生活日常开支,在接受委托后,积极向有关单位递交材料,后因委托人的要求,王某才未继续办理,从这一方面看王某向姜某提供了一定的法律服务,并没有在接受委托的情况下未进行服务。而诈骗的本质是拿钱不办事,对于王某而言不符合诈骗的条件。但是王某仍违反了有关规定,即实习律师不能独立办案,因此,王某代理的多起民事案件,均是以公民代理的身份办案。

结合现实,律师违反职业伦理的行为还有很多,例如诋毁同行业竞争对手的声誉。因此,无论是从规范律师行业的风气来说还是规范律师执业活动,提高律师行业的公信力,都需要加强对律师职业伦理的建设。

第二节　律师职业伦理基本准则

按照2014年6月5日中华全国律师协会印发的《律师职业道德基本准则》的规定，我国律师职业伦理基本准则包括：坚定中国特色社会主义理念；牢记执业为民的理念；坚定法律信仰，以事实为依据，以法律为准绳；勤勉尽责，维护公平正义；诚实守信；热爱律师职业，珍惜律师声誉。

一、坚定中国特色社会主义理念的准则

▶【典型案例】>>>

周律师颠覆国家政权案。[①]

▶【基本案情】>>>

2016年8月4日，天津市第二中级人民法院依法对周某某颠覆国家政权案一审当庭公开宣判，认定被告人、北京市锋锐律师事务所主任周某某犯颠覆国家政权罪，判处有期徒刑7年，剥夺政治权利5年。周某某当庭表示，判决体现了法律的公正性，服从判决，认罪悔罪，不上诉。

周某某一案之所以广受海内外舆论关注，被告人的律师身份无疑是案情之外的一个重要因素。

众所周知，律师以维护当事人合法权益为己任，通过提供优质法律服务、认真参与诉讼代理、积极行使辩护权利，促进每个个案的公正处理或审判，进而推动整个社会公平正义的实现，是国家法治建设不可或缺的重要力量。一个国家对律师职业的重视程度，律师执业环境的保障程度、律师行业的发展水平，体现着一国法治的发展水平，这已经是业界的共识。最高人民法院原常务副院长沈德咏撰文强调，“律师是法律职业共同体的重要一员，是人民法院的同盟军，是实现公正审判、有效防范冤假错案的无可替代的重要力量”，可以说，在中国当下依法治国的大背景下，律师的作用和地位越来越凸显，这样一个显著的趋势不可逆转。

① 《周世锋案警示律师必须依法履职》，《南方都市报》2016年8月5日，第A02版，http://epaper.oeeee.com/epaper/A/html/2016-08/05/content_63652.htm，2017年3月23日访问。

正因为律师以法为业、以律为师，其执业行为是否规范，不仅影响律师职业的整体形象，而且波及公众对法治的信仰和对社会公平正义的信心，律师队伍的建设便成为一个要务。关心律师队伍建设的人士都会注意到，律师执业已成为此轮全面深化改革的一部分。党的十八届三中全会《中共中央关于全面深化改革若干重大问题的决定》明确要求，要完善律师执业权利保障机制和违法违规执业惩戒制度，加强职业道德建设，发挥律师在依法维护公民和法人合法权益方面的重要作用。

在这样一个关口，周某某一案的出现具有重要的警示价值。

根据媒体报道，周某某一案中，涉案的数名律师以维权、公益之名"炒作"，背后却牺牲当事人的利益为自己图财牟利，甚至实施危害国家安全的行为。据一些涉案人员供述，锋锐律师事务所专挑敏感案件代理，如果案件不够敏感、名气不够大，就想尽办法炒热、炒大。而代理所有这些案件必须经过周某某同意，否则无法开具介绍信。对于锋锐律师事务所而言，炒作是扬名获利的"捷径"。

可以看出，周某某身为律师事务所主任，功夫却不在法庭内和法律上，而是在法庭乃至法律之外费尽心机。这些行为虽然获利于一时，但事实证明，代价惨重。周某某个人受到法律的严厉惩处，用他自己在接受审讯时的话说，这是"血的教训"，而当事人的权益所受到的损害和社会稳定所受到的威胁是不言而喻的。对整个律师行业而言，也有不可估量的后果，社会以往存在的对律师职业的偏见很可能进一步加深。如是种种，毫无疑问，都将给律师制度的发展、完善以及律师队伍的建设带来不良影响。

在完整的法律体系中，每一个律师的职业活动都堪称在为培育法律信仰、守护公平正义而努力，但这里有一个前提，那就是律师必须维护宪法法律尊严，珍惜职业声誉，依法依规开展执业活动。否则，因其对法律的熟稔，其对法治的破坏力比一般人员只会更大。

法槌落定，警钟长鸣。绝不能利用律师身份和以律师事务所为平台炒作个案，攻击社会主义制度，从事危害国家安全活动；绝不能利用律师身份策划、煽动、组织有关利益群体，干扰、破坏正常社会秩序；绝不能利用律师身份教唆、指使当事人串供、伪造证据，干扰正常司法活动。这是律师等法律工作者应该严守的三条底线。踩踏底线、破坏法治，得到的也必将是法律的严惩。

▶【律师职业伦理基本准则知识】> > >

这个案件涉及的主要是律师职业伦理基本准则中第一个内容——坚定中

国特色社会主义理想信念。

▶【学理分析】> > >

我国是社会主义国家，律师作为建设社会主义事业的一员，就需要坚定中国特色社会主义理想信念，坚定中国特色社会主义律师制度的本质属性，拥护党的领导，拥护社会主义制度，自觉维护宪法和法律的威严。根据律师法第49条第7、8、9项规定：律师有下列行为之一的，由设区的市级或者直辖市的区人民政府司法行政部门给予停止执业6个月以上1年以下的处罚，可以处人民币5万元以下的罚款；有违法所得的，没收违法所得；情节严重的，由省、自治区、直辖市人民政府司法行政部门吊销其律师执业证书；构成犯罪的，依法追究刑事责任：煽动、教唆当事人采取扰乱公共秩序、危害公共安全等非法手段解决争议的；发表危害国家安全、恶意诽谤他人、严重扰乱法庭秩序的言论的；泄露国家秘密的。《律师执业管理办法》第37条规定：律师承办业务，应当引导当事人通过合法的途径、方式解决争议，不得采取煽动、教唆和组织当事人或者其他人员到司法机关或者其他国家机关静坐、举牌、打横幅、喊口号、声援、围观等扰乱公共秩序、危害公共安全的非法手段，聚众滋事，制造影响，向有关部门施加压力。第40条规定："律师对案件公开发表言论，应当依法、客观、公正、审慎，不得发表、散布否定宪法确立的根本政治制度、基本原则和危害国家安全的言论，不得利用网络、媒体挑动对党和政府的不满，发起、参与危害国家安全的组织或者支持、参与、实施危害国家安全的活动，不得以歪曲事实真相、明显违背社会公序良俗等方式，发表恶意诽谤他人的言论，或者发表严重扰乱法庭秩序的言论。"

二、执业为民的准则

▶【典型案例】（一）> > >

铅山律师参与法律援助帮助90余名女工争取到经济补偿案。[①]

① 案例来源：《铅山法律援助帮助90余名女工争取到经济补偿》，中国法律援助网，http://www.chinalegalaid.gov.cn/China_legalaid/content/2017-03/24/content_7066630.htm? node=40882，2017年3月28日访问。

▶【基本案情】> > >

江西省铅山县城河口镇汭口村某饰品厂由于经营不善,2017 年年前在无任何预告的情况下,准备将工厂转移到义乌市。2017 年元宵节后,与该厂签订了劳动合同尚未到期的 92 名女工来到工厂上班,发现已无事可做,遂要求厂方给予经济补偿,未果,又到相关部门维权得不到回应,只告知走法律程序维权,无奈之下,于 2 月 18 日来到县司法局法律援助中心申请法律援助。

县法援中心开通"绿色通道",快速受理此案并指派法援律师詹律师代理。詹律师一方面协助 92 名女工推选出 3 名代表人,一方面劝导她们不要闹事,要相信政府、相信法律会给出公正的处理;同时詹律师进行了大量的调查取证,将工人的困难证明、法援协议、诉状等法律文书准备好。2 月 20 日晚,正值铅山县政协会开幕前夕,位于铅山县城河口镇汭口村某饰品厂正在搬运厂内设备、库存货物,得到消息的工人拦住厂门,不让通行,一场群体性事件一触即发。铅山县司法局法律援助律师詹律师闻讯来到现场,进行协调,及时制止事态的进一步发展,厂方答应等与工人的经济补偿纠纷协商好后再搬迁。

2 月 22 日,詹律师将履行劳动合同纠纷案仲裁申请书递交给了县劳动人事争议仲裁委员会,2 月 23 日,经调解,双方自愿达成了协议。3 月 15 日,92 名女工人民币 21 万元经济补偿金全部发放到位,一起劳动合同纠纷得到圆满解决。

▶【典型案例】(二) > > >

19 名农民工获法援追回人民币 5 万多元血汗钱案。①

▶【基本案情】> > >

2016 年 6 月的一天,5 名农民工匆匆地来到安徽省铜陵市义安区法律援助中心申请法律援助,原来黄某等 19 人系义安区钟鸣镇居民,之前在钟鸣镇新联村修公路。该道路工程由铜陵市某矿业有限公司承建,后经层层转包给张某,张某雇请黄某等人为其干活,并约定好工资报酬。2014 年元月该工程完工,并验收合格。该矿业公司支付了全部工程款,张某收到工程款后却迟迟未付工人工资。黄某等人多次向其讨要,张某均以各种理由推脱。

---

① 案例来源:《19 名农民工获法援追回 5 万多元血汗钱》,央广网江西频道,http://www.chinalegalaid.gov.cn/China_legalaid/content/2017-03/27/content_7069402.htm? node=40882,2017 年 3 月 28 日访问。

后经人介绍，19 位村民委托黄某等 5 人申请法律援助，希望通过司法程序讨要工资。义安区法律援助中心经审核后指派安徽众佳律师事务所赵律师承办该案。赵律师了解到，黄某等人与张某之间是口头约定，双方未签订书面协议，张某也未出具任何欠条，唯一的一份证据是黄某等农民工自制的工资明细，该明细也没有张某的签字认可。这场官司极有可能会因证据不足而败诉，但考虑到农民工辛辛苦苦挣钱不易，无论如何都要尽全力帮他们讨要回来。赵律师收集、调取相关证据后向义安区劳动仲裁委员会申请仲裁，并向义安区劳动监察大队投诉反映，希望能以最快速度帮助村民讨要工资。后仲裁委因证据不足不予受理，承办律师代 19 名农民工依法向义安区人民法院提起诉讼。经义安区人民法院庭审查明，黄某等 19 人与张某之间形成的事实劳务关系受到法律保护，判决张某一次性支付原告黄某等 19 位农民工的工资人民币 56275 元。法律援助有效维护了农民工的合法权益，将民生工程落到了实处，彰显了为民情怀。

▶【律师职业伦理基本准则知识】> > >

这部分主要涉及律师执业为民的理念和行为。

▶【学理分析】> > >

律师执业为民的理念和宗旨必须得到高度重视，这是律师职业合理性的基础。《律师职业道德基本准则》第 2 条规定，“律师应当始终把执业为民作为根本宗旨，全心全意为人民群众服务，通过执业活动努力维护人民群众的根本利益，维护公民、法人和其他组织的合法利益，认真履行法律援助义务，积极参加社会公益活动，自觉承担社会责任”。由此可知律师执业为民的理念和宗旨主要包括三个方面的内容：一是在接受委托人的委托办理法律事务的过程中，应当忠于当事人，尽职尽责地维护当事人的合法权益。《律师职业道德和执业纪律规范》第 5 条规定：“律师应当诚实守信，勤勉尽责，尽职尽责地维护委托人的合法利益。”二是积极地承担和履行法律援助义务，依法为社会中的弱势群体或个人提供优质的法律服务，不推诿、不敷衍，勤勉尽职。《律师职业道德和执业纪律规范》第 10 条规定：“律师应当自觉履行法律援助义务，为受援人提供法律帮助。”三是积极参加社会公益活动，即律师在提供法律服务时，除了维护委托人的权益外，还应当面向基层群众提供最直接的法律服务，向全社会传递法治精神，保障法律的正确实施。同时对公民进行法治宣传，增强其法律意识，使其自觉遵守法律，依法办事，以合法的形式表达自己的诉求。《律师职业道德和执业纪律规范》第12条规定："律师应当积极参加社会公益活动。"

案例(一)中的法援律师詹律师一方面协助92名女工推选出3名代表人，一方面劝导她们不要闹事，要相信政府、相信法律会给出公正的处理。同时詹律师进行了大量的调查取证，将工人的困难证明、法援协议、诉状等法律文书准备好。可见詹律师接到案件后，就尽职尽责地投入案件的解决中，并且在一场群体性事件一触即发时及时来到现场，进行协调，及时制止事态的进一步发展。事后把履行劳动合同纠纷案仲裁申请书递交给了县劳动人事争议仲裁委员会。经调解，双方自愿达成了协议，92名女工人民币21万元经济补偿金全部发放到位，一起劳动合同纠纷得到圆满解决，体现了詹律师执业为民的情怀。

案例(二)中的赵律师承办该法律援助案后。积极地展开证据的收集工作，当得知证据不足之时，考虑到农民工辛辛苦苦挣钱不易，无论如何都要尽全力帮他们讨要回来，积极地通过各种合法途径维护农民工的利益。于是赵律师收集、调取相关证据后向义安区劳动仲裁委员会申请仲裁，并向义安区劳动监察大队投诉反映，希望能以最快速度帮助村民讨要工资。后仲裁委因证据不足不予受理，赵律师代19名农民工依法向义安区人民法院提起诉讼。经义安区人民法院庭审查明，黄某等19人与张某之间形成的事实劳务关系受到法律保护，判决张某一次性支付原告黄某等19位农民工的工资人民币56275元。法律援助律师有效维护了农民工的合法权益，将民生工程落到了实处，彰显了执业为民情怀和宗旨。

三、坚定法治信仰的准则

▶【典型案例】> > >

女律师采用事后添加的手段伪造证据构成犯罪案。[①]

▶【基本案情】> > >

被告人周某某，四川法典律师事务所律师。因涉嫌犯有伪造证据罪，2004

---

① 案例来源：《四川省成都市青白江区人民法院刑事判决书》，(2004)青白刑初字第101号，东方法眼，http://www.dffyw.com/sifashijian/ws/201405/35986.html，2017年3月21日访问。

年7月6日，成都市青白江区人民检察院以成青检刑诉〔2004〕087号起诉书向青白江区人民法院提起公诉。

经审理查明，2003年5月12日，原成都市龙某某业有限公司法定代表人、董事长、总经理何某某因涉嫌贪污犯罪被成都市青白江区人民检察院立案侦查。同年5月16日，四川法典律师事务所律师周某某、冯某某接受犯罪嫌疑人何某某之妻陈某某的委托，担任何某某在侦查、起诉、审判期间的法律辩护人。被告人周某某于同年5月16日至27日期间，分别对原成都市龙某某业有限公司董事、办公室主任曾某某、公司董事何某甲、公司副总经理沈某某、原成都市青白江区粮食局局长王某某4位证人调查取证，并制作形成律师调查笔录4份。调查取证结束后，被告人周某某在对证人王某某所作的调查笔录中添加了"花了不少钱，油厂又没摊，情况就这些"；在对证人何某甲所作的调查笔录中添加了"所有费用我们一家摊起，反正花了不少钱，有四五十万元。"在对证人沈某某所作的调查笔录中，添加了"他花了多少我们都同意，何某某也不会贪污这个钱""所有费用我们一家摊起，反正花了不少钱，有四五十万元""花了不少钱，油厂又没摊，情况就这些"等与检察院指控何某某涉嫌贪污公款人民币439530.17元的犯罪事实直接相关的内容。被告人周某某对证人曾某某所作的调查笔录曾某某未当场签字。被告人周某某在该份笔录上添加的主要内容在律师昝某某找证人曾某某签字时，被曾某某划去。

2003年8月26日，何某某涉嫌贪污一案被侦查终结并移送审查起诉。8月28日，四川法典律师事务所律师周某某、昝某某接受陈某某委托担任何某某在起诉期间的辩护人，被告人周某某将上述4份调查笔录作为辩护证据交给了律师昝某某。同年12月8日，成都市青白江区人民检察院以成青检刑诉字〔2003〕176号起诉书指控被告人何某某涉嫌贪污公款439530.17元，向成都市青白江区人民法院提起公诉。同年12月10日，四川法典律师事务所向法院出具编号为刑函C字第7号《律师事务所通知函》，指派周某某、昝某某担任何某某的辩护人。同年12月22日，法院公开开庭审理何某某被控贪污一案，被告人周某某、律师昝某某作为辩护人出庭为何某某辩护。同年12月24日，律师昝某某将包括上述4份调查笔录在内的辩护证据交给了法院。其后法院又数次开庭审理此案，每次均发出出庭通知书通知被告人周某某、律师昝某某作为辩护人出席法庭，被告人周某某未再出庭。在法庭举证、质证过程中，公诉人对上述调查笔录明确表示了异议。2004年8月18日。依照《中华人民共和国刑法》第306条第1款、第

37 条的规定，判决如下：被告人周某某犯辩护人伪造证据罪，免予刑事处罚。

▶【律师职业伦理基本准则知识】> > >

本案例涉及律师职业伦理的基本准则——坚定法治信仰。包括律师忠于宪法和法律、以事实为依据，以法律为准绳的原则。

▶【学理分析】> > >

律师是我国法律工作队伍中的一分子，律师的职业是为社会公众提供法律服务，没有法律就没有律师。因此，法律是律师职业的生命线，《律师职业道德基本准则》第 3 条规定："律师应当坚定法治信仰，牢固树立法治意识、模范遵守宪法和法律，切实维护宪法和法律尊严。在执业中坚持以事实为根据，以法律为准绳，严格依法履责，尊重司法权威，遵守诉讼规则和法庭纪律，与司法人员建立良性互动关系，维护法律正确实施，促进司法公正。"

律师坚定法治信仰，首先要忠于宪法和法律，这是律师执业活动中必须遵守的规则。其原因在于，宪法是国家的根本大法，是治国安邦的总章程，宪法规定了国家的社会制度、国家制度、公民基本权利与义务等，也是制定其他法律的基础。其他法律的制定与实施是宪法精神的具体化。

律师法第 3 条第 1 款、第 2 款规定："律师执业必须遵守宪法和法律，恪守律师职业道德和执业纪律。律师执业必须以事实为根据，以法律为准绳。"《律师执业管理办法》第 24 条第 1 款、第 2 款规定："律师执业必须遵守宪法和法律，恪守律师职业道德和执业纪律，做到依法执业、诚信执业、规范执业。律师执业必须以事实为根据，以法律为准绳。"《律师职业道德和执业纪律规范》第 4 条规定："律师应当忠于宪法和法律，坚持以事实为根据，以法律为准绳，严格依法执业。"从中可以看出国家在制定该法律时，将律师遵守宪法和法律的规则作为一项法律制度来确立。在此基础上，律师在执业活动中除了维护委托人的合法利益外，还必须维护宪法和法律的实施。

法律是律师的生命线，没有了法律也就没有了律师职业。因此律师在执业过程中，应当严格遵守宪法和法律。对于委托人而言，他们寻找律师的帮助是因为其合法权益遭到损害，需要律师运用法律的手段维护其合法权益。但这并不意味着律师可以采取破坏法律实施的手段去维护委托人的利益，这样既不利于维护委托人的合法利益，也会因为违反法律而遭到法律的制裁，严重的会损害律师行业的威信和整体形象。

律师坚定法治信仰,还要坚持“以事实为根据,以法律为准绳”的原则。以事实为根据是律师进行执业活动的基本要求,也是建设社会主义法治国家的要求。简单来说,就是要求律师在执业活动中对事实真相不夸大、不缩小、不隐瞒、不歪曲等。因而,律师在执业活动中的代理、辩护等职责就是要用事实说话,以证据服人,以法律论证,不能为了达到其不法目的而对事实进行歪曲、伪造,对法律实施破坏。

所谓事实,其实就是事情的真实情况。而证明事情的真实情况,只能依靠相关证据材料,因此律师执业活动中以事实为根据,其实说的是律师通过证据材料还原事实真相。从这一角度而言,律师的执业活动中提供的法律服务其实就是用证据材料证明委托人的主张。律师必须以事实为根据,这样才能保证合理公正的判决。在诉讼过程中,律师与委托人将法律事实呈现给法官,为法官公正判决提供基础。在这一过程中,律师不能屈服于委托人的利益、诱惑进而漠视法律,必须以法律和事实为依据,保证自身的独立性,要时刻坚持法律至上的理念。律师以法律为准绳,可以用法律上的标准明辨是非,用权利义务思维分清对错,维护好当事人的合法权益,维护好法律尊严,善于利用信息技术,创新法律服务形式,为当事人提供更加高效、便捷的法律服务。

案例(一)中的律师在受理委托人的代理后,其目的是帮助委托人减轻罪行,但其采用了破坏法律正确实施的手段伪造证据,意图取消检察机关对其委托人的指控。在该案例中,律师在利用其律师的便利身份对证人进行调查取证时,歪曲事实,擅自在证人笔录中增加内容甚至不惜伪造证据材料,同时将伪造的笔录交予另一律师,企图利用其修改的材料为委托人销案,这就是典型的破坏法律实施的手段。周某某的行为虽是为维护委托人的利益,但从根本上而言违反了法律正确实施,最终周某某也因自己违反法律受到应有的惩罚。

四、诚实守信,保守秘密的准则

▶**【典型案例】**> > >

河南某律师事务所律师于某故意泄露国家秘密案。[①]

---

① 案例来源:《于萍故意泄露国家秘密案——辩护律师将在法院复制的案件证据材料让被告人亲属查阅的行为是否构成犯罪》,《刑事审判参考》(2002 年第 4 辑),法律出版社 2002 年版。

▶【基本案情】> > >

2000年8月21日,河南省焦作市路通律师事务所律师于某、助理律师卢某接受涉嫌贪污犯罪的马某之妻朱某的委托,担任马某案的一审辩护人。2000年11月1日,沁阳市人民检察院以贪污罪对马某提起公诉,并向沁阳市人民法院移送了该案主要证据的复印件6本,共计421页。同年11月3日,朱某得知该案已到法院后,即告诉于某。当日下午,于某即安排卢某前来沁阳,并与马某的亲属朱某、马某某等人一同来到沁阳市人民法院立案庭。卢某依照规定办理了有关手续后,将检察机关移送到法院的马某贪污案主要证据卷宗材料全部借出,并予以复印。复印后,朱某向卢某提出看一看复印的案卷材料,卢某没同意,答复要请示于某同意。随后,马某某用手机拨通了于某的电话,向于某提出要看复印材料。于某表示同意,让马某某把手机电话交给卢某,并在电话中交代卢某把复印材料留下。卢某按照于某的安排将复印的案卷材料留下后返回焦作。当晚,朱某等人对照起诉书及案卷材料进行了研究。次日,朱某到焦作给卢某归还了复印的案卷材料。朱某根据案卷材料反映的情况,对所涉及的证人逐一进行联系,并做了相应工作。同年11月8日、10日,马某贪污案的有关证人张某某、吕某某、侯某某等人在于某来沁阳调查、取证时,均出具了虚假证明。

2000年11月11日,于某到沁阳调查、取证后回焦作时,因未能取到王某某(案卷材料所涉及的证人)的证明,又将复印的案卷材料留下给朱某。11月13日,朱某找到王某某,让王某某阅读了马某的供述,王某某根据马某的供述出具了虚假证明。2000年11月15日,马某贪污案公开开庭审理时,于某出具了有关证人的虚假证言及证明材料后,检察机关两次提出延期审理建议,决定对马某案补充侦查。

经河南省国家保密局、河南省焦作市国家保密局鉴定,于某让马某家属所看的马某贪污案的案卷材料均属机密级国家秘密。2001年4月19日判决:于某犯故意泄露国家秘密罪,判处有期徒刑一年。于某不服,向河南省焦作市中级人民法院提出上诉。2002年5月23日,焦作市中级人民法院于是判决:撤销沁阳市人民法院的一审刑事判决;上诉人于某无罪。

▶【律师职业伦理基本准则知识】> > >

本案例涉及律师要诚实守信,保守秘密的律师职业道德的准则。

▶【学理分析】> > >

诚实守信是律师基本的职业道德要求和法律的要求，是律师执业活动的根本保障。律师与委托人之间的关系是建立在信任的基础上的，律师开展业务的重要条件是声誉、威望和形象。《律师职业道德基本准则》第 5 条规定："律师应当牢固树立诚信意识，自觉遵守执业行为规范，在执业中恪尽职守、诚实守信、勤勉尽责，严格自律。积极履行合同约定义务和法定义务，维护委托人合法权益，保守在执业活动中知悉的国家机密、商业秘密和个人隐私。"

这里主要涉及保守国家秘密和商业秘密的规则（关于委托人或当事人的保密规则在第四章具体论及）。律师法第 38 条第 1 款规定："律师应当保守在执业活动中知悉的国家秘密、商业秘密，不得泄露当事人的隐私。"《律师执业管理办法》第 43 条第 1 款规定："律师应当保守在执业活动中知悉的国家秘密、商业秘密，不得泄露当事人和其他人的个人隐私。"《律师执业行为规范（试行）》第 9 条和《律师职业道德和执业纪律规范》第 8 条都有类似的规定。所谓国家秘密，根据我国保守国家秘密法第 2 条规定："国家秘密是关系国家安全和利益，依照法定程序确定，在一定时间内只限一定范围的人员知悉的事项。"

上述案例虽然认定于某无罪，但于某利用律师的便利，把复印的检察院的案卷资料留给犯罪嫌疑人家属，使其利用犯罪嫌疑人的供述与证人串供，出具虚假证明等行为违反律师诚实守信、保守秘密的规则。

五、恪尽职守、勤勉尽责准则

▶【典型案例】（一）> > >

律师违反勤勉尽责义务案。①

▶【基本案情】> > >

2013 年 12 月 16 日，深圳市律师协会依职权立案受理广东 HM 律师事务所彭某律师在代理深圳市某有限公司与杨某劳动纠纷案件中，在递交证据时存在严重失误，并未按时到庭参加庭审一案。

① 案例来源：《律师违反勤勉尽责义务案》，深圳律师网，http://www.szlawyers.com/info/20595d736c0f4d95adde7a836ad4740e，2017 年 3 月 28 日访问。

深圳市律师协会查明的事实为：彭某律师在接受案件委托之后，未尽审慎义务，在向法院递交证据时，没有仔细查看递交材料，导致委托人为此多支付员工2倍工资人民币17232.39元。同时，彭某律师在代理案件过程时，未按时参加案件庭审。

深圳市律师协会认为依据《深圳市律师协会会员违规行为处分实施细则》第6条第(7)项之规定，彭某律师无正当理由，未按时出庭参加诉讼，且因有违勤勉尽责之义务引发律师执业责任保险赔偿，其行为构成违规。根据听证评议团的评议结论及《深圳市律师协会会员违纪违规行为处分细则》第6条第7项之规定，本会决定：对被投诉人广东HM律师事务所彭某律师予以"通报批评"处分。

▶【典型案例】(二) > > >

律师李某某不出庭被罚案。[①]

▶【基本案情】> > >

2005年4月，李某某受当事人委托代理一起刑事案件的民事赔偿诉讼。双方签订委托代理合同后，由于李某某工作严重不负责任，事后竟将该委托代理事项遗忘，致当事人的索赔主张未能进入公诉和审判程序。虽然其后来采取了补救措施，但已给当事人造成不应有的损失，损害了律师的职业形象。2006年8月，四川德阳市司法局决定给予其停止执业4个月的行政处罚。

▶【律师职业伦理基本准则知识】> > >

本案涉及律师要恪尽职守、勤勉尽责的相关知识。

▶【学理分析】> > >

恪尽职守、勤勉尽责是律师职业的工作精神，也是律师行业的道德要求。《律师职业道德和执业纪律规范》第5条规定："律师应当诚实守信，勤勉尽责，尽职尽责地维护委托人的合法利益。"第6条规定："律师应当敬业勤业，努力钻研业务，掌握执业所应具备的法律知识和服务技能，不断提高执业水平。"恪尽职守，勤勉尽责是律师应当严格遵守的基本准则，它要求律师在职业活动中严

---

① 案例来源：《律师忘记出庭被罚停业4个月》，110法律咨询网，http://www.110.com/falv/lvshifa/lvshidongtai/2010/0721/150185.html，2017年3月23日访问。

格履行自己的职责,对工作应有积极、认真负责的精神和对事业勤勉努力、孜孜以求的态度。

爱岗位、尽职责,是做好一切工作的基本前提,是个人对社会责任的一种认识和体验,是由发自内心深处的事业心所驱使,自觉自愿去履行对社会、对他人的责任。托尔斯泰说过:"一个人要是没有热情,他将一事无成,而热情的基点正是责任心。"也就是说,一个人的责任心强了,他就会一丝不苟、恪尽职守;相反呢,就会弄虚作假、玩忽职守。当律师接受委托人的代理后,意味着律师应当对委托人负责,积极维护委托人的利益,这也是对律师恪尽职守、勤勉尽责的具体要求,是衡量律师工作标准之一。反之,就是律师对委托人的不负责,是违反职业伦理的。

执业律师代理仲裁或者诉讼案件,向有关部门提交证据、参加庭审是其基本职责与义务,代理律师一方面要意识到勤勉尽责义务的存在,另一方面也要养成良好的执业工作习惯,避免非因主观因素(如记错开庭时间等)导致的失误。

案例(一)(二)的两名律师在接受委托人的委托后,并未做到恪尽职守,帮助委托人完成委托事务,将委托人的开庭事项遗忘,这严重违反了律师恪尽职守、勤勉尽责的职业伦理。律师行业的职业伦理要求律师不仅忠于自己的本职工作,而且要求律师的工作态度积极、认真负责,维护委托人的利益,而有效维护委托人的利益最直接的方式就是出庭为委托人进行代理。在两个案例中,一个是未按时出庭,一个是将委托人的代理遗忘,虽然形式上不同,但都是未恪尽职守、勤勉尽责的表现。两个律师的行为不仅损害了委托人的合法权益,同时还给律师行业造成不良影响,这在一定程度上不利于律师及律师行业的发展,因此有必要对这类行为给予惩罚。

第三节 律师职业责任

▶【典型案例】(一) > > >

律师罗某为当事人传递信息案。[1]

---

① 案例来源:《律师忘记出庭被罚停业4个月》,110法律咨询网,http://www.110.com/falv/lvshifa/lvshidongtai/2010/0721/150185.html,2017年3月23日访问。

▶【基本案情】> > >

2005年7月,律师罗某在四川崇州看守所会见犯罪嫌疑人鄢某期间,受人之托,将与鄢同监舍的另一犯罪嫌疑人之妹吴某带进会见室,致使鄢、吴二人相互传递纸条,被看守人员和到所办案的侦查人员当场查获。2006年2月,省司法厅决定给予罗某停止执业的行政处罚。

▶【典型案例】(二) > > >

律师盛某违规告知委托人他人犯罪事实案。[①]

▶【基本案情】> > >

山东省菏泽市牡丹区人民检察院指控,被告人盛某在担任刘某某受贿一案的辩护人期间,受刘某某妻子孙某某及其兄刘某的指使,与原单县人民检察院公诉科负责人黄某某(已判刑),在明知刘某某无法定从轻、减轻处罚情节的情况下,为使刘某某得到从轻处罚,在会见刘某某时,将刘某某事先不知情的周某某的主要犯罪事实告诉刘某某,安排刘某某书写举报信,并按照黄某某的要求出具调取证据申请书。刘某某案开庭时,公诉机关当庭出示了刘某某的立功证明材料,致使单县人民法院在对刘某某量刑时认定其有立功情节,作出一审减轻处罚的判决。

山东省菏泽市牡丹区人民法院认为:被告人盛某身为国家机关工作人员,伙同司法人员徇私枉法,严重影响国家司法机关的正常活动,其行为已构成徇私枉法罪,公诉机关指控罪名成立;被告人盛某犯罪以后自动投案,如实供述自己的罪行,是自首,依法可从轻处罚;被告人盛某在共同犯罪中作用相对较小,可酌情从轻处罚。依照《中华人民共和国刑法》第399条第1款、第67条第1款之规定,判决如下:被告人盛某犯徇私枉法罪,免予刑事处罚。

▶【律师职业责任知识】> > >

上述案例涉及律师职业责任问题,主要了解律师职业责任的概念、内容、责任追究形式等方面。

---

① 案例来源:《山东省菏泽市牡丹区人民法院刑事判决书》,(2014)菏牡刑初字第246号,汇法网,http://www.lawxp.com/case/c5426653.html,2017年3月23日访问。

▶【学理分析】> > >

律师制度和律师是社会主义法治的重要组成部分，应当为构建社会主义法治社会发挥积极作用。最高人民法院原院长肖扬也曾说，律师是法治国家维护社会正义的重要力量，是法律职业共同体的重要成员。目前，在我国律师是法律服务工作者，因此要求律师在执业活动中应当把各种利益放在恰当位置上，这是社会发展对律师的要求与挑战。

一、律师职业责任的概念和内容

（一）律师职业责任的概念

律师职业责任，是指律师违反了职业伦理规范进而违反了法律法规、行业规范等所应承受的不利后果。对于律师而言，他们的权利来源于宪法和法律，律师执业也必须遵守宪法和法律，宪法和法律禁止律师滥用权利，损害国家、社会、委托人的利益，一旦律师的行为超出法律的界限就应当受到法律的制裁。另一方面，律师职业责任也具有维护律师行业正常秩序、规范律师执业行为、维护委托人利益的作用。

（二）律师职业责任的内容

简单来说，律师职业责任就是律师在执业活动中接受委托人的各种委托并积极维护委托人的合法利益，例如民事、刑事、行政等方面的委托，但是为了避免律师在委托中损害委托人的利益，根据不同的委托对律师的责任进行不同的责任追究。对于律师职业责任的认定也因为违反法律、行业规范的不同，分别有刑法、律师法、司法行政部门及律师协会对其进行处罚。

二、律师职业责任追究形式

律师职业责任追究形式包括律师的纪律责任和法律责任，而法律责任又根据适用法律的类型，分为行政责任、民事责任、刑事责任。

（一）律师的纪律处分

律师的纪律处分，是由律师协会对律师和律师事务所违反律师执业规范的行为所作的执业处分。这种处分方式是律师协会对其会员的一种处罚方式，这对于律师协会维护律师行业的执业秩序，保障律师合法执业具有重要意义。

1. 律师纪律处分的种类和适用条件

（1）律师纪律处分的种类

一般而言，律师协会对于律师纪律处分的种类主要有以下几种：训诫、警告、通报批评、公开谴责、中止会员权利一个月以上一年以下、取消会员资格。

训诫是一种警示性的纪律处分措施,是最轻微的惩戒方式,适用于会员初次因过失违规或者违规情节显著轻微的情形。训诫采取口头或者书面方式实施。采取口头训诫的,应当制作笔录存档。

警告,是一种较轻的纪律处分措施,适用于会员的行为已经构成了违规,但情节较轻,应当予以及时纠正和警示的情形。

通报批评、公开谴责适用于会员故意违规、违规情节严重,或者经警告、训诫后再次违规的行为。

中止会员权利一个月以上一年以下,是指在会员权利中止期间,暂停会员享有律师协会章程规定的全部会员权利,但并不免除该会员的义务。

除口头训诫外,其他处分均须作出书面决定。

(2)律师纪律处分的适用条件

《律师协会会员违规行为处分规则(试行)》第四章违规行为与处分的适用明确规定了对律师的纪律处分的适用条件为:利益冲突行为、代理不尽责行为、泄露秘密或者隐私的行为、违规收案、收费的行为、不正当竞争行为、妨碍司法公正的行为、以不正当方式影响依法办理案件的行为、违反司法行政管理或者行业管理的行为、其他应处分的违规行为。

第一,关于利益冲突行为主要有直接利益冲突和间接利益冲突。

直接利益冲突主要包括:律师在同一案件中为双方当事人担任代理人,或代理与本人或者其近亲属有利益冲突的法律事务的;律师办理诉讼或者非诉讼业务,其近亲属是对方当事人的法定代表人或者代理人的;曾经亲自处理或者审理过某一事项或者案件的行政机关工作人员、审判人员、检察人员、仲裁员,成为律师后又办理该事项或者案件的;同一律师事务所的不同律师同时担任同一刑事案件的被害人的代理人和犯罪嫌疑人、被告人的辩护人,但在该县区域内只有一家律师事务所且事先征得当事人同意的除外;在民事诉讼、行政诉讼、仲裁案件中,同一律师事务所的不同律师同时担任争议双方当事人的代理人,或者本所或其工作人员为一方当事人,本所其他律师担任对方当事人的代理人的;在非诉讼业务中,除各方当事人共同委托外,同一律师事务所的律师同时担任彼此有利害关系的各方当事人的代理人的;在委托关系终止后,同一律师事务所或同一律师在同一案件后续审理或者处理中又接受对方当事人委托的;担任法律顾问期间，为顾问单位的对方当事人或者有利益冲突的当事人代理、辩护的；曾经担任法官、检察官的律师从人民法院、人民检察院离任后，两年内以律师身份担任诉讼代理人或者辩护人；担任所在律师事务所其他律师任仲裁员的仲裁案件代理人的；其他依据律师执业经验和行业常识能够判断为应当主动回避且不得办理的利益冲突情形。

间接利益冲突主要包括：未征得各方委托人的同意而接受民事诉讼、仲裁案件一方当事人的委托，而同所的其他律师是该案件中对方当事人的近亲属的；担任刑事案件犯罪嫌疑人、被告人的辩护人，而同所的其他律师是该案件被害人的近亲属的；同一律师事务所接受正在代理的诉讼案件或者非诉讼业务当事人的对方当事人所委托的其他法律业务的；律师事务所与委托人存在法律服务关系，在某一诉讼或仲裁案件中该委托人未要求该律师事务所律师担任其代理人，而该律师事务所律师担任该委托人对方当事人的代理人的；在委托关系终止后一年内，律师又就同一法律事务接受与原委托人有利害关系的对方当事人的委托的等。

第二，关于代理不尽责行为。

包括《律师协会会员违规行为处分规则（试行）》第22—23条内容。

第22条规定了提供法律服务不尽责的行为：超越委托权限，从事代理活动的；接受委托后，无正当理由，不向委托人提供约定的法律服务的，拒绝辩护或者代理的，包括：不及时调查了解案情，不及时收集、申请保全证据材料，或者无故延误参与诉讼、申请执行，逾期行使撤销权、异议权等权利，或者逾期申请办理批准、登记、变更、披露、备案、公告等手续，给委托人造成损失的；无正当理由拒绝接受律师事务所或者法律援助机构指派的法律援助案件的，或者接受指派后，拖延、懈怠履行或者擅自停止履行法律援助职责的，或者接受指派后，未经律师事务所或者法律援助机构同意，擅自将法律援助案件转交其他人员办理的；因过错导致出具的法律意见书存在重大遗漏或者错误，给当事人或者第三人造成重大损失的，或者对社会公共利益造成危害的。

第23条规定了利用提供法律服务便利的代理不尽责的行为：利用提供法律服务的便利牟取当事人利益；接受委托后，故意损害委托人利益的；接受对方当事人的财物及其他利益，与对方当事人、第三人恶意串通，向对方当事人、第三人提供不利于委托人的信息、证据材料，侵害委托人的权益；为阻挠当事人解除委托关系，威胁、恐吓当事人或者扣留当事人提供的材料的。

第三，关于泄露秘密或者隐私的行为。

包括《律师协会会员违规行为处分规则（试行）》第24—26条的内容。具体是指：泄露当事人的商业秘密或者个人隐私、违反规定披露、散布不公开审理案件的信息、材料，或者本人、其他律师在办案过程中获悉的有关案件重要信息、证据材料的、泄露国家秘密的行为。

第四，违规收案、收费的行为。

包括《律师协会会员违规行为处分规则（试行）》第27—28条的内容。具体包括：不按规定与委托人签订书面委托合同的；不按规定统一接受委托、签订书面委托合同和收费合同，统一收取委托人支付的各项费用的，或者不按规定统一保管、使用律师服务专用文书、财务票据、业务档案的；私自接受委托，私自向委托人收取费用，或者收取规定、约定之外的费用或者财物的；违反律师服务收费管理规定或者收费协议约定，擅自提高收费的；执业期间以非律师身份从事有偿法律服务的；不向委托人开具律师服务收费合法票据，或者不向委托人提交办案费用开支有效凭证的；在实行政府指导价的业务领域违反规定标准收取费用，或者违反风险代理管理规定收取费用。假借法官、检察官、仲裁员以及其他工作人员的名义或者以联络、酬谢法官、检察官、仲裁员以及其他工作人员为由，向当事人索取财物或者其他利益的，给予公开谴责或者中止会员权利三个月以上六个月以下的纪律处分。

第五，关于不正当竞争行为。

包括《律师协会会员违规行为处分规则（试行）》第29—30条的内容。

以不正当手段争揽业务的行为有：为争揽业务，向委托人作虚假承诺的；向当事人明示或者暗示与办案机关、政府部门及其工作人员有特殊关系的；利用媒体、广告或者其他方式进行不真实或者不适当宣传的；以支付介绍费等不正当手段争揽业务的；在事前和事后为承办案件的法官、检察官、仲裁员牟取物质的或非物质的利益，为了争揽案件事前和事后给予有关人员物质的或非物质利益的；在司法机关、监管场所周边违规设立办公场所、散发广告、举牌等不正当手段争揽业务的。

其他的不正当竞争行为有：捏造、散布虚假事实，损害、诋毁其他律师、律师事务所声誉的；哄骗、唆使当事人提起诉讼，制造、扩大矛盾，影响社会稳定的；利用与司法机关、行政机关或其他具有社会管理职能组织的关系，进行不正当竞争的。

第六，关于妨碍司法公正的行为。

包括《律师协会会员违规行为处分规则（试行）》第31—33条的内容。具体包括：承办案件期间，为了不正当目的，在非工作期间、非工作场所，会见承办法官、检察官、仲裁员或者其他有关工作人员，或者违反规定单方面会见法官、检察官、仲裁员的；利用与法官、检察官、仲裁员以及其他有关工作人员的特殊关系，打探办案机关内部对案件的办理意见，承办其介绍的案件，影响依法办理案件的；向法官、检察官、仲裁员及其他有关工作人员行贿，许诺提供利益、介绍贿赂或者指使、诱导当事人行贿的。

第七，关于以不正当方式影响依法办理案件的行为。

包括《律师协会会员违规行为处分规则（试行）》第34—36条的内容。具体包括影响司法机关依法办理案件、不遵守法庭、仲裁庭纪律和监管场所规定、行政处理规则和故意向司法机关、仲裁机构或者行政机关提供虚假证据或者威胁、利诱他人提供虚假证据，妨碍对方当事人合法取得证据的行为。

其中，影响司法机关依法办理案件的行为有：未经当事人委托或者法律援助机构指派，以律师名义为当事人提供法律服务、介入案件，干扰依法办理案件的；对本人或者其他律师正在办理的案件进行歪曲、有误导性的宣传和评论，恶意炒作案件的；以串联组团、联署签名、发表公开信、组织网上聚集、声援等方式或者借个案研讨之名，制造舆论压力，攻击、诋毁司法机关和司法制度的；煽动、教唆和组织当事人或者其他人员到司法机关或者其他国家机关静坐、举牌、打横幅、喊口号、声援、围观等扰乱公共秩序、危害公共安全的非法手段，聚众滋事，制造影响，向有关机关施加压力的；发表、散布否定宪法确立的根本政治制度、基本原则和危害国家安全的言论，利用网络、媒体挑动对党和政府的不满，发起、参与危害国家安全的组织或者支持、参与、实施危害国家安全的活动的；以歪曲事实真相、明显违背社会公序良俗等方式，发表恶意诽谤他人的言论，或者发表严重扰乱法庭秩序的言论的。

不遵守法庭、仲裁庭纪律和监管场所规定、行政处理规则的行为有：会见在押犯罪嫌疑人、被告人时，违反有关规定，携带犯罪嫌疑人、被告人的近亲属或者其他利害关系人会见，将通讯工具提供给在押犯罪嫌疑人、被告人使用，或者传递物品、文件；无正当理由，拒不按照人民法院通知出庭参与诉讼，或者违反法庭规则，擅自退庭；聚众哄闹、冲击法庭，侮辱、诽谤、威胁、殴打司法工作人员或者诉讼参与人，否定国家认定的邪教组织的性质，或者有其他严重扰乱法庭秩序的行为。

第八,关于违反司法行政管理或者行业管理的行为。

包括《律师协会会员违规行为处分规则(试行)》第37—40条的内容。具体有:同时在两个律师事务所以上执业的或同时在律师事务所和其他法律服务机构执业的行为;不服从司法行政管理或者行业管理的行为;律师事务所疏于管理的行为及律师事务所的其他行为。

其中,不服从司法行政管理或者行业管理的行为包括:向司法行政机关或者律师协会提供虚假材料、隐瞒重要事实或者有其他弄虚作假行为的;在受到停止执业处罚期间,或者在律师事务所被停业整顿、注销后继续执业的;因违纪行为受到行业处分后在规定的期限内拒不改正的。

律师事务所疏于管理的行为有:不按规定建立健全执业管理和其他各项内部管理制度,规范本所律师执业行为,履行监管职责,对本所律师遵守法律、法规、规章及行业规范,遵守职业道德和执业纪律的情况不予监督,发现问题未及时纠正的;聘用律师或者其他工作人员,不按规定与应聘者签订聘用合同,不为其办理社会统筹保险的;不依法纳税的;受到停业整顿处罚后拒不改正,或者在停业整顿期间继续执业的;允许或者默许受到停止执业处罚的本所律师继续执业的;未经批准,擅自在住所以外的地方设立办公点、接待室,或者擅自设立分支机构的;恶意逃避律师事务所及其分支机构债务的;律师事务所无正当理由拒绝接受法律援助机构指派的法律援助案件;或者接受指派后,不按规定及时安排本所律师承办法律援助案件或者拒绝为法律援助案件的办理提供条件和便利的;允许或者默许本所律师为承办案件的法官、检察官、仲裁员牟取物质的或非物质的利益的;允许或者默许给予有关人员物质的或非物质利益的。

律师事务所的其他行为有:使用未经核定的律师事务所名称从事活动,或者擅自改变、出借律师事务所名称的;变更名称、章程、负责人、合伙人、住所、合伙人协议等事项,未在规定的时间内办理变更登记的;采取不正当手段阻挠合伙人、合作人、律师退所的;将不符合规定条件的人员发展为合伙人或者推选为律师事务所负责人的;以独资、与他人合资或者委托持股方式兴办企业,并委派律师担任企业法定代表人、总经理职务,或者从事与法律服务无关的中介服务和其他经营性活动的;采用出具或者提供律师事务所介绍信、律师服务专用文书、收费票据等方式,为尚未取得律师执业证书的人员或者其他律师事务所的律师违法执业提供便利的;为未取得律师执业证的人员印制律师名片、标志或者出具其他有关律师身份证明，或者已知本所人员有上述行为而不制止的。

第九，关于其他应处分的违规行为。

包括《律师协会会员违规行为处分规则（试行）》第41—42条的内容。具体为：有其他违反法律、法规、规章和行业规范的行为；律师事务所放任、怂恿或者指使律师从事违法违规行为的，与违法违规律师一并予以相应的处分。

2. 律师纪律处分的实施机构

律师纪律处分的实施机构是惩戒委员会，按照《律师协会会员违规行为处分规则（试行）》第二章惩戒委员会第9条规定："各省、自治区、直辖市律师协会及设区的市律师协会设立惩戒委员会，负责对违规会员进行处分。"惩戒委员会由具有8年以上执业经历和相关工作经验，或者具有律师行业管理经验，熟悉律师行业情况的人员组成。

对于会员涉嫌违规案件的调查和纪律处分的管辖问题，一般是会员所属的律师协会。《律师协会会员违规行为处分规则（试行）》第10条第1款规定："对会员涉嫌违规案件的调查和纪律处分，由涉嫌违规行为发生时该会员所属律师协会管辖；被调查的会员执业所在的行政区域未设立律师协会的，由该区域所属省、自治区、直辖市律师协会管辖。"对于特殊情况在按照《律师协会会员违规行为处分规则（试行）》第11条规定："地方律师协会之间因管辖权发生争议的，由争议双方协商解决；协商不成的，报请共同的上一级律师协会指定管辖。有管辖权的律师协会作出的纪律处分决定生效时，被处分的会员已加入其他地方律师协会的，纪律处分由现执业所在地的律师协会执行。"被调查的会员在涉嫌违规行为发生后，加入其他地方律师协会的，该地方律师协会应当协助其原属律师协会进行调查。违规行为持续期间，被调查的会员先后加入两个以上地方律师协会的，所涉及律师协会均有调查和纪律处分的管辖权，由最先立案的律师协会行使管辖权。

当律师协会对违规律师进行处分后，受处分的律师可能会对处分进行申诉，《律师协会会员违规行为处分规则（试行）》规定了复查的机构复查委员会：各省、自治区、直辖市律师协会应设立会员处分复查委员会，负责受理复查申请和作出复查决定（第74条）。并对复查的时限、条件等作出了详细的规定。

（二）律师的法律责任

律师的法律责任根据律师违反的法律类型分为刑事责任、民事责任、行政责任。

1. 律师的刑事责任

律师的刑事法律责任，简单来说就是律师实施了刑事法律禁止的行为所需要承担的法律后果。一般而言，界定律师的刑事法律责任需要注意律师的违法行为是否存在于执业活动中，要区别对待律师的个人犯罪和职务犯罪。律师的个人犯罪应当是与执业活动无关的犯罪行为，而律师的职务犯罪则是在执业活动中，利用职务的便利实施的犯罪行为，例如向法官、检察官行贿。与其他两种法律责任相比，律师的刑事法律责任处罚最重，也最严厉。但是得满足律师的执业行为严重危害社会并且触犯刑法，应当受到刑法处罚时，才承担此责任。

《律师法》第 49 条规定："律师有下列行为之一的，……情节严重的，由省、自治区、直辖市人民政府司法行政部门吊销其律师执业证书；构成犯罪的，依法追究刑事责任：(一)违反规定会见法官、检察官、仲裁员以及其他有关工作人员，或者以其他不正当方式影响依法办理案件的；(二)向法官、检察官、仲裁员以及其他有关工作人员行贿，介绍贿赂或者指使、诱导当事人行贿的；(三)向司法行政部门提供虚假材料或者有其他弄虚作假行为的；(四)故意提供虚假证据或者威胁、利诱他人提供虚假证据，妨碍对方当事人合法取得证据的；(五)接受对方当事人财物或者其他利益，与对方当事人或者第三人恶意串通，侵害委托人权益的；(六)扰乱法庭、仲裁庭秩序，干扰诉讼、仲裁活动的正常进行的；(七)煽动、教唆当事人采取扰乱公共秩序、危害公共安全等非法手段解决争议的；(八)发表危害国家安全、恶意诽谤他人、严重扰乱法庭秩序的言论的；(九)泄露国家秘密的。律师因故意犯罪受到刑事处罚的，由省、自治区、直辖市人民政府司法行政部门吊销其律师执业证书。"由此可知，律师在执业活动中可能构成的犯罪主要有以下几种：

(1)行贿罪。根据刑法第 389 条第 1 款的规定，为谋取不正当利益，给予国家工作人员以财物的，是行贿罪。第 390 条规定，对犯行贿罪的，处 5 年以下有期徒刑或者拘役，并处罚金；因行贿谋取不正当利益，情节严重的，或者使国家利益遭受重大损失的，处 5 年以上 10 年以下有期徒刑，并处罚金；情节特别严重的，或者使国家利益遭受特别重大损失的，处 10 年以上有期徒刑或者无期徒刑，并处罚金或者没收财产。行贿人在被追诉前主动交待行贿行为的，可以从轻或者减轻处罚。其中，犯罪较轻的，对侦破重大案件起关键作用的，或者有重大立功表现的，可以减轻或者免除处罚。

(2)介绍贿赂罪。根据刑法第 392 条第 1 款的规定，向国家工作人员介绍贿赂，情节严重的，处 3 年以下有期徒刑或者拘役。

(3)毁灭、伪造证据罪。根据刑法第 306 条第 1 款的规定，在刑事诉讼中，辩护人、诉讼代理人毁灭、伪造证据，帮助当事人毁灭、伪造证据，威胁、引诱证人违背事实改变证言或者作伪证的，处 3 年以下有期徒刑或者拘役；情节严重的，处 3 年以上 7 年以下有期徒刑。

(4)提供虚假证明文件罪、出具证明文件重大失实罪。根据刑法第 229 条第 1、2 款的规定，承担资产评估、验资、验证、会计、审计、法律服务等职责的中介组织的人员故意提供虚假证明文件，情节严重的，处 5 年以下有期徒刑或者拘役，并处罚金。前款规定的人员，严重不负责任，出具的证明文件有重大失实，造成严重后果的，处 3 年以下有期徒刑或者拘役，并处或者单处罚金。

(5)扰乱法庭秩序罪。根据刑法第 309 条的规定，有下列扰乱法庭秩序情形之一的，处 3 年以下有期徒刑、拘役、管制或者罚金：①聚众哄闹、冲击法庭的；②殴打司法工作人员或者诉讼参与人的；③侮辱、诽谤、威胁司法工作人员或者诉讼参与人，不听法庭制止，严重扰乱法庭秩序的；④有毁坏法庭设施，抢夺、损毁诉讼文书、证据等扰乱法庭秩序行为，情节严重的。

(6)泄露国家秘密罪。根据刑法第 398 条第 1 款的规定，国家机关工作人员违反保守国家秘密法的规定，故意或者过失泄露国家秘密，情节严重的，处 3 年以下有期徒刑或者拘役；情节特别严重的，处 3 年以上 7 年以下有期徒刑。非国家机关工作人员犯前款罪的，依照前款的规定酌情处罚。

2. 律师的民事责任

律师的民事责任指的是律师在执业过程中，因违法执业或者因过错给当事人的合法权益造成损害所应承担的民事赔偿责任。这类责任主要有违反先合同义务的缔约过失责任、违反合同义务的违约责任、违反后合同义务及一些违约行为符合侵权责任构成要件的侵权责任。

(1)律师民事责任的构成要件

第一，存在不法行为。即律师的执业行为导致委托人或其他人的合法权益遭到损害，损害行为可以是作为，也可以是不作为。

第二，存在损害事实。可以表现为现实利益的损失，又可以是未来利益的损失；可以是直接或间接产生的损失；也可以是精神损失。

第三，律师在主观上存在过错。即律师实施的执业行为导致损害事实的存在，是明知自己的行为会发生损害结果而希望发生的主观故意或者应当预见自己的行为可能会发生损害结果的放任过失。

第四,律师的侵害行为与损害结果存在因果关系。

(2)律师民事责任承担主体

根据律师法第 54 条规定,律师违法执业或者因过错给当事人造成损失的,由其所在的律师事务所承担赔偿责任。律师事务所赔偿后,可以向有故意或者重大过失行为的律师追偿。律师和律师事务所不得免除或者限制因违法执业或者因过错给当事人造成损失所应当承担的民事责任。

3. 律师的行政责任

律师行政责任指的是司法行政机关对于律师的违法行为所作出的行政处罚。

(1)行政责任的处罚种类

根据律师法和《律师和律师事务所违法行为处罚办法》的有关规定,对于律师的行政处罚主要有以下几类:

① 警告。主要适用于情节轻微的行政违法行为,给予违法律师告诫,使其认识行为的错误性。

② 罚款。

③ 没收违法所得。

④ 停止执业。适用于情节严重的行政违法行为,在特定的时间期限内律师不得进行执业活动,一般处罚的期限分为 3 个月以上 1 年以下。在处罚期限内,司法行政机关有权收回律师的执业资格证,在处罚期满后返还。

⑤ 吊销执业证书。这是最严厉的一种行政处罚。吊销执业证书意味着律师没有了职业资格证,不得再从事律师工作。一旦律师的行为达到此处罚标准,其职业资格证由司法行政机关收回并予以注销。

(2)适用行政处罚的情形

律师法第 47 条至第 49 条详细规定了对律师违法行为的处罚情形,同时司法部《律师和律师事务所违法行为处罚办法》第二章"律师应予处罚的违法行为"第 5—22 条依据律师法具体列举了律师违法情形。

根据律师法第 47 条规定,律师有下列行为之一的,由设区的市级或者直辖市的区人民政府司法行政部门给予警告,可以处 5000 元以下的罚款;有违法所得的,没收违法所得;情节严重的,给予停止执业 3 个月以下的处罚:

① 同时在两个以上律师事务所执业的;

② 以不正当手段承揽业务的；

③ 在同一案件中为双方当事人担任代理人，或者代理与本人及其近亲属有利益冲突的法律事务的；

④ 从人民法院、人民检察院离任后 2 年内担任诉讼代理人或者辩护人的；

⑤ 拒绝履行法律援助义务的。

根据律师法第 48 条规定，律师有下列行为之一的，由设区的市级或者直辖市的区人民政府司法行政部门给予警告，可以处 1 万元以下的罚款；有违法所得的，没收违法所得；情节严重的，给予停止执业 3 个月以上 6 个月以下的处罚：

① 私自接受委托、收取费用，接受委托人财物或者其他利益的；

② 接受委托后，无正当理由，拒绝辩护或者代理，不按时出庭参加诉讼或者仲裁的；

③ 利用提供法律服务的便利牟取当事人争议的权益的；

④ 泄露商业秘密或者个人隐私的。

律师法第 49 条规定："律师有下列行为之一的，由设区的市级或者直辖市的区人民政府司法行政部门给予停止执业六个月以上一年以下的处罚，可以处五万元以下的罚款；有违法所得的，没收违法所得；情节严重的，由省、自治区、直辖市人民政府司法行政部门吊销其律师执业证书；构成犯罪的，依法追究刑事责任：

（一）违反规定会见法官、检察官、仲裁员以及其他有关工作人员，或者以其他不正当方式影响依法办理案件的；

（二）向法官、检察官、仲裁员以及其他有关工作人员行贿，介绍贿赂或者指使、诱导当事人行贿的；

（三）向司法行政部门提供虚假材料或者有其他弄虚作假行为的；

（四）故意提供虚假证据或者威胁、利诱他人提供虚假证据，妨碍对方当事人合法取得证据的；

（五）接受对方当事人财物或者其他利益，与对方当事人或者第三人恶意串通，侵害委托人权益的；

（六）扰乱法庭、仲裁庭秩序，干扰诉讼、仲裁活动正常进行的；

（七）煽动、教唆当事人采取扰乱公共秩序、危害公共安全等非法手段解决争议的；

（八）发表危害国家安全、恶意诽谤他人、严重扰乱法庭秩序的言论的；

（九）泄露国家秘密的。

律师因故意犯罪受到刑事处罚的，由省、自治区、直辖市人民政府司法行政部门吊销其律师执业证书。”

（3）处罚机关

律师、律师事务所有违法执业行为的，由司法行政机关予以处罚。司法行政机关对律师事务所的违法行为给予警告、罚款、没收违法所得、停业整顿处罚的，由律师事务所所在地的设区的市级或者直辖市区（县）司法行政机关实施；给予吊销执业许可证书处罚的，由许可该律师事务所设立的省、自治区、直辖市司法行政机关实施。律师、律师事务所对司法行政机关给予的行政处罚享有陈述权、申辩权、要求听证权；对行政处罚决定不服的，有权依法申请行政复议或者提起行政诉讼；因司法行政机关违法给予行政处罚受到损害的，有权依法提出赔偿要求。

案例（一）中的罗某明知在会见在押犯罪嫌疑人期间，律师不能为当事人传递信息。例如帮当事人家属捎带物品的，帮助传递纸条的，借手机给当事犯罪嫌疑人“闲话家常”。但罗某仍然利用其职务的便利将另一嫌疑人亲属带入会见室，其行为已经违反了《律师职业道德和执业纪律规范》第 23 条规定：律师不得与犯罪嫌疑人、被告人的亲属或者其他人会见在押犯罪嫌疑人、被告人，或者借职务之便违反规定为被告人传递信件、钱物或与案情有关的信息。依据《律师协会会员违规行为处分规则（试行）》第 11 条第 23 项规定：“违反规定，携带非律师人员会见在押的犯罪嫌疑人、被告人或者在押犯，或者在会见中违反有关管理规定的；”由省、自治区、直辖市及设区的市律师协会给予训诫、通报批评、公开谴责。因此罗律师理所当然地承担律师的职业责任。

案例（二）中的盛某为了减轻刘某某的处罚，在会见时违规向刘某某提供他人的违法行为，故意用立功情节达到为刘某某减刑的目的。其行为妨碍了正常的司法秩序，同时因为盛某向刘某某提供虚假的举报致使司法机关依据有关规定错误地为刘某某减刑，妨害了司法公正。在这一案例中，盛某的行为不仅违反了《律师职业道德和执业纪律规范》第 23 条，同时违反了律师法第 40 条第 6 项“故意提供虚假证据或者威胁、利诱他人提供虚假证据，妨碍对方当事人合法取得证据”的规定。依据《律师和律师事务所违法行为处罚办法》第 32 条第 3 款规定：“律师有《律师法》第四十九条以及本办法第十四条至第二十二条规定的违法行为的，由司法行政机关给予停止执业六个月以上一年以下的处罚，可以处五万元以下的罚款；有违法所得的，没收违法所得；情节严重的，吊销其律师执业证书；构成犯罪的，依法追究刑事责任。”盛律师具体违反了《律师和律师事务所违法行为处罚办法》第17条：“有下列情形之一的，属于《律师法》第四十九条第四项规定的律师‘故意提供虚假证据或者威胁、利诱他人提供虚假证据，妨碍对方当事人合法取得证据的’违法行为：（一）故意向司法机关、行政机关或者仲裁机构提交虚假证据，或者指使、威胁、利诱他人提供虚假证据的；（二）指示或者帮助委托人或者他人伪造、隐匿、毁灭证据，指使或者帮助犯罪嫌疑人、被告人串供，威胁、利诱证人不作证或者作伪证的”规定，其行为最终受到法律的制裁。

▶【案例与问题讨论】＞＞＞

【案例】（一）

何律师从事商业经营案①

2002年12月，何律师申请从事专职律师执业。因申请专职律师执业必须辞去原单位工作，何律师向司法行政机关提交了深圳市同信圣业开发投资有限公司出具的已与何律师解除人事聘用关系的证明。2003年1月，经广东省司法厅核准，何律师取得专职律师执业证，在广东国欣律师事务所任聘用律师。2003年11月11日，何律师被深圳市同信圣业开发投资有限公司股东会任命为董事长，2003年11月20日，经深圳市工商局核准，何律师登记为深圳市同信圣业开发投资有限公司的法定代表人。在担任深圳市同信圣业开发投资有限公司董事长、法定代表人期间，何律师一直未向司法行政机关申请停止专职律师执业，且于2004年5月转所至广东欣惠律师事务所执业，参加了2004年度执业律师注册，注册有效期至2005年5月。

以上事实有深圳市同信圣业开发投资有限公司注册登记资料、深圳市同信圣业开发投资有限公司2003年11月11日股东会决议以及何律师申请领取律师执业证时提交的申请材料、转所申请材料和年检注册材料以及何律师本人

---

① 案例来源：《行政处罚决定书》，深司罚决字（2005）3号，深圳律师网，http://www.szlawyers.com/info/b0ae12c03ced4147f066caf7afc4c04d，2017年3月28日最后访问。

2004年12月9日的情况说明为证，足以认定。

深圳市司法局认为，何律师在从事专职律师执业的同时担任深圳市同信圣业开发投资有限公司董事长，从事商业经营的行为，违反了律师法第44条第11项、《合伙律师事务所管理办法》第5条规定，根据律师法第44条和《律师和律师事务所违法行为处罚办法》第8条，作出如下处罚决定：给予何律师警告的行政处罚。

【问题与讨论】

该案例中涉及律师的执业条件问题，分析一下律师在执业的同时，不得兼职经营性活动的理由。律师的执业条件还有哪些规定？

【案例】（二）

对张律师的行政处罚①

2012年9月11日，湖南中兴律师事务所张律师接受言某某的委托，担任其涉嫌贪污罪一案的一审辩护人。9月12日言某某涉嫌贪污罪一案首次开庭后，张律师要言某某联系证人。当日下午言某某将证人沈某君、言某忠约至株洲市白石岗附近三峡土菜馆，在该饭店内，张律师同时向沈某君、言某忠取证并且在未对沈某君、言某忠就关于言某某涉嫌贪污的资金情况进行调查核实的情形下，张律师以沈某君、言某忠的名义手写了两份证明，证明内容为：我证明2010年10月至2011年1月言某某为了招待办事处的领导打麻将所报销的人民币2.5万元现金和2011年1月言某忠、言某某送给周晋的人民币1万元现金，都是井龙村支两委研究决定的，是从征地拆迁指挥部拨给井龙村的工作经费中开支的。在沈某君、言某忠表示并不知情上述证明内容的情况下，经言某某劝说，证人沈某君、言某忠在上述证明中签了字，次日这两份证明被交给石峰区人民法院。2012年12月18日，石峰区人民法院作出一审判决，认定上述证明是虚假证据，不予采信，判决言某某犯职务侵占罪，判处有期徒刑1年零2个月，株洲市中级人民法院二审维持原判。

以上事实，有醴陵市人民检察院不起诉决定书（醴检刑不诉〔2013〕36号）、

① 案例来源：《行政处罚决定书》，株司罚决字（2013）第1号，湖南司法行政网，http://sft.hunan.gov.cn/xxgk_71079/tzgg/201702/t20170227_4022438.html，2017年3月23日访问。

石峰区人民法院刑事判决书(〔2012〕株石法刑初字第100号)、株洲市中级人民法院刑事裁定书(〔2013〕株中法刑二终字第20号)、石峰区人民法院审理张律师涉嫌辩护人伪造证据、妨害作证罪一案(〔2013〕株石法刑初字第23号)开庭笔录、张律师向石峰区人民法院提供的证明、株洲市公安局石峰区分局对张律师和沈某君、言某忠分别制作的讯问笔录和询问笔录、湖南中兴律师事务所提交的《关于我所张律师承办言某某贪污案的汇报材料》、张律师的陈述等证据予以证实。

株洲市司法局认为,张律师在承办言某某涉嫌贪污罪一案的办案过程中,故意提供虚假证据,应当依照《中华人民共和国律师法》第49条第(4)项之规定,给予行政处罚,经会议研究决定:给予张律师停止执业12个月的行政处罚,并处罚款人民币10000元。

【问题与讨论】

1. 该案中的株洲市司法局给予张律师停止执业12个月,并处罚款人民币10000元的行政处罚,属于行政责任,除此之外张律师还应当承担哪些职业责任?分析理由。

2. 分析律师职业道德的基本准则有哪些?

CHAPTER 4

第四章

律师与委托人关系规则

第一节　律师保密规则

▶【典型案例】(一) > > >

周某某等人不当披露案情案。[①]

▶【基本案情】> > >

2013年2月19日,北京警方接报,2月17日晚,某女在海淀区某酒吧内与李某某(部分当事人为未成年)等人饮酒后,被带至某宾馆内被轮奸。2013年2月20日李某某等被刑事拘留。后北京市海淀区人民法院不公开审理了此案,在一审中李某某当庭否认与被害人发生性关系,其律师也坚持无罪辩护。2013年9月26日,海淀区人民法院以强奸罪判处李某某有期徒刑十年。李某某及其法定代理人和同案被告人王某提出上诉。11月27日,北京市第一中级人民法院终审宣判,驳回上诉,维持原判。

2013年10月7日至8日,凯泰律师事务所与王某亲属签订律师聘请合同,并指派周某某担任李某某等人强奸一案中被告人王某的二审辩护人。2013年10月31日,北京市一中院二审开庭不公开审理李某某等人强奸案。自2013年9月5日起,周某某陆续在其微博、博客上发布了案件当事人的通信内容、会见笔录、侦查卷中警方拍摄的现场图片、律师的现场勘验报告,并以文字形式披露

① 案件来源:《李某某等五人强奸案》,2013中国十大法治案例,正义网,http://www.jcrb.com/xzt-pd/2014zt/201402/2013fzpg/2012fzal/201402/t20140210_1318776.html,2017年3月25日访问;《李某某案一律师自曝被处分》,京华网,http://epaper.jinghua.cn/html/2014-01/21/content_58673.htm,2017年3月25日访问。

了有关案件情况、有关辩护人的辩护内容及有关鉴定结论,对案件现场视频进行了描述。周某某在宣判后情绪激动,“拒不接受审判长的规劝”,离开法院后主动“向聚集在法院外面的人”介绍庭审情况等。后经决定,给予周某某公开谴责的行业纪律处分,并建议司法行政机关给予相应的行政处罚。2014 年 1 月 20 日,李某某等人强奸案同案犯王某的律师周某某等涉嫌违反律师执业规范、不当披露案情,被北京市律协给予“公开谴责”处分。

▶【典型案例】(二) > > >

快乐湖陈尸案。①

▶【基本案情】> > >

1973 年夏季,美国纽约,一位名叫苏珊·波兹(Susan Petz)的年轻女郎在露营时突然失踪。不久,一个 38 岁名叫罗伯特·格鲁(Robert Garrow)的机械师被捕,他被指控谋杀了一名叫菲力普·敦布普斯基(Philip Donblewdki)的年轻人,此人的死亡时间与女郎失踪时间大致相同。法院指定了富兰克·阿迈尼(Frank Armani)及法兰西斯·贝尔格(Francis Belge)充当罗伯特的辩护律师。警方怀疑罗伯特·格鲁与谋杀、失踪案均有关,但苦于无证据。当苏珊的父亲与两位律师见面,试图查明女儿下落时,律师对此只字不提。事实上,他们在与罗伯特秘密交谈时,罗伯特已向他们坦白了自己两次作案的详情:在奸杀了苏珊后,他把尸体丢进了一个废弃的矿坑口里。带着当事人画的地图,两位律师很快找到了那个坑口,并拍了尸体照片,他们为当事人保守了案件的秘密,没有向任何人提起。直到罗伯特最终在法庭上证实了这件未提起指控的谋杀案后,这两名律师才公开承认他们早已知道该情况并知道抛尸地点。经过媒体报道后引起轩然大波的并不是罗伯特的残忍,而是两名辩护律师为罗伯特的隐瞒行为。民众认为律师的行为严重背离了其所承担的社会责任,应当受到法律的制裁。媒体不认同他们的行为并进行了强烈的谴责,公众唾骂他们这种隐瞒真相的行为,指责他们从“正义的追求者”沦为了“职业枪手”,并对该案律师提出指控,律师们甚至受到过死亡威胁,迫使一名律师放弃了律师职业。在法律学界看来,两名律师的行为是积极维护当事人权益的,初审法院的法官撤销了对于

① 案件来源:《快乐湖尸案中的英雄》,三亿文库,http://3y.uu456.com/bp_9jfot000ea0a6ri16zq2_1.html,2017 年 3 月 22 日访问。

两名律师的指控。2006 年纽约州奥内达加县律师协会向其中一名律师颁发了卓越律师奖。

▶【律师保密规则知识】>>>

这两起案件涉及律师的保密义务。应当了解律师保密义务的理论基础，律师保密义务的规范等。

▶【学理分析】>>>

什么是律师保密义务？它指的是律师在执业活动中无故不得泄露所知晓的国家秘密、商业秘密和当事人的私人信息。

一、律师保密规则的现行规定

我国律师职业秘密规则的现行渊源主要有：

一是诉讼法的渊源。如《中华人民共和国行政诉讼法》第 32 条第 1 款规定："代理诉讼的律师，有权按照规定查阅、复制本案有关材料，有权向有关组织和公民调查，收集与本案有关的证据。对涉及国家秘密、商业秘密和个人隐私的材料，应当依照法律规定保密。"刑事诉讼法第 48 条规定："辩护律师对在执业活动中知悉的委托人的有关情况和信息，有权予以保密。但是，辩护律师在执业活动中知悉委托人或者其他人，准备或者正在实施危害国家安全、公共安全以及严重危害他人人身安全的犯罪的，应当及时告知司法机关。"

二是律师法上的渊源。律师法第 38 条规定："律师应当保守在执业活动中知悉的国家秘密、商业秘密，不得泄露当事人的隐私。律师对在执业活动中知悉的委托人和其他人不愿泄露的有关情况和信息，应当予以保密。但是，委托人或者其他人准备或者正在实施危害国家安全、公共安全以及严重危害他人人身安全的犯罪事实和信息除外。"根据第 49 条第 1 款第 9 项规定，泄露国家秘密的，由设区的市级或者直辖市的区人民政府司法行政部门给予停止执业 6 个月以上 1 年以下的处罚，可以处 5 万元以下的罚款；有违法所得的，没收违法所得；情节严重的，由省、自治区、直辖市人民政府司法行政部门吊销其律师执业证书；构成犯罪的，依法追究刑事责任。根据第 48 条第 4 项规定，泄露商业秘密或者个人隐私的，由设区的市级或者直辖市的区人民政府司法行政部门给予警告，可以处 1 万元以下的罚款；有违法所得的，没收违法所得；情节严重的，给予停止执业 3 个月以上 6 个月以下的处罚。

三是《律师执业管理办法》的渊源。《律师执业管理办法》第 43 条规定:“律师应当保守在执业活动中知悉的国家秘密、商业秘密,不得泄露当事人和其他人的个人隐私。律师对在执业活动中知悉的委托人和其他人不愿泄露的有关情况和信息,应当予以保密。但是,委托人或者其他人准备或者正在实施危害国家安全、公共安全以及严重危害他人人身安全的犯罪事实和信息除外。”

四是《律师执业行为规范(试行)》的渊源。《律师执业行为规范(试行)》第 9 条规定:“律师应当保守在执业活动中知悉的国家秘密、商业秘密,不得泄露当事人的隐私。律师对在执业活动中知悉的委托人和其他人不愿泄露的情况和信息,应当予以保密。但是,委托人或者其他人准备或者正在实施的危害国家安全、公共安全以及其他严重危害他人人身、财产安全的犯罪事实和信息除外。”

五是《律师职业道德和执业纪律规范》的渊源。《律师职业道德和执业纪律规范》第 8 条规定:“律师应当严守国家机密,保守委托人的商业秘密及委托人的隐私。”

六是《律师职业道德基本准则》的渊源。《律师职业道德基本准则》第 5 条规定:“律师应当牢固树立诚信意识,自觉遵守执业行为规范,在执业中恪尽职守、诚实守信、勤勉尽责、严格自律。积极履行合同约定义务和法定义务,维护委托人合法权益,保守在执业活动中知悉的国家机密、商业秘密和个人隐私。”

因此,律师的保密义务可以区分为保守国家秘密的义务、保守商业秘密的义务和保守委托人秘密的义务三种情况。这三个方面的规定共同构成了我国律师职业保密规则的主要渊源。此外,在一些诉讼法律和有关部门作出的规定中,对律师保密规则亦有所规定。

二、律师履行保密规则的理论基础

在律师的执业过程中保密规则是其核心的规则,贯穿于律师执业活动的始终。律师保密规则是建立在律师与委托人相互信任基础上的一种义务与权利,其目的是消除委托人的顾虑,鼓励委托人向律师如实告知,律师根据委托人情况提供相应的建议。一方面委托人将其隐私、秘密、问题等透露给律师,并支付相应的报酬以期望律师解决其问题,另一方面律师获得委托人的隐私、秘密、问题等,需要针对其情况采取合理的措施,而非人尽皆知其秘密。这时,律师执业活动就需要律师具有很高的职业伦理道德,从维护当事人的合法利益出发,忠于当事人,“尽职代理要求律师掌握他所处理的案件的全部事实情况。然而,当事人不太可能将那些可能牵连自己或使自己陷入困境的事实告知律师,除非他确信律师将会为其保守秘密”[①]。因此,律师履行保密规则,主要是建立在忠诚于当事人,取得当事人乃至社会的信任的基础之上。

三、律师保密规则的义务

(一)律师保密义务的特点

1. 律师保密义务范围的广泛性。律师保密义务的范围相当广泛,任何律师经由办案而得知的事项均属于律师保密义务的范围。包括国家秘密、商业秘密和个人信息。所谓个人的信息不仅包括委托人的商业秘密和个人隐私(一般是指与当事人的声誉有关、本人不愿公开的个人生活事件),还包括通过办理委托人的法律事务所了解的委托人的其他信息。

律师的保密义务的范围不只是和承办的案件有关的事项,即使和案件没有直接关系的事实,只要是律师基于职务上所得知的事项,都负有保密的义务。

2. 保密主体的广泛性。律师、律师事务所及其辅助人员都不得泄露委托人的秘密信息。

3. 保密时间的前置和后续性。律师法第38条第2款规定:“律师对在执业活动中知悉的委托人和其他人不愿泄露的有关情况和信息,应当予以保密。……”《律师职业道德和执业纪律规范》第39条规定:“律师对与委托事项有关的保密信息,委托代理关系结束后仍有保密义务。”这就意味着律师代理工作结束后仍有保密义务。这是因为有关事项的秘密性并不因委托代理关系的结束而消灭,为了保证委托人能够坦率、全面地向律师披露案件的有关情况,律师在委托关系结束后也仍然要承担保密义务。律师的保密义务存续在与潜在委托人商谈时,委托关系进行中,委托关系结束后。

(二)律师保守委托人秘密义务的例外

律师法对律师保密义务的例外规定,见其第38条第2款规定:“律师对在执业活动中知悉的委托人和其他人不愿泄露的情况和信息,应当予以保密。但是,委托人或者其他人准备或者正在实施危害国家安全、公共安全以及严重危害他人人身安全的犯罪事实和信息除外。”刑事诉讼法第48条亦规定:“辩护律师对在执业活动中知悉的委托人的有关情况和信息,有权予以保密。但是,辩

---

① [美]蒙罗·H. 弗里德曼、[美]阿贝·史密斯著,王卫东译:《律师职业道德的底线》,北京大学出版社2009年版,第135页。

护律师在执业活动中知悉委托人或者其他人,准备或者正在实施危害国家安全、公共安全以及严重危害他人人身安全的犯罪的,应当及时告知司法机关。”综合律师法、刑事诉讼法和《律师执业行为规范(试行)》,律师保密义务的例外大体上涵盖以下几大类:

1. 防止未来伤害的例外。律师及其辅助人员不得泄露委托人的商业秘密、隐私。但是根据律师法第 38 条、刑事诉讼法第 48 条规定,律师认为保密可能会导致无法及时阻止委托人或者其他人准备或者正在实施的危害国家安全、公共安全以及其他严重危害他人人身安全的犯罪事实和信息除外。

2. 自我保护的例外。律师在代理过程中可能无辜地被牵涉委托人的犯罪行为时,律师可以为保护自己的合法权益而公开委托人的相关信息。

3. 授权披露的例外。律师可以公开委托人授权同意披露的信息。

案例(一)中之所以对周某某进行处罚,是因为周某某的行为违反了律师职业伦理的保密规则。在案件的不公开审理的原则下,周某某在媒体上披露案件的庭审情况,相当于将案件的庭审细节公布于众,属于不当披露案情的行为。因该案又涉及未成年人,周某某在媒体上发布的有关警方照片等证据材料并对证据、辩护人的意见进行评价,既违反了刑事诉讼法不公开审理的诉讼制度,又违反了《律师协会会员违规行为处分规则(试行)》中“不得泄露当事人个人隐私”的规定。此外,周某某在庭审过程中违反法庭纪律及在庭外面对公众情绪失控等行为,完全有悖于律师的专业素养,严重损害了律师职业形象。

在案例(二)中,对于律师是否应当在知晓当事人违法事实后继续履行保密规则,是维护公共利益还是维护当事人利益在我国实践中仍然具有争论性。律师面对的不仅仅是法律问题,同时也是道德问题。我国律师法第 38 条明确规定:“律师应当保守在执业活动中知悉的国家秘密、商业秘密,不得泄露当事人的隐私。律师对在执业活动中知悉的委托人和其他人不愿泄露的有关情况和信息,应当予以保密。但是,委托人或者其他人准备或者正在实施危害国家安全、公共安全以及严重危害他人人身安全的犯罪事实和信息除外。”也就是除了委托人或者其他人准备或者正在实施危害国家安全、公共安全以及严重危害他人人身安全的犯罪事实和信息外,律师必须为委托人的其他信息保守秘密。但在实践中如何保护自己的委托人,为自己的委托人争取最大的利益,如何维护整个社会的正义和利益,维护社会安定团结,需要进一步的探索。

第二节 律师利益冲突规则

▶【典型案例】> > >

陈律师、郑律师同一刑事案件中先后接受两名被告人的委托案。①

▶【基本案情】> > >

2013 年 6 月 3 日，广东省高级人民法院向深圳市司法局发出《关于广东 DS 律师事务所律师陈某某、郑某某违规执业的函》（粤高法刑二〔2013〕××号），反映广东 DS 律师事务所陈某某律师、郑某某律师（以下称二被投诉人）在同一刑事案件中先后接受两名被告人的委托担任辩护人，存在干扰司法机关查明真相的可能，要求深圳市司法局进行调查处理。7 月 8 日，深圳市司法局将该案件转到深圳市律师协会。深圳市律师协会于 7 月 9 日对上述反映情况进行了立案调查。8 月 6 日深圳市律师协会对本案举行听证。

广东省高级人民法院来函投诉称：深圳市人民检察院指控被告人一刘某某、被告人二刘某某、被告人三刘某某等犯走私普通货物罪，向深圳市中级人民法院提起公诉。案件一审期间，二被投诉人接受委托，共同担任被告人一刘某某的一审辩护人。2012 年 11 月 12 日该案第一次庭审时，被告人一刘某某当庭要求更换辩护人，法庭同意被告人一刘某某的请求并休庭。同年 11 月 18 日，郑某某律师接受委托，担任本案另一被告人二刘某某的一审辩护人；同年 11 月 21 日，陈某某律师接受委托，担任本案另一被告人三刘某某一审辩护人。庭审中，被告人一刘某某、被告人二刘某某、被告人三刘某某均推翻之前的供述。

深圳市律师协会查明的事实：

1. 2012 年 11 月 9 日上午 9 时许，二被投诉人接受被告人一刘某某的儿子刘某州的委托，担任被告人一刘某某涉嫌走私普通货物罪一案的一审辩护人，案号深圳市中级人民法院（2012）深中法刑二初字第×××号。同日上午，二被投诉人向深圳市中级人民法院递交了委托手续并阅卷。同日下午 2 时许，二被

① 案件来源：《违反规定接受刑事案件委托案》，深圳律师网，http://www.szlawyers.com/info/6bb54faef5f347c49be020428986ec82，2017 年 3 月 28 日访问。

投诉人会见了被告人一刘某某。2012年11月12日该案一审第一次开庭，被告人一刘某某当庭要求更换辩护人，法庭同意被告人一刘某某的请求并休庭。同年11月18日，郑某某律师接受该案被告人二刘某某的委托，担任其辩护人；同年11月21日，陈某某律师接受被告人三刘某某委托，担任该案另一被告人三刘某某的一审辩护人。同年11月21日，郑某某律师、陈某某律师出席一审庭审，分别为被告人二刘某某、被告人三刘某某进行辩护。一审宣判后，被告人一刘某某、被告人二刘某某、被告人三刘某某等人提出上诉。

2. 广东省高级人民法院组成合议庭对该上诉案进行了审理。查明该案一审期间二被投诉人存在的上述违规情形，认为一审法院在审理该案时程序违法，影响案件公正审理，应发回重审，于2013年5月20日裁定撤销一审判决，将该案发回深圳市中级人民法院重审。该案已由深圳市中级人民法院立案重审。

3. 另查明，被告人一刘某某与被告人二刘某某为夫妻关系，被告人一刘某某、被告人二刘某某与被告人三刘某某分别为父子、母子关系，刘某州与被告人三刘某某为兄弟关系。

4. 二被投诉人的违规行为已由生效的广东省高级人民法院(2013)粤高法刑二终字第×××号刑事裁定书所确认，该案也因二被投诉人的违规行为被发回一审法院重审，投诉人的投诉属实。

根据我国刑事诉讼法第33条第3款的规定，犯罪嫌疑人、被告人的监护人、近亲属可以代为委托辩护人。二被投诉人在该案审判阶段接受被告人一刘某某的儿子刘某州的委托后，便成为被告人一刘某某的辩护人，具有辩护人的权利和义务。二被投诉人接受委托后的阅卷、会见被告人一刘某某等行为是二被投诉人行使辩护权的具体体现，表明二被投诉人作为被告人一刘某某的辩护人已履行了辩护人的部分辩护权。二被投诉人被被告人一刘某某拒绝辩护后，又分别接受同案另两名被告人的委托担任辩护人，已违反了《最高人民法院关于适用〈中华人民共和国刑事诉讼法〉的解释》第38条第2款，一名辩护人不得为两名以上的同案被告人，或者未同案处理但犯罪事实存在关联的被告人辩护；《人民检察院刑事诉讼规则(试行)》第38条第2款规定，一名辩护人不得为两名以上的同案犯罪嫌疑人辩护，不得为两名以上的未同案处理但实施的犯罪相互关联的犯罪嫌疑人辩护；《律师和律师事务所违法行为处罚办法》第7条第(2)项规定，在同一刑事案件中同时为被告人和被害人担任辩护人、代理人，或者同时为两名以上的犯罪嫌疑人、被告人担任辩护人。深圳市律师协会决定根据听证评议团评议结果,且考虑二被投诉人的认识态度较好,依据《深圳市律师协会会员违规违纪行为处分细则》第 6 条第 4 项、第 15 条第 1 项之规定,决定对二被投诉人陈某某律师、郑某某律师予以"训诫"处分。

▶【律师利益冲突规则知识】> > >

这涉及律师的利益冲突规则。应当了解利益冲突的含义、理论基础、种类及其具体的规则。

▶【学理分析】> > >

利益冲突是律师执业规则中的核心问题和普遍问题。那么如何判断和防范利益冲突就成了一个重要问题。

一、利益冲突的含义

利益冲突是一种社会现象,存在于各行各业,律师行业同样不能避免。在律师代理过程中,委托人的利益如果受到律师个人利益、前委托人或其他人的利益影响时,就会产生利益冲突。可见,利益冲突是指委托人的利益与提供专业服务的律师本人或者与其所代表的其他利益之间存在某种形式的对抗,进而有可能导致委托人的利益受损,或者有可能带来专业服务品质的实质性下降。值得注意的是,在判断利益冲突时,并不以发生实际损害结果为条件,只要律师和委托人的关系或代理行为存在着风险,就可以构成利益冲突。产生利益冲突的利益主要涉及现行委托人的利益、律师本人的利益、前委托人的利益、第三人的利益。

二、利益冲突规则的理论基础

首先,律师面对的利益冲突要求律师在执业活动中必须对委托人忠诚、保密。律师要在法律规范的范围内利用自己的专业知识,为当事人积极代理、保密,将当事人的合法利益最大化的同时不受其他利益的干扰,独立地作出判断,维护当事人的利益。在此过程中,当事人应当相信律师是忠诚的、保密的,这样才能向律师提供全面的信息,帮助其在诉讼中获得有利地位。一旦律师与委托人之间的信任平衡被破坏,二者之间的利益冲突会即刻显现出来,这样的关系并不稳固。

其次,为了保证代理的有效性和司法制度的有效运行。利益冲突不利于律师正在执业中依照法律和事实独立作出判断,降低律师对当事人的忠诚及其当事人对律师的信任。在诉讼中律师如果同时为双方当事人代理,就会削弱论辩的力度,可能形成以子之矛,攻子之盾的局面,不利于司法制度的有效进行,甚至影响司法的公正性。

三、利益冲突的类型

利益冲突在律师的执业活动中存在多种表现形式,且各种形式之间并没有明确的界限,因此律师在提供法律服务过程中,很难把握利益冲突的界限及其补救措施。依据不同的类型利益冲突可以划分为不同的类型,目前学界认可的有三种类型:

第一,直接利益冲突和间接利益冲突。

根据委托人利益受到损害的程度及其承担风险的程度划分为直接利益冲突和间接利益冲突。直接利益冲突简单来说,一方委托人的利益必然是遭到损害的,其在委托关系中承担的风险也更大。间接利益冲突则与之相反,也就是说一方委托人的利益不一定遭到损害,其所承担的风险也不是必然的。目前,世界各国对于律师提供法律服务活动中的直接利益冲突的代理是严格禁止的,而对于间接利益冲突的代理虽然也有禁止性规定,但同时也有例外规定,允许律师在接受委托人签署知情同意书的情况下进行代理。

第二,同时性利益冲突和连续性利益冲突。

根据利益冲突发生的时间顺序可以分为同时性利益冲突和连续性利益冲突。同时性利益冲突在律师执业活动中比较常见,也较容易识别,主要是律师或其事务所分别与多个委托人签订委托合同时涉及的律师忠诚义务。律师的忠诚义务要求其只能对一个人,而同时性利益冲突存在多个委托人,显然与律师的忠诚义务相违背。而连续性利益冲突则是因为律师对于前一个委托人和现有的委托人之间的忠诚义务冲突引起的,之所以禁止连续性利益冲突也是为了保护前一个委托人的秘密不被泄露。对于二者的禁止和豁免的规定不尽相同,一般情况下同时性利益冲突是被严格禁止的,当然双方或多方委托人允许的情况除外,而连续性利益冲突只需一方委托人同意即可。

第三,委托人与律师之间的利益冲突和委托人之间的利益冲突。

根据利益冲突发生的主体不同分为委托人与律师之间的利益冲突和委托人之间的利益冲突。根据委托人不同,委托人与律师之间的利益冲突又可以分为前委托人与律师的利益冲突,现行委托人与律师的利益冲突等;委托人之间的利益冲突又可以分为前委托人和现行委托人之间的利益冲突,现行委托人之间的利益冲突等；例如委托人之间的利益冲突指律师或其事务所因某一委托人的义务、职责与另一委托人的义务、职责相冲突，在冲突过程中可能损害一方委托人的利益。

四、利益冲突的具体规则

（一）律师与委托人利益冲突规则

根据我国律师法第 40 条第 1、2、3 项规定，律师在执业活动中不得有下列行为：私自接受委托、收取费用，接受委托人的财物或者其他利益；利用提供法律服务的便利牟取当事人争议的权益；接受对方当事人的财物或者其他利益，与对方当事人或者第三人恶意串通，侵害委托人的权益。2016 年印发的《律师执业管理办法》第 34 条规定："律师承办业务，应当维护当事人合法权益，不得利用提供法律服务的便利牟取当事人争议的权益或者不当利益。"第 35 条规定："律师承办业务，应当诚实守信，不得接受对方当事人的财物及其他利益，与对方当事人、第三人恶意串通，向对方当事人、第三人提供不利于委托人的信息、证据材料，侵害委托人的权益。"我国《律师执业行为规范（试行）》第四章第三节规定禁止非法牟取委托人权益。其中第 46 条规定："律师和律师事务所不得利用提供法律服务的便利，牟取当事人争议的权益。"第 47 条规定："律师和律师事务所不得违法与委托人就争议的权益产生经济上的联系，不得与委托人约定将争议标的物出售给自己；不得委托他人为自己或为自己的近亲属收购、租赁委托人与他人发生争议的标的物。"第 48 条规定："律师事务所可以依法与当事人或委托人签订以回收款项或标的物为前提按照一定比例收取货币或实物作为律师费用的协议。"

（二）同时代理中的利益冲突规则

同时代理中的利益冲突规则包括同时代理同一事务的直接利益冲突规则和同时代理无关联的间接利益冲突规则。

1. 同时代理同一事务的直接利益冲突规则

《律师执业行为规范（试行）》第 51 条规定律师及律师事务所不得与当事人建立或维持委托关系的情形有：（1）律师在同一案件中为双方当事人担任代理人，或代理与本人或者其近亲属有利益冲突的法律事务的；（2）律师办理诉讼或者非诉讼业务，其近亲属是对方当事人的法定代表人或者代理人的；（3）同一律师事务所的不同律师同时担任同一刑事案件的被害人的代理人和犯罪嫌疑人、被告人的辩护人，但在该县区域内只有一家律师事务所且事先征得当事人同意的除外;(4)在民事诉讼、行政诉讼、仲裁案件中,同一律师事务所的不同律师同时担任争议双方当事人的代理人,或者本所或其工作人员为一方当事人,本所其他律师担任对方当事人的代理人的;(5)在非诉讼业务中,除各方当事人共同委托外,同一律师事务所的律师同时担任彼此有利害关系的各方当事人的代理人的。

全国律师协会制定的《律师职业道德和执业纪律规范》第28条也规定:律师不得在同一案件中为双方当事人担任代理人。同一律师事务所不得代理诉讼案件的双方当事人,偏远地区只有一个律师事务所的除外。

2. 同时代理无关联的间接利益冲突规则

我国《律师执业行为规范(试行)》第52条规定,律师应当告知委托人并主动提出回避,但委托人同意其代理或者继续承办的除外的情形有:(1)接受民事诉讼、仲裁案件一方当事人的委托,而同所的其他律师是该案件中对方当事人的近亲属的;(2)担任刑事案件犯罪嫌疑人、被告人的辩护人,而同所的其他律师是该案件被害人的近亲属的;(3)同一律师事务所接受正在代理的诉讼案件或者非诉讼业务当事人的对方当事人所委托的其他法律业务的;(4)律师事务所与委托人存在法律服务关系,在某一诉讼或仲裁案件中该委托人未要求该律师事务所律师担任其代理人,而该律师事务所律师担任该委托人对方当事人的代理人的;(5)律师和律师事务所发现存在上述情形的,应当告知委托人利益冲突的事实和可能产生的后果,由委托人决定是否建立或维持委托关系。委托人决定建立或维持委托关系的,应当签署知情同意书,表明当事人已经知悉存在利益冲突的基本事实和可能产生的法律后果,以及当事人明确同意与律师事务所及律师建立或维持委托关系。

(三)连续性利益冲突规则

根据《律师执业行为规范(试行)》第51条第3项规定,曾经亲自处理或者审理过某一事项或者案件的行政机关工作人员、审判人员、检察人员、仲裁员,成为律师后又办理该事项或者案件的,律师及律师事务所不得与当事人建立或维持委托关系。根据第51条第7项规定,在委托关系终止后,同一律师事务所或同一律师在同一案件后续审理或者处理中又接受对方当事人委托的,律师及律师事务所不得与当事人建立或维持委托关系。根据第51条第5项规定,在委托关系终止后一年内,律师又就同一法律事务接受与原委托人有利害关系的对方当事人的委托的,律师应当告知委托人并主动提出回避,但委托人同意其代理或者继续承办的除外。

案例中两位律师在同一案件中先后担任两名被告人的辩护律师，违背了律师职业道德诚实守信，维护委托人的合法利益及其利益冲突规则的规定，《律师和律师事务所违法行为处罚办法》第 7 条第 2 项规定，在同一刑事案件中同时为被告人和被害人担任辩护人、代理人，或者同时为两名以上的犯罪嫌疑人、被告人担任辩护人；同时也违反了《最高人民法院关于适用〈中华人民共和国刑事诉讼法〉的解释》第 38 条第 2 款，一名辩护人不得为两名以上的同案被告人，或者未同案处理但犯罪事实存在关联的被告人辩护。最终不但无法维护当事人应有的权益，律师本人也会受到惩罚。因此，律师在执业过程中，要严格遵守法律、法规，应当认真负责，恪守律师执业道德和执业纪律，依法维护当事人的合法权益。

第三节　律师收费规则

▶【典型案例】（一）> > >

广东某律师事务所和律师违规收费案。[①]

▶【基本案情】> > >

2010 年 12 月 26 日，广东 LP 律师事务所与张某某等在内的 124 位业主签订了编号为：广某 A〔2010〕第 582 号委托代理合同，合同第 6 条约定律师收费方式为风险收费，即以甲方（委托人）最后实际获得的权益数额的 20% 计付。明确诉讼费、仲裁费、鉴定费、评估费、公证费、查档费、调查费、翻译费等（以上简称为官费）异地办案差旅费、异地通信费、专家论证费及其他经甲方同意支付或承担的费用（以上简称为办案费）由甲方直接支付，办案费的支付方式，可以协商选择两种方式：或乙方（律师所）出具正式发票；或乙方提供费用概算，经双方签字确认后由甲方以现金方式预付，如出现需要追加费用概算的，乙方应获得甲方书面确认后由甲方追加预付费用。双方在结案时凭票核销，多退少补。

---

① 案件来源：《律师事务所和律师违规收费案》，深圳律师网，http://www.szlawyers.com/info/44046dfb1e984b74a8c4e25c36c446ac，2017 年 3 月 26 日访问。

结案方式包括起诉前直接追索、和解、诉讼中的法庭调解、自动履行及双方自行和解并撤诉、判决生效后的执行等。合同第 11 条约定，乙方前期不收取甲方办案费，待甲方拿到权益后，连同本合同第 6 条约定的律师费，按每人人民币 200 元办案费标准一并支付给乙方；由于本案是风险收费，甲方前期不向乙方交律师费，因此甲方必须积极配合乙方工作，否则按甲方无故单方终止合同情形处理。

被投诉人于 2011 年 1 月 24 日向深圳市律师协会提交团体案件汇报，称受 CH 大厦商铺 124 位业主委托，在向对方发出律师函未被理睬的情况下已向法院提起诉讼，因该案人数众多按规定报备。

2011 年 3 月，被投诉人唐律师以个人名义（提供个人银行账号）向委托人收取诉讼费及丈量费，总金额因人而异，但丈量费均为人民币 100 元，并向委托人出具收据。

2011 年 7 月 8 日，福田区法院主持双方当事人及测绘部门到 CH 大厦商铺进行现场查量，测绘部门在笔录中提出测绘的收费标准（被投诉人未能提供法院或者测绘部门收费通知书）；商业房屋按建筑面积每平方米人民币 2.03 元收取，商铺地界坐标测点，每个点收取人民币 1093 元。此后，被投诉人唐律师通知委托人再次预付丈量费，以个人名义收取部分委托人各人民币 200 元丈量费，并出具收据。但被投诉人未提供其就委托人诉讼费及丈量费收支的具体明确记载资料。

2012 年 8 月中旬，福田法院就 139 位业主的诉讼案作出驳回各案原告诉讼请求的一审判决。其中 9 位业主不服提起上诉，二审法院于 2012 年 12 月 27 日作出维持原判的终审判决。

法院确认每户商铺丈量费用为人民币 58.4 元。被投诉人唐律师也确认最终丈量费为每户人民币 58.4 元。

被投诉人对于收取委托人的各项费用未与付款人进行结算。

双方在听证会上确认：被投诉人广东 LP 律师事务所于 2012 年 12 月起分别向深圳市各区对部分业主提起追索预期律师费收益及逾期付款违约金的诉讼。目前，有的案件已经判决，大部分正在审理中。投诉人李某某的代理人郝某某在听证会结束时提供了案号为 2013 深福法民二初字第某某号，开庭日期为 2013 年 5 月 27 日的传票及被投诉人广东 LP 律师所为原告，李某某为被告的民事起诉状，诉求主要为：判令被告赔偿原告预期律师费收益人民币 9200 元；判令被告支付自 2012 年 12 月 12 日起到被告实际付清款项期间违约金利息。双方均未在要求的3日内提供其他相关证据。

根据听证评议团的评议结论及《律师服务收费管理办法》第12条、《律师服务收费管理实施办法》第12条、中华全国律师协会《律师协会会员违规行为处分规则(试行)》第11条第9项、第14条第7项及《深圳市律师协会纪律与惩戒委员会工作规则》第47条第1项、《深圳市律师协会会员违纪违规行为处分细则》第5条第12项、第9条第6项之规定,本会决定对广东某某律师事务所予"训诫"处分;对唐某某律师予以"训诫"处分。

▶【典型案例】(二) > > >

广东HL律师事务所王某违规收费案。①

▶【基本案情】> > >

2007年12月3日,投诉人梁某与朱某因YJ公司委托持股纠纷,将朱某、YJ公司诉至中国贸仲委,请求"确认朱某占有YJ公司60%的股权及其相应投资收益归投诉人享有"或"朱某和YJ公司连带返还投资款人民币1249.9844万元"。2008年1月3日,朱某以YJ公司的名义与广东HL律师事务所就该案签订了委托代理合同,约定:(1)在签订合同后5日内,甲方(YJ公司下同)向乙方支付办案费人民币4万元;(2)若仲裁裁决朱某仍实际控制YJ公司60%股权或朱某仍实际控制YJ公司后5日内甲方再支付律师费和办案费人民币5万元;(3)向梁某或其控制公司追讨款项后,甲方按实际追回金额20%支付律师费;(4)梁某向甲方追讨欠款的,甲方按照胜诉部分的20%支付律师费。2008年11月27日,中国贸仲委作出裁决,裁决"朱某在YJ公司中的60%的股权及相应的投资权益归梁某享有,梁某和朱某应根据中国有关法律向政府主管部门申请办理相关手续"。

2008年12月8日,朱某与广东HL律师事务所签订协议书,约定YJ公司因仲裁案向广东某律师事务所支付律师费人民币3228563元。因YJ公司和朱某未按约定支付律师费,2009年3月3日,广东HL律师事务所将某公司诉至人民法院,要求某公司支付律师费人民币3228563元。2009年4月16日,被投诉人王某以广东HL律师事务所代理人的身份与朱某在法庭上达成调解协议,同意

① 案件来源:《律师涉嫌虚假诉讼并违规收费案》,深圳律师网,http://www.szlawyers.com/info/0bbf2ab26b504be6adf5404f7c89d138,2017年3月27日访问。

某公司向 HL 律师事务所支付律师费人民币 2582850 元。调解书生效后，YJ 公司也未按调解书约定时间支付律师费，随后，广东 HL 律师事务所向人民法院申请强制执行，并申请追加第三人梁某为该案被执行人。投诉人得知此案后，向法院提出异议，并要求组织听证。2010 年 9 月 2 日，法院作出民事裁定书，裁定驳回追加第三人梁某为被执行人的申请。

2010 年 10 月，投诉人就律师费纠纷案向深圳市中级人民法院提出再审申请，2011 年 8 月 19 日，广东省深圳市中级人民法院作出民事裁定书，裁决撤销关于支付律师费的调解书，发回重审。2012 年 1 月 5 日，广东 HL 律师事务所向人民法院提出撤诉申请，法院准许其撤回起诉。根据《深圳市律师协会会员违纪违规行为处分细则》第 5 条第 12 项之规定，本会决定：对广东 HL 律师事务所王某律师予以“训诫”处分。

▶【律师收费规则知识】> > >

这涉及律师收费规则的知识。

▶【学理分析】> > >

律师费即律师代理费，是指律师为委托人代理法律事务应当收取的报酬。换句话说，律师也是社会公众的一员，他们也要生活，因此律师收费在市场经济条件下是合理的。当前律师行业对于律师收费的主要法规有《律师服务收费管理办法》，该办法详细规定了律师收费的原则、收费要考虑的因素、收费的方式、风险代理等内容，这对于指导律师收费具有积极作用，例如第 3 条规定“律师服务收费遵循公开公平、自愿有偿、诚实信用的原则。律师事务所应当便民利民，加强内部管理，降低服务成本，为委托人提供方便优质的法律服务”。第 4 条规定：“律师服务收费实行政府指导价和市场调节价。”第 9 条第 1 款规定：“实行市场调节的律师服务收费，由律师事务所与委托人协商确定。”

一、律师收费的合理性

律师的收费问题应当是因为律师本身的经济利益和委托人利益之间的冲突引发的，在律师代理的过程中不可避免地涉及律师的收费规则。有人做过统计，在针对律师的诉讼中“有 20% 是因为律师收费问题引起的”[①]。因此，规范

① 《律师怎样收费才合理》，http://www/lawyers. org. cn/info/336cc9f0e54f49689e5c1d8elfla 67e4，访问时间 2017 年 3 月 23 日。

律师收费可以减少委托人与律师之间因收费产生的经济纠纷,有利于避免律师与委托人之间关系僵化,有利于避免潜在利益冲突变为实际利益冲突。

对于律师而言,他们也是社会公众的一员,而律师收费引发的问题主要是因律师本身的经济利益和委托人利益冲突导致的一系列矛盾,对其进行规范可以减少委托人与律师之间产生纠纷,避免双方关系恶化。在诉讼活动中,律师收费的多少与其专业能力、付出辛苦一般成正比。如果律师收费较少,不能与其能力成正比,可能会降低律师的积极性甚至导致律师泄露委托人的秘密而另外牟利。反之,如果律师收费过多,可能会增加委托人的经济负担,使得法律服务提前中止,或者在法律服务完成之后律师因为收费过高而成为被告。那么律师怎样收费才算合理呢?

美国律师协会制定的《职业行为示范规则》中对律师收费的因素具体规定如下:律师不得协商收取、索取不合理的律师费或者数额不合理的其他费用。律师收费是否合理要考虑以下因素:(1)所需要的时间和劳动,所涉及问题的鲜见程度和难度,以及适当提供法律服务所必需的技能;(2)律师接受该特定工作,将不能从事其他工作的,为委托人显而易见的可能性;(3)所在地提供类似法律服务通常收取的律师费;(4)所涉及的标的额和获得的结果;(5)委托人或者由事态本身所限定的时限;(6)与委托人之间的职业关系的性质和存续的时间;(7)提供服务律师的经验、声望和能力;(8)律师收费是固定的,还是附条件的。我国《律师服务收费管理办法》中律师事务所与委托人协商律师服务收费应当考虑的主要因素有:(1)耗费的工作时间;(2)法律事务的难易程度;(3)委托人的承受能力;(4)律师可能承担的风险和责任;(5)律师的社会信誉和工作水平等。

对比我国现行的《律师服务收费管理办法》中律师收费的标准应当考虑的因素,可以看出美国的收费因素比较全面、具体。当然在美国律师实践中收费的合理性并不仅仅涉及上述8个方面,还包括委托人的同意、委托人支付律师费的能力、事务所的能力等方面,同时法院对于律师收费的合理性具有裁决权。法院的作用主要体现在对收费过度的律师可以进行惩戒和削减收费的数量。①

我国律师收费标准制定“实行政府指导价和市场调节价”,近年来在北京等

① 王进喜:《美国律师职业行为规则理论与实践》,中国人民公安大学出版社2005年版,第41页。

地开始向市场调节价倾斜,这样律师收费的趋势,既能适应市场经济的要求,优化资源配置,又能依据稳定的法律法规进行规范,有利于律师行业的发展,提高律师服务的积极性。当前,为预防因收费而引发的社会冲突,可以考虑设置最高数额,即对案件的代理费用进行最高的数额限制,在此范围内由律师和当事人双方自行约定;在诉讼进行前签订收费协议,详细规定收费的方式、范围、额度及案件的风险程度等等,这样,不仅使得当事人在支付律师诉讼费用时有明确的数额观念,也能避免律师因收费过高而受到指责。

二、律师不得私自接受委托,收取费用

在我国,律师隶属于律师事务所,其待遇、代理费用的收取等获得应当由律师事务所统一管理。《律师服务收费管理办法》第 22 条明确规定:“律师服务费、代委托人支付的费用和异地办案差旅费由律师事务所统一收取。律师不得私自向委托人收取任何费用。除前款所列三项费用外,律师事务所及承办律师不得以任何名义向委托人收取其他费用。”从这一角度上看,我国律师代理费用的管理、收取是由律师事务所进行的,律师必须以律师事务所的名义进行收费、保管、出具票据等,这样有利于事务所的统一管理,也能防止律师私自收费而不交或少交给事务所和国家税收带来不必要的损失。

三、风险代理收费

纵观各国,律师的收费方式主要有固定收费、计时收费、按标的额比例收费、协商收费、风险代理收费。我国《律师服务收费管理办法》第 10 条规定:“律师服务收费可以根据不同的服务内容,采取计件收费、按标的额比例收费和计时收费等方式。计件收费一般适用于不涉及财产关系的法律事务;按标的额比例收费适用于涉及财产关系的法律事务;计时收费可适用于全部法律事务。”第 11—13 条规定了风险代理收费。相比于其他收费方式,风险代理收费存在的冲突较少,例如计时收费可能会导致有的律师为获得高额的代理费而拖延法律服务时间,进而影响司法机关工作效率。而风险代理是一种特殊的收费方式,也称为胜诉收费或附条件收费,指的是委托者不预先付费或因经济原因付不起代理费时,与律师就其代理事项先做约定,明确代理的内容、费用,待律师赢得诉讼后按照约定给付律师代理费的一种收费方式。可以发现,风险代理具有以下特点:第一,风险性,即律师要想获得代理费需要赢得诉讼,若是败诉,其代理费将不复存在,甚至律师先行垫付的费用也可能白支出。第二,条件性,即案件的胜诉是律师获得代理费的前提条件。第三,高回报性,因为律师承担的风险要大于其他案件，因此风险代理案件的收费标准一般高于其他案件。

这种收费方式一方面可以将委托人的利益与律师的利益联系在一起，有效防止律师不作为、不尽心代理行为的发生，可以更好地维护委托人的利益；另一方面可以为委托人提供帮助，将代理的大部分风险转移到代理律师身上，使律师更尽心实现委托人的利益。但是这种收费方式也不是完美无缺的，可能会因为律师对案件估计不足而导致案件败诉，也可能导致律师对案件夸大风险指数，收取高昂的代理费用，或者律师代理的案件获得胜利却未能获得代理费用。当然，这只是一种律师代理收费的方式。

根据我国《律师服务收费管理办法》第 11 条规定，办理涉及财产关系的民事案件时，委托人被告知政府指导价后仍要求实行风险代理的，律师事务所可以实行风险代理收费，但下列情形除外：婚姻、继承案件；请求给予社会保险待遇或者最低生活保障待遇的案件；请求给予赡养费、抚养费、扶养费、抚恤金、救济金、工伤赔偿的案件；请求支付劳动报酬的案件等。第 12 条规定："禁止刑事诉讼案件、行政诉讼案件、国家赔偿案件以及群体性诉讼案件实行风险代理收费。"第 13 条规定："实行风险代理收费，律师事务所应当与委托人签订风险代理收费合同，约定双方应承担的风险责任、收费方式、收费数额或比例。实行风险代理收费，最高收费金额不得高于收费合同约定标的额的 30% 。"

案例（一）中的律师虽然在法律服务方面做了大量的工作，但代理结果并未达到委托人目的，不仅使委托人对律师产生不信任，而且反过来投诉律师。案例中的大部分投诉虽然没有认定，但律师收费却存在严重问题。一是，国家发展改革委、司法部发布《律师服务收费管理办法》第 12 条规定："禁止刑事诉讼案件、行政诉讼案件、国家赔偿案件以及群体性诉讼案件实行风险代理收费。"广东省物价局、司法厅发布的《广东省物价局、司法厅律师服务收费管理实施办法》第 12 条也规定："禁止刑事诉讼案件、行政诉讼案件、国家赔偿案件以及群体性诉讼案件实行风险代理收费。"这些法律法规明文规定对群体性诉讼案件不得约定实行风险代理收费，而案例中被投诉人广东 LP 律师事务所与张某某等 124 位业主签订委托代理合同，并指派唐律师代理委托业主向法院提起诉讼，委托代理合同第 6 条约定律师收费按业主通过诉讼实际获得权益数额的 20% 计付。被投诉人广东 LP 律师事务所的这一行为违反了禁止群体性诉讼案件实行风险代理收费的规定而导致被处罚。

二是，私自收费，擅自收取规定、约定之外的费用。按照《律师服务收费管理办法》第22条规定:“律师服务费、代委托人支付的费用和异地办案差旅费由律师事务所统一收取。律师不得私自向委托人收取任何费用。除前款所列三项费用外,律师事务所及承办律师不得以任何名义向委托人收取其他费用。”本案中按照当事人的委托代理合同约定,诉讼费和丈量费属于“官费”,由当事人直接支付;根据《律师服务收费管理实施办法》规定,诉讼费和丈量费属于“官费”应由委托人直接支付,也可以由律师事务所代行支付。由律师事务所代为支付的,律师事务所可以预收丈量费。被投诉人唐律师以个人名义收取委托人丈量费并出具收据既不符合规定亦不符合约定,但是其为方便委托人为出发点是好的,且确实也耗费大量时间和精力承担代收代付丈量费的工作。然而,被投诉人唐律师对已经收取的丈量费,未在结案时,凭实际支付凭证,及时与委托人进行结算;甚至在明知法院收取的丈量费少于委托人交费时,仍然不按合同约定“多退少补”,引起委托人不满。被投诉人唐律师私自向委托人收取费用,擅自收取规定或约定之外的费用且未及时结算,构成违规和违约。理应承担相应的纪律责任。这也从侧面反映出律师及其事务所必须熟悉各种法律法规,依法执业,严格遵守执业纪律和伦理。

在市场经济中律师收费必须遵循公开公平、自愿有偿、诚实信用的原则,同时实行政府指导价与市场调节价。也就是说,律师收费并不是随心所欲,可以采取恶意的方式收取高额的代理费。在案例(二)中,王律师在案件明显败诉的情况下,再与YJ公司签订支付巨额律师费的协议书,谋求不当利益。显然违反了律师收费的诚实信用原则,同时律师的这一行为亦恶意损害其他债权人的利益。因为律师是市场经济的参与者,同时也是法律法规的维护者,不得为了私利谋取不正当利益。

第四节 律师业务推广规则

▶【典型案例】> > >

卢某某违规发布广告案。①

① 案件来源:《律师违规发布广告案》,深圳律师网,http://www.szlawyers.com/info/b0ae12c03ced4147f066caf7afc4c04d,2017年3月28日访问。

▶【基本案情】> > >

2013年3月4日，深圳市司法局将投诉人某商报社深圳记者站投诉SP律师事务所律师卢某某干扰新闻采访、涉嫌虚假广告宣传一案，移交深圳市律师协会调查处理。

投诉人未到会，提交书面材料称：某商报社深圳记者站记者在采访宝安区某街道工业园涉嫌"偷电"一案中，受到SP律师事务所律师卢某某百般干扰，其还威胁恐吓报料人。另外，记者在采访中还发现卢某某涉嫌虚假广告宣传，其在名片上印有"专家工作联系会专家""广东某经济研究会副秘书长""高级律师评审委员会评委"等9个头衔。

被投诉人卢某某辩称：其没有干扰采访和威胁报料人，仅是将情况如实介绍给投诉人。"偷电"一事与其当事人无关，该案已有公安机关介入查实。关于虚假广告宣传及在名片上印有社会职务的问题，被投诉人认为自己没有虚假宣传，在名片上印有社会职务是事实，社会职务也是真实的，但该名片是以前的，现在已不用。

2013年4月10日立案受理该案件，于4月19日举行听证会。经调查证实：被投诉人卢律师在名片上印有国家一级律师、博士生、广东省高级律师评审委员会评委、某仲裁委员会仲裁员、深圳市专家工作联合会专家、某知识产权司法鉴定中心专家、广东某经济研究会副秘书长、深圳市某商会副会长、深圳市某区青年企事业家协会某分会副会长、广东某投资企业协会会员、深圳市某国际联合会会员等学历、职称、职务。经查证，卢某某具备广东省一级律师资格，曾为深圳某仲裁委员会仲裁员、广东某经济研究会第三届常务理事兼副秘书长、某知识产权司法鉴定中心专家，曾是深圳市专家工作联合会法律建设专家工作委员会专家。没有证据证明被投诉人具有其他学历、职称、职务。被投诉人在网上介绍自己为某区五套班子密切联系的三名律师之一，但没有证据证明该事实。

另外，没有证据证明被投诉人干扰新闻采访、威胁、恐吓报料人。

依据《深圳市律师协会会员违纪违规行为处分细则》第5条第13项之规定，深圳市律师协会决定对被投诉人卢某某予以"训诫"处分。

▶【律师业务推广规则知识】> > >

这部分主要涉及律师业务推广的原则。应具体了解业务推广的内容及其遵循的规则。

▶【学理分析】> > >

一、律师业务推广的含义

什么是律师业务推广？就是律师及其律师事务所通过发布法律服务、信息等手段，拓展业务的必要活动。律师的业务推广不同于其他商业推广，它是一种职业而非仅仅是商业，属于商务服务业，具有商业性与职业性的双重属性。2018年1月中华全国律师协会发布的《中华全国律师协会律师业务推广行为规则（试行）》规定，律师业务推广是指律师、律师事务所为扩大影响、承揽业务、树立品牌、自行或授权他人向社会公众发布法律服务信息的行为。对于律师及其事务所，一方面要对委托人负责，维护委托人的利益；另一方面自身也要发展，因此业务推广显得十分重要。面对日益激烈的竞争，业务推广可以有效地介绍律师事务所的各个律师所擅长的某个方面，又可以带动律师事务所的经济效益。

对于律师及律师事务所而言，业务推广并不是简单地进行广告宣传，它应该是律师及事务所知识、业务、感情等方面的综合推广，具体而言：

（一）知识推广

所谓知识推广，是通过专业的法律知识来展示律师的专业水准。在这种方式下，对客户实行知识推广，既可以满足客户对律师的期望，又能维护律师在与委托人交往时的地位。委托人向律师寻求帮助的目的是希望一个在专业方面有能力的人给他指点迷津，将他从纠纷中拯救出来，因此知识推广需要将委托人的需求及满足其需求作为首要目的。可以时刻与委托人沟通，发现委托人的需求，同时注重知识的创新与多元，并根据市场需求整合事务所内部知识体系。

（二）业务推广

所谓业务推广，是要求律师及其事务所根据不同的委托人制定不同的解决方案。对于委托人而言，其信任和委托要交给负责的律师，而律师要根据其专业知识依据委托人的利益要求制定切实有利的方案。因此，律师在业务推广的过程中，要对委托人及市场做细致的调查，深刻理解委托人的需求，为每一位委托人量身打造适合的法律解决方案。

（三）感情推广

对于来到事务所的委托人，并不是与事务所全部签订委托合同的，即便是没有成功签约的，律师及事务所也可以主动与委托人建立联系，向委托人表达建立联系的愿望等，这种感情的投资应当会为将来的合作创造机会。律师及其事务所还可以建立委托人信息库，将委托人的信息分类储存并随时进行更新，这样便于律师了解市场、委托人需求等。

二、律师业务推广的规则

（一）律师业务推广的原则

《中华全国律师协会律师业务推广行为规则（试行）》第3条规定："律师、律师事务所进行业务推广应当遵守法律法规和执业规范，公平和诚实竞争，推广内容应当真实、严谨，推广方式应当得体、适度，不得含有误导性信息，不得损害律师职业尊严和行业形象。"《律师执业行为规范（试行）》第三章第一节规定了律师业务推广的原则包括：

1. 律师和律师事务所推广律师业务，应当遵守平等、诚信原则，遵守律师职业道德和执业纪律，遵守律师行业公认的行业准则，公平竞争。（第16条）

2. 律师和律师事务所应当通过提高自身综合素质、提高法律服务质量、加强自身业务竞争能力的途径，开展、推广律师业务。（第17条）

3. 律师和律师事务所可以依法以广告方式宣传律师和律师事务所以及自己的业务领域和专业特长。（第18条）

4. 律师和律师事务所可以通过发表学术论文、案例分析、专题解答、授课、普及法律等活动，宣传自己的专业领域。（第19条）

5. 律师和律师事务所可以通过举办或者参加各种形式的专题、专业研讨会，宣传自己的专业特长。（第20条）

6. 律师可以以自己或者其任职的律师事务所的名义参加各种社会公益活动。（第21条）

7. 律师和律师事务所在业务推广中不得有不正当竞争行为。（第22条）

综上可见，律师业务推广应当遵循的基本规则包括：守法、公平、诚信、真实、严谨、得体、适度。

（二）律师业务推广的主要方式

《律师执业行为规范（试行）》中重点规定了两种律师业务推广的方式：律师业务推广广告和律师宣传。《中华全国律师协会律师业务推广行为规则（试行）》第2条规定了律师业务推广主要形式包括：(1)发布律师个人广告、律师事务所广告；(2)建立、注册和使用网站、博客、微信公众号、领英等互联网媒介；

(3)印制和使用名片、宣传册等具有业务推广性质的书面资料或视听资料;(4)出版书籍、发表文章;(5)举办、参加、资助会议、评比、评选活动;(6)其他可传达至社会公众的业务推广方式。

1. 律师业务推广广告的规则

律师业务推广广告,又称律师服务广告,是指律师、律师事务所通过广告经营者发布的法律服务信息。

(1)律师业务推广广告的主体

《律师执业行为规范(试行)》第 26 条规定了律师广告的主体是律师和律师事务所。"律师广告可以以律师个人名义发布,也可以以律师事务所名义发布。以律师个人名义发布的律师广告应当注明律师个人所任职的执业机构名称,应当载明律师执业证号"。但公司律师、公职律师和公职律师事务所不得发布律师服务广告。兼职律师发布律师服务广告应当载明兼职律师身份。《律师执业行为规范(试行)》第 27 条、《中华全国律师协会律师业务推广行为规则(试行)》第 5 条规定,具有下列情况之一的,律师和律师事务所不得发布律师广告:(1)未参加年度考核或者未通过年度考核的;(2)处于中止会员权利、停止执业或者停业整顿处罚期间,以及前述期间届满后未满一年的;(3)受到通报批评、公开谴责未满一年的;(4)其他不得发布广告的情形。

(2)律师广告的原则

《律师执业行为规范(试行)》规定了律师广告的原则。

第一,律师和律师事务所为推广业务,可以发布使社会公众了解律师个人和律师事务所法律服务业务信息的广告。(第 23 条)

第二,律师发布广告应当遵守国家法律、法规、规章和本规范。(第 24 条)

第三,律师发布广告应当具有可识别性,应当能够使社会公众辨明是律师广告。(第 25 条)

第四,律师和律师事务所不得以有悖律师使命、有损律师形象的方式制作广告,不得采用一般商业广告的艺术夸张手段制作广告。(第 30 条)

第五,律师广告中不得出现违反所属律师协会有关律师广告管理规定的内容。(第 31 条)

(3)律师广告的内容

《律师执业行为规范(试行)》第 28 条对律师广告的限制性规定:"律师个人广告的内容,应当限于律师的姓名、肖像、年龄、性别,学历、学位、专业、律师执业许可日期、所任职律师事务所名称、在所任职律师事务所的执业期限；收费标准、联系方法；依法能够向社会提供的法律服务业务范围；执业业绩。”《中华全国律师协会律师业务推广行为规则（试行）》第6条规定：“律师个人发布的业务推广信息应当醒目标示律师姓名、律师执业证号、所任职律师事务所名称，也可以包含律师本人的肖像、年龄、性别、学历、学位、执业年限、律师职称、荣誉称号、律师事务所收费标准、联系方式，依法能够向社会提供的法律服务业务范围、专业领域、专业资格等。”

第29条对律师事务所广告的限制性规定：“律师事务所广告的内容应当限于律师事务所名称、住所、电话号码、传真号码、邮政编码、电子信箱、网址；所属律师协会；所内执业律师及依法能够向社会提供的法律服务业务范围简介；执业业绩。”《中华全国律师协会律师业务推广行为规则（试行）》第7条规定，律师事务所发布的业务推广信息应当醒目标示律师事务所名称、执业许可证号，也可以包含律师事务所的住所、电话号码、传真号码、电子信箱、网址、公众号等联系方式，以及律师事务所荣誉称号、所属律师协会、所内执业律师、律师事务所收费标准、依法能够向社会提供的法律服务业务范围简介。

《中华全国律师协会律师业务推广行为规则（试行）》第8条规定：“律师、律师事务所业务推广信息中载有荣誉称号的，应当载明该荣誉的授予时间和授予机构。”

2. 律师宣传的规则

律师宣传应当遵守的规则主要在《律师执业行为规范（试行）》的第32条至第34条中的规定：“律师和律师事务所不得进行歪曲事实和法律，或者可能使公众对律师产生不合理期望的宣传。”“律师和律师事务所可以宣传所从事的某一专业法律服务领域，但不得自我声明或者暗示其被公认或者证明为某一专业领域的权威或专家。”“律师和律师事务所不得进行律师之间或者律师事务所之间的比较宣传。”

3. 建立、注册和使用网站、博客、微信公众号、领英等互联网媒介的规则

律师、律师事务所应当对其开立的互联网媒介账户中的信息内容负责，如果发现他人在其互联网媒介账户中发布违反《中华全国律师协会律师业务推广行为规则（试行）》的信息，应当及时删除。律师、律师事务所和互联网平台、大众媒体等第三方媒介合作进行业务推广的，无论该第三方是否向律师、律师事务所收取费用，均应当遵守《中华全国律师协会律师业务推广行为规则（试

行)》。律师、律师事务所不得以支付案件介绍费、律师费收入分成等方式与第三方合作进行业务推广。

(三)律师业务推广的规范限制

《中华全国律师协会律师业务推广行为规则(试行)》鉴于违背律师业务推广的伦理规范的问题,对律师业务推广的内容和形式作了限制性的规定。

《中华全国律师协会律师业务推广行为规则(试行)》第10条对律师业务推广的内容进行了限制:"律师、律师事务所进行业务推广时,不得有下列行为:(1)虚假、误导性或者夸大性宣传;(2)与登记注册信息不一致;(3)明示或者暗示与司法机关、政府机关、社会团体、中介机构及其工作人员有特殊关系;(4)贬低其他律师事务所或者律师的,或与其他律师事务所、其他律师之间进行比较宣传;(5)承诺办案结果;(6)宣示胜诉率、赔偿额、标的额等可能使公众对律师、律师事务所产生不合理期望;(7)明示或者暗示提供回扣或者其他利益;(8)不收费或者降低收费(法律援助案件除外);(9)未经客户许可发布的客户信息;(10)与律师职业不相称的文字、图案、图片和视听资料;(11)在非履行律师协会任职职责的活动中使用律师协会任职的职务;(12)使用中国、中华、全国、外国国家名称等字样,或者未经同意使用国际组织、国家机关、政府组织、行业协会名称;(13)法律、法规、规章、行业规范规定的其他禁止性内容。"

《中华全国律师协会律师业务推广行为规则(试行)》第11条对律师业务推广的形式进行了限制:"禁止以下列方式发布业务推广信息:(一)采用艺术夸张手段制作、发布业务推广信息;(二)在公共场所粘贴、散发业务推广信息;(三)以电话、信函、短信、电子邮件等方式针对不特定主体进行业务推广;(四)在法院、检察院、看守所、公安机关、监狱、仲裁委员会等场所附近以广告牌、移动广告、电了信息显示牌等形式发布业务推广信息;(五)其他有损律师职业形象和律师行业整体利益的业务推广方式。"

案例中的卢某某在执业过程中,明知律师在业务推广过程中不得利用新闻媒介或其他手段提供虚假信息或夸大自己的专业能力;不得在名片上印有各种学术、非律师业职称、社会职务以及所获荣誉等。但是卢某某在推广过程中印制各种学术、非律师业职称、社会职务等行为,已经违反了律师业务推广规则,同时属于不正当竞争行为。其行为不仅误导当事人的正常判断和选择,还扰乱律师行业的公平竞争。因此,必须对其行为进行惩戒。

▶【案例、问题与讨论】> > >

【案例】(一)

珠海市律师协会关于对广东某律师事务所的处分决定案①

被处分人:广东某律师事务所,负责人:林某。经查:被处分人在收取律师费后没有向委托人开具律师服务收费合法票据;被处分人办理刑事诉讼案件实行风险代理收费。珠海市律师协会决定,给予广东某律师事务所通报批评的行业处分。

【案例】(二)

离婚案件违规风险代理案②

2013 年 6 月,投诉人石某向本会投诉广东 PX 律师事务所潘律师在离婚案件中未尽代理职责、违规风险代理收费一案,要求本会调查处理。本会立案调查,并由纪律与道德委员会组成审议组对本案进行了审议。针对投诉人的投诉,被投诉人潘律师未进行任何答辩,亦未提交任何证据材料。

经查实:2012 年某月某日,投诉人石某委托广东 PX 律师事务所代理两起案件:(1)投诉人与女儿石某某控告侵害人的诉讼;(2)投诉人与李某某的离婚纠纷处理。双方约定投诉人向广东 PX 律师事务所支付办案费人民币 5 万元整,在签订委托代理合同时即支付。投诉人支付律师服务费:(1)以石某某最终获赔数额的 20% 计算,在实现之日支付;(2)以诉讼方式解决离婚纠纷时,以甲方离婚诉讼获得支持的诉讼请求数额 5% 计算,或以不支持对方诉讼请求数额的 5% 计算,在最终结果生效时支付。广东 PX 律师事务所指派潘律师代理上述两起案件,已经履行了律师代理职责。

对于离婚案件最终以法院民事调解结案,广东 PX 律师事务所要求投诉人支付委托合同约定的按照获得支持的诉讼请求数额 5% 支付律师费,投诉人拒

① 案件来源:《关于对广东敬业律师事务所的处分决定》,珠律纪字(2013)2 号,http://www.zhsf.gov.cn/zh-cn/infos_132/308838314.htm,2017 年 3 月 23 日访问。

② 案件来源:《离婚案件违规风险代理案》,深圳律师网,http://www.szlawyers.com/info/9affce48d0414d7e9bbef19ff645803c,2017 年 3 月 28 日访问。

不支付，广东PX律师事务所遂向深圳某区人民法院起诉，要求投诉人支付合同约定的律师费。深圳某区人民法院作出(2013)深某法民初字第某号民事判决，驳回广东PX律师事务所的全部诉讼请求。

深圳市律师协会认为，广东PX律师事务所指派潘律师代理投诉人两起案件已经履行律师代理职责，不存在未尽职责的情形。投诉人与广东PX律师事务所潘律师签订的委托代理合同，约定离婚案的律师费为获得支持诉讼请求数额的5%，离婚案件不得风险代理，此约定违反了律师服务收费相关规定，构成违规。根据《深圳市律师协会会员违纪违规行为处分细则》第5条第(12)项之规定，本会决定：对广东PX律师事务所潘律师予以"训诫"处分。

【问题与讨论】

1. 案例(一)中被处分人在收取律师费后没有向委托人开具律师服务收费合法票据，违反了律师职业道德和执业纪律的哪项规定？有哪些法律法规或行业规范对此作了具体规定？其具体内容是什么？

2. 两个案例中均谈到风险代理收费问题，讨论风险代理收费的理由与目的是什么？在风险代理收费中应当遵循的规则有哪些？哪些案件不能适用风险代理收费，并分析原因。

CHAPTER 5

第五章

律师在司法、仲裁活动中的规则

律师接受当事人委托或有关机关指定,为当事人提供法律服务,并参与诉讼、仲裁活动,应当维护当事人合法权益,维护社会公平和正义,因此法律赋予了律师在执业活动中较之其他辩护人、代理人更多的权利,以保证法律的正确实施和司法正义在一个个具体案件中得以实现。当律师在参与诉讼或仲裁时,不择手段地维护当事人的各种权益包括非法的权益,律师的行为就可能影响司法、仲裁的正常进行,妨碍公正的实现,因此我国法律法规及律师行业规范、律师职业道德都明确规定了律师在诉讼和仲裁中维护法律正确实施,维护社会公平正义的义务和责任。

第一节　真实规则

▶【典型案例】> > >

律师邹某某帮助伪造证据案。[①]

▶【基本案情】> > >

邹某某在办理被告人夏某凌受贿案中的违法行为之一是帮助伪造证据。

2010 年 11 月 9 日,湖南居安律师事务所律师邹某某通过刘某德得到衡阳市永兴阁 2904 房许某爱组织妇女卖淫的线索,便要陆某平到衡南县看守所将线索告知夏某凌。陆某平趁会见之机,将线索告知夏某凌,夏某凌随即向看守所民警举报。因看守所民警答复该线索没有什么价值,夏某凌便给陆某平打电话要求会见。当日下午,陆某平又到看守所会见夏某凌,就举报事项制作了

① 案例来源:《湖南省司法厅行政处罚决定》,湘司罚决(2014)2 号,湖南司法行政网,http://sft.hunan.gov.cn/xxgk_71079/tzgg/201702/t20170227_4022473.html,2017 年 3 月 28 日访问。

会见笔录,后将会见笔录交给邹某某。11 月 15 日,邹某某将会见笔录交给刘某德,刘某德提出尚需夏某凌亲笔书写一份举报信,邹某某便要陆某平再次到看守所找夏某凌按照会见笔录内容亲笔书写一份举报材料。11 月 18 日,邹某某将举报材料交给刘某德。2011 年 1 月 23 日,邹某某电话告诉刘某德,夏某凌受贿案次日二审开庭,要他务必在次日上午 9 点钟之前将立功材料准备好。1 月 24 日上午,刘某德在衡阳市中级人民法院门口将立功材料交给邹某某,邹某某让邓某艳交给法庭。二审休庭后,审判长肖某元(邹某某丈夫)告知邹某某,检察人员提供的立功材料中没有许某爱的相关处理文书,邹某某随即联系刘某德。次日,刘某德将许某爱的取保候审决定书交给邹某某,邹某某交给肖某元。1 月 27 日,肖某元就取保候审决定书分别找公诉人和夏某凌补充质证,检察人员提出还要许某爱的讯问笔录,肖某元又将此情况告知邹某某。1 月 30 日,邹某某持本所介绍信到衡阳市公安局雁峰区分局治安大队调取了许某爱的讯问笔录交给肖某元。当邹某某得知检察院在复查夏某凌举报线索来源的消息后,便约邓某艳、邓某珍、陆某平、刘某德等人,于 2 月 15 日在岳屏公园见面,商量统一口径。3 月 11 日,衡阳市人民检察院、衡阳市石鼓区人民法院,分别收到衡阳市中级人民法院对夏某凌改判有期徒刑 5 年并处没收财产人民币 5 万元的刑事判决书。3 月 17 日,衡阳市石鼓区人民检察院通知衡阳市石鼓区人民法院暂缓宣判夏某凌二审判决书,夏某凌二审判决书因此未生效。3 月 18 日,邹某某因涉嫌犯行贿罪被衡阳市公安局石鼓区分局刑事拘留。4 月 1 日,因涉嫌犯帮助伪造证据罪经衡阳市人民检察院批准逮捕。

湖南省司法厅认为,邹某某为帮助夏某凌立功减刑,利用陆某平律师会见之机,向夏某凌提供许某爱组织妇女卖淫的线索,后又多次联系、安排他人落实夏某凌举报立功事宜并持律师事务所介绍信到办案机关调取有关材料,致使二审法院判决认定夏某凌具有立功情节,从一审判处 10 年有期徒刑到二审改判 5 年有期徒刑,严重破坏了国家司法机关的正常审判活动,其行为已构成犯罪,根据《中华人民共和国律师法》第 49 条第 1 款第 4 项和《律师和律师事务所违法行为处罚办法》第 17 条第 2 项、第 32 条第 3 款、第 39 条第 3 项的规定,应当给予吊销律师执业证书的处罚。经湖南省司法厅厅长办公会集体研究,2014 年 3 月 14 日对邹某某吊销律师执业证书。

▶【真实规则知识】> > >

律师在司法或仲裁中，应当坚持以事实为根据，以法律为准绳，方能维护当事人的合法权益，维护社会的公平正义，这部分的知识主要讲述律师对法庭真实义务的理论基础和具体规定。

▶【学理分析】> > >

一、律师对法庭真实义务的理论基础

"以事实为依据，以法律为准绳"是司法活动的出发点，对真实的发现是司法活动的主要目的之一，在司法活动中，律师的参与对于司法、仲裁活动发现真实和实现公正的目的有着重要的作用。司法、仲裁活动对真实的追求，主要通过对证据的收集、审查判断以及审判方或仲裁方听取各方意见等得以实现。而律师在司法、仲裁活动中，作为一方当事人的代理人，其从专业角度提出的证据和意见，使法官或仲裁员能够兼听各方意见，并遵循一定的规则，认定事实，作出判断。

律师在司法活动中各个阶段的参与有利于事实的发现，如在刑事诉讼案件中由于追诉机关是检察机关和公安机关，刑事被告人处于相对弱势的地位，刑事辩护律师的参与，则可以通过法律赋予辩护人的权利，利用法律知识和技能，与追诉机关相互制衡，有利于发现真相，实现司法公正。在侦查阶段，辩护律师一方面可以自行收集或申请侦查机关收集有利于被告人的证据，另一方面辩护律师在被告人被讯问时在场，可以防止追诉机关采用非法手段收集证据，从而在一定程度上保障证据真实、可靠。在审判阶段，通过控辩双方展示证据和相互质证，使得法官兼听则明，对事实的认定更接近于真实。律师通过对真实的发现并以真实的事实为根据，维护委托人的合法权益，保证法律的正确实施，从而维护社会的公平正义。

二、律师对法庭真实义务的规则

我国律师法第 31 条规定："律师担任辩护人的，应当根据事实和法律，提出犯罪嫌疑人、被告人无罪、罪轻或者减轻、免除其刑事责任的材料和意见，维护犯罪嫌疑人、被告人的诉讼权利和其他合法权益。"具体规范在我国律师法、刑事诉讼法、民事诉讼法、《律师执业管理办法》、《律师职业道德基本准则》、《律师执业行为规范(试行)》和《律师和律师事务所违法行为处罚办法》等法律法规、律师职业道德及行业规范中有明确的规定。律师法第 40 条第 6 项规定律师在执业活动中不得“故意提供虚假证据或者威胁、利诱他人提供虚假证据，妨碍对方当事人合法取得证据”；第 49 条第 1 款第 4 项规定律师有“故意提供虚假证据或者威胁、利诱他人提供虚假证据，妨碍对方当事人合法取得证据的”，由设区的市级或者直辖市的区人民政府司法行政部门给予停止执业 6 个月以上 1 年以下的处罚，可以处人民币 5 万元以下的罚款；有违法所得的，没收违法所得；情节严重的，由省、自治区、直辖市人民政府司法行政部门吊销其律师执业证书；构成犯罪的，依法追究刑事责任。《律师和律师事务所违法行为处罚办法》第 17 条把律师法第 40 条第 6 项、第 49 条第 4 项规定的内容进一步具体化，分为三种情形：(1)故意向司法机关、行政机关或者仲裁机构提交虚假证据，或者指使、威胁、利诱他人提供虚假证据的；(2)指示或者帮助委托人或者他人伪造、隐匿、毁灭证据，指使或者帮助犯罪嫌疑人、被告人串供，威胁、利诱证人不作证或者作伪证的；(3)妨碍对方当事人及其代理人、辩护人合法取证的，或者阻止他人向案件承办机关或者对方当事人提供证据的。在《律师执业行为规范(试行)》第 64 条中规定，律师不得向司法机关或者仲裁机构提交明知是虚假的证据。

本案例中的邹律师在明知被告人夏某凌事先并不掌握许某爱组织妇女卖淫的线索，但为帮助夏某凌立功减刑，利用陆某平律师会见之机，帮助夏某凌伪造证据，违背了律师对法庭真实的职业伦理和义务：向夏某凌提供许某爱组织妇女卖淫的线索，致使二审法院判决认定夏某凌具有立功情节，从一审判处 10 年有期徒刑到二审改判 5 年有期徒刑，严重破坏了国家司法机关的正常审判活动，其行为已构成犯罪。根据《中华人民共和国律师法》第 49 条第 1 款第 4 项规定，律师有“故意提供虚假证据或者威胁、利诱他人提供虚假证据，妨碍对方当事人合法取得证据的”由设区的市级或者直辖市的区人民政府司法行政部门给予停止执业六个月以上一年以下的处罚，可以处五万元以下的罚款；有违法所得的，没收违法所得；情节严重的，由省、自治区、直辖市人民政府司法行政部门吊销其律师执业证书；构成犯罪的，依法追究刑事责任。《律师和律师事务所违法行为处罚办法》第 17 条第 2 项规定：“指示或者帮助委托人或者他人伪造、隐匿、毁灭证据，指使或者帮助犯罪嫌疑人、被告人串供，威胁、利诱证人不作证或者作伪证的”，理所当然地对邹某某吊销律师执业证书，并追究其刑事责任。

第二节　律师的会见、阅卷、调查取证规则

▶【典型案例】(一) > > >

骆律师违规会见在押人员案。[①]

▶【基本案情】> > >

2014年3月19日下午，上海市宝山区人民检察院驻看守所检察室干部在日常检查中发现，被投诉人广东某律师事务所骆律师会见在押人员谢某某时，通过在押人员口述由其书写的方式，为在押人员书写个人信息，擅自传递私信，被上海市宝山区人民检察院驻所干部当场制止。上述情况有私人信件复印件、在押人员谈话笔录等证明。

2014年4月7日，广东省律师协会收到上海市宝山区人民检察院发来的《上海市宝山区人民检察院纠正违法通知书》。2014年4月14日，广东省律师协会将此案批转深圳市律师协会调查处理。深圳市律师协会于2014年4月16日对此案立案调查。

深圳律师协会查明的事实为：2014年3月19日下午，被投诉人骆律师在会见在押人员谢某某时，通过在押人员口述并由被投诉人书写的方式，为在押人员书写个人信息，擅自传递私信（信件内容未涉及案情），该行为被驻看守所检察室干部发现，并当场予以制止。被投诉人的行为被发现后，当场承认了错误并予道歉。

该会认为被投诉人在会见过程中，为在押人员谢某某传递私信，事实清楚，证据确凿，鉴于被投诉人的违规行为被发现后认错态度好，且传递的信件内容与案情无关，未造成严重后果，依照《深圳市律师协会会员违纪违规行为处分细则》第15条之规定，对被投诉人减轻处罚，对被投诉人予以训诫处分。

① 案例来源：《律师违规会见在押人员案》，深圳律师网，http://www.szlawyers.com/info/6a5a445f5a494f659ca96f0cfdba89f7，2017年3月28日访问。

▶【典型案例】(二) > > >

王律师违规为许某某传递香烟及使用手机案。[①]

▶【基本案情】> > >

杭州市律师协会于2016年2月2日收到杭州市司法局《投诉交办通知书》。2016年2月1日,台州市路桥区看守所向杭州市司法局发送《违规情况通报》,反映北京某(杭州)律师事务所王某律师于2015年11月16日、12月23日及2016年1月20日,在台州市路桥区看守所会见犯罪嫌疑人许某某过程中,违规为许某某传递香烟及使用手机一案。该会纪律与惩戒委员会书面通知被处分人王某律师到市律师协会陈述、申辩,并告知其有要求听证的权利,王某律师未在规定期限内提出听证要求。现该案已调查终结。

经查明:2015年11月16日下午,北京某(杭州)律师事务所王某律师在台州市路桥区看守所会见在押犯罪嫌疑人许某某过程中,分别于16时7分将手机打开免提供许某某与外界通话,16时14分将香烟放置会见窗口由许某某自行拿取装入口袋,16时16分又给许某某数支香烟让其装入口袋。2015年11月23日下午,王某律师第二次会见许某某时,又于14时17分、14时34分两次给许某某吸烟,15时13分将手机交于许某某与外界通话至15时26分,时间长达13分钟,15时27分传递打火机供许某某点烟。2016年1月20日下午,王某律师第三次会见许某某,再次于14时17分传递香烟及打火机给许某某吸烟并未及时取回打火机,14时25分传递香烟给许某某放入口袋,14时26分将手机交于许某某与外界通话被看守所民警发现制止。其违规行为已经查实。

证明以上事实的证据材料有:

1. 2016年2月2日,杭州市司法局《投诉交办通知书》一份;

2. 2016年1月22日,台州市路桥区看守所《违规情况通报》一份;

3. 2016年1月20日,台州市路桥区人民检察院驻看守所检察室对犯罪嫌疑人许某某所做的讯问笔录一份;

4. 2016年1月20日,台州市路桥区看守所对王某律师所做的谈话笔录一份;

① 案例来源:杭州市律师协会处分决定书,杭律处决字(2016)第01号,杭州律师网,http://www.hzlawyer.net/news/detail.php?id=13483,2017年2月14日访问。

5. 台州市路桥区看守所提供的律师会见录影一份；

6. 王某律师《检讨书》一份。

杭州市律师协会认为：王某作为执业律师，在会见在押犯罪嫌疑人过程中，多次违规为在押犯罪嫌疑人许某某传递香烟及提供电话与外界通话，其行为违反了当时2000年的中华全国律师协会《律师办理刑事案件规范》（现已失效）第3章第29条的规定："律师会见犯罪嫌疑人，应当遵守羁押场所依法做出的有关规定，不得为犯罪嫌疑人传递物品、信函，不得将通讯工具借给其使用，不得进行其他违反法律规定的活动。"且事实清楚、证据充分。

由于王某律师在三次会见中，多次传递香烟给犯罪嫌疑人并让其带回及提供手机让犯罪嫌疑人与外界通话，其违规行为情节严重。为此，根据中华全国律师协会《律师协会会员违规行为处分规则（试行）》第2条、第3条、第9条、第11条第1款第23项，杭州市律师协会纪律与惩戒委员会作出给予王某律师公开谴责的行业处分。

▶【典型案例】（三）> > >

王律师帮助伪造证据案。①

▶【基本案情】> > >

2010年6月底，湖南某律师事务所律师王某某接受李某的委托，担任陈某军贪污、受贿案的代理人、辩护人。11月中旬，陈某通过他人从娄底市公安局娄星区分局禁毒大队戴某、李某锋处获得刘某胜等人贩毒线索，便将写有该线索的纸条交给王某某，要求其将纸条转交给陈某军，以帮助陈某军争取举报立功机会，获得从轻或者减轻处罚。11月19日，王某某乘到双峰县看守所会见之机，将纸条交给陈某军，要陈某军向看守所举报，并与其商量有关应对事项。陈某军将刘某胜等人贩毒线索报告双峰县看守所，双峰县看守所转至娄底市公安局娄星区分局禁毒大队。11月24日，娄底市公安局娄星区分局禁毒大队将贩卖毒品的刘某胜等人抓获。此后，王某某多次向双峰县看守所、双峰县人民检察院催办陈某军举报立功事宜。2011年1月7日，双峰县人民法院开庭审理陈某军涉嫌贪污、受贿案时，王某某提出陈某军具有立功情节，依法应当从轻、减

---

① 案例来源：《湖南省司法厅行政处罚决定书》，湘司罚决（2013）2号，湖南司法行政网，http://sft.hunan.gov.cn/xxgk_71079/tzgg/201702/t20170227_4022438.html，2017年3月23日访问。

轻处罚的辩护意见。4 月 23 日，王某某得知戴某、李某锋两人投案自首后，便到娄底市检察院反渎局投案自首。10 月 25 日，涟源市人民法院判决王某某犯辩护人伪造证据罪，免予刑事处罚。上述事实有涟源市人民法院(2011)涟刑初字第 212 号刑事判决书等证据材料证实。

湖南省司法厅认为，王某某在担任陈某军的代理人、辩护人时，明知陈某军事先并不掌握他人提供的贩毒线索，但为帮助陈某军立功减刑，利用会见的机会，向陈某军转交写有贩毒线索的纸条，后又多次向有关单位催办陈某军举报立功事宜，并在法院审理时提出陈某军具有立功情节，依法应当从轻、减轻处罚的辩护意见，其行为已经构成犯罪，属于违法执业情节严重。根据《中华人民共和国律师法》第 49 条第 1 款第 4 项和《律师和律师事务所违法行为处罚办法》第 17 条第 2 项、第 32 条第 3 款、第 42 条第 2 款的规定，应当给予吊销律师执业证书的处罚。经本厅厅长办公会集体研究，对王某某作出处罚决定：吊销律师执业证书。

▶【律师的会见、阅卷、调查取证规则知识】> > >

本部分内容主要涉及律师的会见权、阅卷权和调查取证权的法律规定和应当遵循的规则。

▶【学理分析】> > >

为了保证律师在执业活动中发现事实，维护委托人的合法利益，保证司法正义的实现，我国法律法规逐渐健全律师执业权利保障制度，依照刑事诉讼法、民事诉讼法、行政诉讼法及律师法的规定，人民法院、人民检察院、公安机关、国家安全机关、司法行政机关在各自职责范围内依法保障律师知情权、申请权、申诉权，以及会见、阅卷、收集证据和发问、质证、辩论等方面的执业权利，不得阻碍律师依法履行辩护、代理职责，不得侵害律师合法权利。其中律师的会见、阅卷、调查取证权的规定和保障尤为重要。

一、律师的会见权

(一)律师会见权的规定和保障

律师的会见权是指律师依照法律规定，与在押或者被监视居住的犯罪嫌疑人或被告人会见交流权利，通过会见交流为犯罪嫌疑人或被告人提供法律帮助，防止侦查机关侵犯其合法权益，从而维护程序上的公正。我国律师法第 33

条规定,“律师担任辩护人的,有权持律师执业证书、律师事务所证明和委托书或者法律援助公函,依照刑事诉讼法的规定会见在押或者被监视居住的犯罪嫌疑人、被告人。辩护律师会见犯罪嫌疑人、被告人时不被监听”。

刑事诉讼法第 39 条明确规定:“辩护律师可以同在押的犯罪嫌疑人、被告人会见和通信。其他辩护人经人民法院、人民检察院许可,也可以同在押的犯罪嫌疑人、被告人会见和通信。辩护律师持律师执业证书、律师事务所证明和委托书或者法律援助公函要求会见在押的犯罪嫌疑人、被告人的,看守所应当及时安排会见,至迟不得超过四十八小时。危害国家安全犯罪、恐怖活动犯罪案件,在侦查期间辩护律师会见在押的犯罪嫌疑人,应当经侦查机关许可。上述案件,侦查机关应当事先通知看守所。辩护律师会见在押的犯罪嫌疑人、被告人,可以了解案件有关情况,提供法律咨询等;自案件移送审查起诉之日起,可以向犯罪嫌疑人、被告人核实有关证据。辩护律师会见犯罪嫌疑人、被告人时不被监听。辩护律师同被监视居住的犯罪嫌疑人、被告人会见、通信,适用第一款、第三款、第四款的规定。”但由于这些规定过于原则、笼统,造成了律师会见难的现实。最高人民法院、最高人民检察院、公安部、司法部发出了《关于律师参加诉讼的几项具体规定的联合通知》及《关于律师参加诉讼的几项补充规定》,对律师的会见权作了一些具体规定。2015 年 9 月 16 日最高人民法院、最高人民检察院、公安部、国家安全部、司法部发出《关于依法保障律师执业权利的规定》,第 7—13 条进一步详细规定了律师的会见权及其保障措施:

其一,及时安排会见并保障会见的顺利进行。

根据刑事诉讼法第 39 条规定,《关于依法保障律师执业权利的规定》第 7 条规定:“辩护律师到看守所会见在押的犯罪嫌疑人、被告人,看守所在查验律师执业证书、律师事务所证明和委托书或者法律援助公函后,应当及时安排会见。能当时安排的,应当当时安排;不能当时安排的,看守所应当向辩护律师说明情况,并保证辩护律师在四十八小时以内会见到在押的犯罪嫌疑人、被告人。看守所安排会见不得附加其他条件或者变相要求辩护律师提交法律规定以外的其他文件、材料,不得以未收到办案机关通知为由拒绝安排辩护律师会见。看守所应当设立会见预约平台,采取网上预约、电话预约等方式为辩护律师会见提供便利,但不得以未预约会见为由拒绝安排辩护律师会见。”

辩护律师会见在押的犯罪嫌疑人、被告人时,看守所应当采取必要措施,保障会见顺利和安全进行。律师会见在押的犯罪嫌疑人、被告人的,看守所应当保障律师履行辩护职责需要的时间和次数，并与看守所工作安排和办案机关侦查工作相协调。辩护律师会见犯罪嫌疑人、被告人时不被监听，办案机关不得派员在场。在律师会见室不足的情况下，看守所经辩护律师书面同意，可以安排在讯问室会见，但应当关闭录音、监听设备。犯罪嫌疑人、被告人委托两名律师担任辩护人的，两名辩护律师可以共同会见，也可以单独会见。辩护律师可以带一名律师助理协助会见。助理人员随同辩护律师参加会见的，应当出示律师事务所证明和律师执业证书或申请律师执业人员实习证。办案机关应当核实律师助理的身份。

第 8 条规定："在押的犯罪嫌疑人、被告人提出解除委托关系的，办案机关应当要求其出具或签署书面文件，并在三日以内转交受委托的律师或者律师事务所。辩护律师可以要求会见在押的犯罪嫌疑人、被告人，当面向其确认解除委托关系，看守所应当安排会见；但犯罪嫌疑人、被告人书面拒绝会见的，看守所应当将有关书面材料转交辩护律师，不予安排会见。

"在押的犯罪嫌疑人、被告人的监护人、近亲属解除代为委托辩护律师关系的，经犯罪嫌疑人、被告人同意的，看守所应当允许新代为委托的辩护律师会见，由犯罪嫌疑人、被告人确认新的委托关系；犯罪嫌疑人、被告人不同意解除原辩护律师的委托关系的，看守所应当终止新代为委托的辩护律师会见。"

根据第 9 条规定，辩护律师在侦查期间要求会见危害国家安全犯罪、恐怖活动犯罪、特别重大贿赂犯罪（在 2018 年修正的刑事诉讼法中只保留了危害国家安全犯罪、恐怖活动犯罪）案件在押的犯罪嫌疑人的，应当向侦查机关提出申请。侦查机关应当依法及时审查辩护律师提出的会见申请，在 3 日以内将是否许可的决定书面答复辩护律师，并明确告知负责与辩护律师联系的部门及工作人员的联系方式。对许可会见的，应当向辩护律师出具许可决定文书；因有碍侦查或者可能泄露国家秘密而不许可会见的，应当向辩护律师说明理由。有碍侦查或者可能泄露国家秘密的情形消失后，应当许可会见，并及时通知看守所和辩护律师。对特别重大贿赂案件在侦查终结前，侦查机关应当许可辩护律师至少会见一次犯罪嫌疑人。

侦查机关不得随意解释和扩大前款所述三类案件的范围，限制律师会见。

其二，具体规定了律师会见提供法律咨询、核实证据、制作笔录的权利。

刑事诉讼法第 39 条第 4 款规定：辩护律师会见在押的犯罪嫌疑人、被告人，可以了解案件有关情况，提供法律咨询等；自案件移送审查起诉之日起，可以向犯罪嫌疑人、被告人核实有关证据。辩护律师会见犯罪嫌疑人、被告人时不被监听。根据《关于依法保障律师执业权利的规定》第10条、第11条的规定,自案件移送审查起诉之日起,辩护律师会见犯罪嫌疑人、被告人,可以向其核实有关证据;辩护律师会见在押的犯罪嫌疑人、被告人,可以根据需要制作会见笔录,并要求犯罪嫌疑人、被告人确认无误后在笔录上签名。

其三,律师会见时有携带律师助理及翻译人员随同的权利;律师与在押犯罪嫌疑人、被告人通信的权利。

《关于依法保障律师执业权利的规定》第7条第4款规定:"……辩护律师可以带一名律师助理协助会见。助理人员随同辩护律师参加会见的,应当出示律师事务所证明和律师执业证书或申请律师执业人员实习证。办案机关应当核实律师助理的身份。"第12条规定,辩护律师会见在押的犯罪嫌疑人、被告人需要翻译人员随同参加的,应当提前向办案机关提出申请,并提交翻译人员身份证明及其所在单位出具的证明。办案机关应当及时审查并在3日以内作出是否许可的决定。许可翻译人员参加会见的,应当向辩护律师出具许可决定文书,并通知看守所。不许可的,应当向辩护律师书面说明理由,并通知其更换。

(二)律师会见权的规则

为了更好地维护在押犯罪嫌疑人或被告人的合法利益,维护法律正义和社会公正,我国法律赋予了律师会见权利的同时,又对其加以规范。根据法律法规,律师在会见在押的犯罪嫌疑人应当遵循的规则有:

1. 律师依照法律规定会见在押犯罪嫌疑人或被告人,应持律师执业证书、律师事务所证明和委托书或者法律援助证明。助理人员随同辩护律师参加会见的,应当出示律师事务所证明和律师执业证书或申请律师执业人员实习证。随同辩护律师参加会见翻译人员应当持办案机关许可决定文书和本人身份证明。

2. 律师会见在押犯罪嫌疑人或被告人的,应当遵守羁押场所的规定,不得为在押犯罪嫌疑人或被告人传递物品、信函,不得将通讯工具借给其使用,不得从事其他违反法律规定的行为。《律师职业道德和执业纪律规范》第23条规定:"律师不得与犯罪嫌疑人、被告人的亲属或者其他人会见在押犯罪嫌疑人、被告人,或者借职务之便违反规定为被告人传递信件、钱物或与案情有关的信息。"根据2016年《律师执业管理办法》第39条第1项规定,律师代理参与诉讼、仲裁或者行政处理活动,应当遵守法庭、仲裁庭纪律和监管场所规定、行政处理规则，不得在“会见在押犯罪嫌疑人、被告人时，违反有关规定，携带犯罪嫌疑人、被告人的近亲属或者其他利害关系人会见，将通讯工具提供给在押犯罪嫌疑人、被告人使用，或者传递物品、文件”。

3. 律师不得携带在押犯罪嫌疑人或被告人的亲属和其他法律不允许的人员会见在押犯罪嫌疑人或被告人。根据《律师协会会员违规行为处分规则（试行）》第 11 条第 23 项规定，违反规定，携带非律师人员会见在押的犯罪嫌疑人、被告人或者在押犯，或者在会见中违反有关管理规定的，由省、自治区、直辖市及设区的市律师协会给予训诫、通报批评、公开谴责。

二、律师的阅卷权

（一）律师阅卷权的规定和保障

律师的阅卷权，是指律师介入诉讼后，有向人民检察院、人民法院等机关查阅案卷的权利。这有助于律师详细、全面地了解案情，有效地维护当事人的合法权益。律师法第 34 条规定：“律师担任辩护人的，自人民检察院对案件审查起诉之日起，有权查阅、摘抄、复制本案的案卷材料。”刑事诉讼法第 40 条规定：“辩护律师自人民检察院对案件审查起诉之日起，可以查阅、摘抄、复制本案的案卷材料。其他辩护人经人民法院、人民检察院许可，也可以查阅、摘抄、复制上述材料。”《关于依法保障律师执业权利的规定》第 14 条中为保证律师的阅卷权作了保障性规定。

其一，及时通知阅卷和安排阅卷。

侦查机关应当在案件移送审查起诉后 3 日以内，人民检察院应当在提起公诉后 3 日以内，将案件移送情况告知辩护律师。案件提起公诉后，人民检察院对案卷所附证据材料有调整或者补充的，应当及时告知辩护律师。辩护律师提出阅卷要求的，人民检察院、人民法院应当当时安排辩护律师阅卷，无法当时安排的，应当向辩护律师说明并安排其在 3 个工作日以内阅卷，不得限制辩护律师阅卷的次数和时间。有条件的地方可以设立阅卷预约平台。

其二，律师阅卷权的具体内容和条件保障。

人民检察院、人民法院应当为辩护律师查阅、摘抄、复制案卷材料提供便利，有条件的地方可以推行电子化阅卷，允许刻录、下载材料。辩护律师对调整或者补充的证据材料，有权查阅、摘抄、复制。辩护律师办理申诉、抗诉案件，在人民检察院、人民法院经审查决定立案后，可以持律师执业证书、律师事务所证明和委托书或者法律援助公函到案卷档案管理部门、持有案卷档案的办案部门查阅、摘抄、复制已经审理终结案件的案卷材料。

人民检察院、人民法院应当为辩护律师阅卷提供场所和便利，配备必要的设备。因复制材料发生费用的，只收取工本费用。律师办理法律援助案件复制材料发生的费用，应当予以免收或者减收。辩护律师可以采用复印、拍照、扫描、电子数据拷贝等方式复制案卷材料。

其三，可以根据需要携带律师助理协助阅卷。

（二）律师阅卷权的规则

根据相关法律规定，律师阅卷权应当遵守相应的规范。主要有：

1. 保密规则

辩护律师查阅、摘抄、复制的案卷材料属于国家秘密的，应当经过人民检察院、人民法院同意并遵守国家保密规定。律师不得违反规定，披露、散布案件重要信息和案卷材料，或者将其用于本案辩护、代理以外的其他用途。

2. 真实规则

律师摘抄、复制的案卷材料，必须忠实于事实真相，不得伪造、断章取义。

三、律师的调查取证权

（一）律师调查取证权的规定和保障

为了更好地维护当事人的权益，保证法律的正确实施，维护社会公平正义，律师还应当具有调查取证的权利。我国刑事诉讼法、律师法等法律都有相关规定。我国律师法第35条规定："受委托的律师根据案情的需要，可以申请人民检察院、人民法院收集、调取证据或者申请人民法院通知证人出庭作证。律师自行调查取证的，凭律师执业证书和律师事务所证明，可以向有关单位或者个人调查与承办法律事务有关的情况。"《关于依法保障律师执业权利的规定》第16条至第20条进一步细化了律师调查取证权：

1. 应当及时安排并提供合适的场所和便利

根据《关于依法保障律师执业权利的规定》第17条规定，辩护律师申请向被害人或者其近亲属、被害人提供的证人收集与本案有关的材料的，人民检察院、人民法院应当在7日以内作出是否许可的决定，并通知辩护律师。辩护律师书面提出有关申请时，办案机关不许可的，应当书面说明理由；辩护律师口头提出申请的，办案机关可以口头答复。

根据第18条规定，辩护律师申请人民检察院、人民法院收集、调取证据的，人民检察院、人民法院应当在3日以内作出是否同意的决定，并通知辩护律师。

辩护律师书面提出有关申请时，办案机关不同意的，应当书面说明理由；辩护律师口头提出申请的，办案机关可以口头答复。

2. 律师调查取证权的具体内容

相关法律法规具体规定了律师调查取证权的具体内容。包括辩护律师申请人民检察院、人民法院收集、调取证据的权利；申请调取公安机关、人民检察院在侦查、审查起诉期间收集但未提交的证明犯罪嫌疑人、被告人无罪或者罪轻的证据材料权利；辩护律师申请向被害人或者其近亲属、被害人提供的证人收集与本案有关的材料的权利；辩护律师申请向正在服刑的罪犯收集与案件有关的材料的权利；在民事诉讼、行政诉讼过程中，律师因客观原因无法自行收集证据的，可以依法向人民法院申请调取的权利，等等。

（二）律师调查取证权的规则

为了更好地为当事人提供法律服务，律师在充分运用的调查取证权的同时，也应当遵守律师在调查取证时的规则。

其一，律师应当依法取证。

其二，律师在调查取证时应当依照法律规定，持律师执业证书、律师事务所证明和委托书或者法律援助公函。

其三，在刑事诉讼中，律师收集证据必须经过相关部门和人员的同意。

辩护律师申请人民检察院、人民法院收集、调取证据的，应当经过人民检察院、人民法院同意；辩护律师申请向被害人或者其近亲属、被害人提供的证人收集与本案有关的材料的，必须经过人民检察院、人民法院的许可；正在服刑的罪犯属于辩护律师所承办案件的被害人或者其近亲属、被害人提供的证人的，应当经人民检察院或者人民法院许可。

刑事诉讼法第 43 条规定：辩护律师经证人或者其他有关单位和个人同意，可以向他们收集与本案有关的材料，也可以申请人民检察院、人民法院收集、调取证据，或者申请人民法院通知证人出庭作证。辩护律师经人民检察院或者人民法院许可，并且经被害人或者其近亲属、被害人提供的证人同意，可以向他们收集与本案有关的材料。

其四，不得伪造证据或帮助犯罪嫌疑人、被告人隐匿、毁灭、伪造证据。

刑事诉讼法第 44 条规定：辩护人或者其他任何人，不得帮助犯罪嫌疑人、被告人隐匿、毁灭、伪造证据或者串供，不得威胁、引诱证人作伪证以及进行其他干扰司法机关诉讼活动的行为。违反前款规定的，应当依法追究法律责任，辩护人涉嫌犯罪的，应当由办理辩护人所承办案件的侦查机关以外的侦查机关办理。辩护人是律师的，应当及时通知其所在的律师事务所或者所属的律师协会。

其五，律师不得向司法机关或者仲裁机构提供虚假的证据。

律师会见在押犯罪嫌疑人或被告人时不得为在押人员传递信件、物品等，是律师会见最基本的规定。而案例（一）中骆律师作为一名执业律师，明知会见时不得为在押人员传递信件，却通过在押人员口述由其书写的方式，为在押人员书写个人信息，擅自传递私信。其行为违反了《律师职业道德和执业纪律规范》第 23 条“律师不得与犯罪嫌疑人、被告人的亲属或者其他人会见在押犯罪嫌疑人、被告人，或者借职务之便违反规定为被告人传递信件、钱物或与案情有关的信息”的规定，存在侥幸心理而为之，实属不应当，因此违规被处罚。

案例（二）中王某作为执业律师，在三次会见在押犯罪嫌疑人过程中，多次违规为在押犯罪嫌疑人许某某传递香烟及提供电话与外界通话，其行为违反了中华全国律师协会《律师职业道德和执业纪律规范》第 23 条“律师不得与犯罪嫌疑人、被告人的亲属或者其他人会见在押犯罪嫌疑人、被告人，或者借职务之便违反规定为被告人传递信件、钱物或与案情有关的信息”的规定，其违规行为情节严重，理应受到公开谴责的行业处分。

律师应当在会见当事人时严格遵守会见管理规定，依法、依规会见，树立律师良好的执业形象。

案例（三）中，王某某在担任陈某军的代理人、辩护人时，明知陈某军事先并不掌握他人提供的贩毒线索，但为帮助陈某军立功减刑，利用会见的机会，向陈某军转交写有贩毒线索的纸条，违反了《律师职业道德和执业纪律规范》第 23 条“律师不得与犯罪嫌疑人、被告人的亲属或者其他人会见在押犯罪嫌疑人、被告人，或者借职务之便违反规定为被告人传递信件、钱物或与案情有关的信息”和第 22 条“律师应依法取证，不得伪造证据，不得怂恿委托人伪造证据、提供虚假证词，不得暗示、诱导、威胁他人提供虚假证据”的规定，不仅在会见时传递纸条，而且帮助伪造证据，其严重地违背了律师职业伦理的要求，而后又多次向有关单位催办陈某军举报立功事宜，并在法院审理时提出陈某军具有立功情节，依法应当从轻、减轻处罚的辩护意见，其行为已经构成犯罪，属于违法执业，情节严重，理应承担相关的纪律责任和法律责任。

第三节　律师在诉讼中应当遵守的规则

▶【典型案例】(一) > > >

白律师未按时出庭案。①

▶【基本案情】 > > >

李某红投诉周某鑫违反规定代理及白某军未按规定出庭,请求张家口市律师协会查处。张家口律师协会决定立案并进行调查,现案件已调查终结。

经查明:周某鑫系河北某甲律师事务所律师,于 2012 年在河北某乙律师事务所实习期间,与某乙律师事务所的律师白某军共同为闪某某诉赵某某、李某红确认合同效力纠纷一案的原告代理人,周某鑫协助白某军律师办理此案。在一审开庭时白某军律师未能按时参加庭审,而由周某鑫独自参加庭审,该情况委托人闪某某知晓并同意,同时在开庭时得到了法庭的准许。

后因李某红不服一审判决向张家口市中级人民法院提起上诉。这时周某鑫已经实习期满在河北某甲律师事务所注册并执业。所以在二审开庭时,向二审法院提交了河北某甲律师事务所的相关代理手续。但是二审法院作出的判决书误将周某鑫的执业机构写为河北某乙律师事务所,事后二审法院也补发了更正裁定予以说明。

张家口市律师协会纪律委员会认为:周某鑫应当知晓作为实习律师是不能独自参加庭审的,而白某军作为实习指导律师放任实习人员以律师名义在法庭上发表代理意见,虽然该代理行为得到委托人的许可,但是严重违反了中华全国律师协会《申请律师执业人员实习管理规则》的相关规定,而河北某乙律师事务所懈怠履行实习指导、管理职责,经本会研究决定:给予河北某乙律师事务所通报批评。给予白某军训诫处分。给予周某鑫训诫处分。

① 案例来源:《张家口市律师协会纪律委员会行业处分决定书》,张律协纪处字(2015)第 1 号,张家口律师网,http://www.zjksfj.gov.cn/zjklsw/ShowArticle.asp? ArticleID = 1405,2017 年 3 月 1 日访问。

【典型案例】（二）> > >

陈律师未参加庭审案。[①]

【基本案情】> > >

2011年11月10日上午，合肥市律师协会在开展听庭活动中，发现安徽某律师事务所陈某东律师未参加庭审。该协会对此进行了调查。

经查，2011年11月10日上午，在合肥市庐阳区人民法院第二法庭公开审理的安徽某保温节能工程有限公司与福建省某建设工程有限公司第一分公司、福建省某建设工程有限公司、杨某某、陈某杰建设工程分包合同纠纷案件中，安徽某律师事务所陈某东律师无故缺席庭审。在安徽某律师事务所向法院出具的律师函中，将实习律师唐某勇的身份写为律师。

证实上述事实的证据有：（1）合肥市庐阳区法院的情况说明；（2）安徽某律师事务所向合肥市庐阳区法院出具的律师函；（3）对安徽某律师事务所主任章某平的调查笔录；（4）对安徽某律师事务所律师陈某东的调查笔录。

合肥市律师协会认为：安徽某律师事务所疏于内部管理，为未取得律师执业证的人员出具律师身份证明，其行为违反了《律师执业行为规范（试行）》的有关规定。根据安徽某律师事务所的违规事实，依据《律师协会会员违规行为处分规则（试行）》第14条第20项之规定，经市律协惩戒委员会研究决定，给予安徽某律师事务所通报批评处分。

【典型案例】（三）> > >

重庆市律师协会给予刘某华公开谴责案。[②]

【基本案情】> > >

经重庆市律师协会查实，刘律师在履行律师职务过程中扰乱法庭审理秩序，违反了《律师执业行为规范（试行）》第65条、第66条的规定，重庆市律师协会根据《律师协会会员违规行为处分规则（试行）》第11条第28项规定，于

---

① 案例来源：《合肥市律师协会行业处分决定书》，合律协处字（2011）2号，合肥市司法局网站，http://ssfj.hefei.gov.cn/9651/9653/9665/9668/201112/t20111212_1819725.html，2017年3月1日访问。

② 案例来源：《刘光华被给予公开谴责》，http://118.125.243.115/Ntalker/2014-01/26242.html，2017年4月1日访问。

2014 年 1 月 26 日给予刘律师公开谴责的行业处分。

▶【典型案例】(四) > > >

律师出庭时着装不规范的投诉风险提示函。[①]

▶【基本案情】> > >

深圳市律师协会近日收到多起针对律师出庭时着装不规范的投诉,为增加会员防范执业风险能力,律师职业道德与纪律委员会就律师出庭服装问题作出执业风险提示如下:

第一,中华全国律师协会《律师出庭服装使用管理办法》是现行有效的针对律师出庭服装问题的行业规范,执业律师应自觉学习和遵守该规范。

第二,在参加法庭审理时穿着律师出庭服装,有助于提升律师职业形象,有助于审判机构和案件当事人区别执业律师与非律师人员。

第三,执业律师违反出庭着装规范的,有可能受到通报批评或训诫的纪律处分。

请深圳市各执业律师恪守执业操守,遵守中华全国律师协会《律师出庭服装使用管理办法》的相关规定,维护深圳律师的整体形象。同时请各律师事务所严格督促。

▶【律师在诉讼中应当遵循的规则知识】> > >

这部分内容主要涉及律师在诉讼中应当遵守的规则,包括律师庭审仪表和言谈举止规范、尊重法庭秩序规则、尊重法官和司法人员等等。

▶【学理分析】> > >

为了保证诉讼的正常进行,维护司法活动的神圣与庄严,也为了更好地维护诉讼当事人的合法利益,参与诉讼的律师必须遵守诉讼的规则。具体规则有:

一、律师应当尊重法庭和司法人员

法院、法庭和法官在一定意义上代表着司法公正,对法院、法庭和法官的尊

---

① 案例来源:《深圳市律师协会律师职业道德与纪律委员会执业风险提示函》,深圳律师网,http://www.szlawyers.com/info/b0ae12c03ced4147f066caf7afc4c04d,2017 年 3 月 28 日最后访问。

重,也就是对法律、对公平正义的尊重。因此,我国《律师执业行为规范(试行)》第 67 条规定:"在开庭审理过程中,律师应当尊重法庭、仲裁庭。"

二、律师应当注重庭审仪表和语态规范

律师职业形象是律师素质的外在表现形式,维护律师的庭审仪表也是对自己职业的尊重。因此《律师执业行为规范(试行)》第 71 条规定:"律师担任辩护人、代理人参加法庭、仲裁庭审理,应当按照规定穿着律师出庭服装,佩戴律师出庭徽章,注重律师职业形象。"第 72 条规定:"律师在法庭或仲裁庭发言时应当举止庄重、大方,用词文明、得体。"《人民法院法庭规则》第 12 条规定,出庭履行职务的人员,按照职业着装规定着装。

三、律师应当严格遵守法庭秩序,遵守出庭时间、提交文书的期限以及其他与履行职务有关的程序规定

律师法第 40 条第 8 项规定,律师不得"扰乱法庭、仲裁庭秩序,干扰诉讼、仲裁活动的正常进行"。第 49 条第 1 款第 6 项对于扰乱法庭、仲裁庭秩序,干扰诉讼、仲裁活动的正常进行的行为,"由设区的市级或者直辖市的区人民政府司法行政部门给予停止执业六个月以上一年以下的处罚,可以处五万元以下的罚款;有违法所得的,没收违法所得;情节严重的,由省、自治区、直辖市人民政府司法行政部门吊销其律师执业证书;构成犯罪的,依法追究刑事责任"。《律师和律师事务所违法行为处罚办法》第 19 条细化了上述违法行为:(1)在法庭、仲裁庭上发表或者指使、诱导委托人发表扰乱诉讼、仲裁活动正常进行的言论的;(2)阻止委托人或者其他诉讼参与人出庭,致使诉讼、仲裁活动不能正常进行的;(3)煽动、教唆他人扰乱法庭、仲裁庭秩序的;(4)无正当理由,当庭拒绝辩护、代理,拒绝签收司法文书或者拒绝在有关诉讼文书上签署意见的。《律师执业行为规范(试行)》第 66 条规定:"律师应当遵守法庭、仲裁庭纪律,遵守出庭时间、举证时限、提交法律文书期限及其他程序性规定。"2016 年《律师执业管理办法》第 39 条第 2 项规定:律师代理参与诉讼、仲裁或者行政处理活动,应当遵守法庭、仲裁庭纪律和监管场所规定、行政处理规则,不得"无正当理由,拒不按照人民法院通知出庭参与诉讼,或者违反法庭规则,擅自退庭"。

2015 年修订的《中华人民共和国人民法院法庭规则》(简称《人民法院法庭规则》)进一步规定法庭的纪律:一是律师应当出示证件并通过专门通道进入法庭。《人民法院法庭规则》第 6 条规定:"进入法庭的人员应当出示有效身份证件,并接受人身及携带物品的安全检查。持有效工作证件和出庭通知履行职务的检察人员、律师可以通过专门通道进入法庭。需要安全检查的,人民法院对检察人员和律师平等对待。”二是尊重司法礼仪,遵守法庭纪律,不得从事危害法庭安全或妨碍法庭秩序的行为。《人民法院法庭规则》第17条规定:“全体人员在庭审活动中应当服从审判长或独任审判员的指挥,尊重司法礼仪,遵守法庭纪律,不得实施下列行为:(一)鼓掌、喧哗;(二)吸烟、进食;(三)拨打或接听电话;(四)对庭审活动进行录音、录像、拍照或使用移动通信工具等传播庭审活动;(五)其他危害法庭安全或妨害法庭秩序的行为。”

四、律师不得在法庭上发表危害国家安全、诽谤他人、扰乱法庭秩序的言论

律师作为辩护人、诉讼代理人参与诉讼,依照法律规定享有发问权、质证权、发表代理意见和辩护意见的权利。同时,律师在法庭上的言论也要遵循一定的规范。律师法第49条第8项规定,律师有“发表危害国家安全、恶意诽谤他人、严重扰乱法庭秩序的言论的”“由设区的市级或者直辖市的区人民政府司法行政部门给予停止执业六个月以上一年以下的处罚,可以处五万元以下的罚款;有违法所得的,没收违法所得;情节严重的,由省、自治区、直辖市人民政府司法行政部门吊销其律师执业证书;构成犯罪的,依法追究刑事责任”。《律师和律师事务所违法行为处罚办法》第21条进行了细化,规定,“有下列情形之一的,属于《律师法》第四十九条第八项规定的律师‘发表危害国家安全、恶意诽谤他人、严重扰乱法庭秩序的言论的’违法行为:(一)在承办代理、辩护业务期间,发表、散布危害国家安全,恶意诽谤法官、检察官、仲裁员及对方当事人、第三人,严重扰乱法庭秩序的言论的;(二)在执业期间,发表、制作、传播危害国家安全的言论、信息、音像制品或者支持、参与、实施以危害国家安全为目的的活动的”。2016年《律师执业管理办法》第39条第3、5项规定:律师代理参与诉讼、仲裁或者行政处理活动,应当遵守法庭、仲裁庭纪律和监管场所规定、行政处理规则,不得有“聚众哄闹、冲击法庭,侮辱、诽谤、威胁、殴打司法工作人员或者诉讼参与人,否定国家认定的邪教组织的性质,或者有其他严重扰乱法庭秩序的行为”;不得有“法律规定的妨碍、干扰诉讼、仲裁或者行政处理活动正常进行的其他行为”。

本案例(一)、(二)白律师和陈律师在应当按时出庭参与庭审时却没有按时出庭,违背了律师的诚信、勤勉尽责的职业道德,也违反了律师应当遵守法庭纪律规定。具体为《律师执业行为规范(试行)》第66条规定:“律师应当遵守法庭、仲裁庭纪律,遵守出庭时间、举证时限、提交法律文书期限及其他程序性规定”,虽未给当事人造成损失,但却损害了律师的形象和律师行业的声誉,理应承担律师行业的惩戒。

案例(三)刘律师在履行律师职务过程中扰乱法庭审理秩序,违反了律师法第40条第8项规定律师不得“扰乱法庭、仲裁庭秩序,干扰诉讼、仲裁活动的正常进行”。第49条第1款第6项对于扰乱法庭、仲裁庭秩序,干扰诉讼、仲裁活动的正常进行的行为,“由设区的市级或者直辖市的区人民政府司法行政部门给予停止执业6个月以上1年以下的处罚,可以处5万元以下的罚款;有违法所得的,没收违法所得;情节严重的,由省、自治区、直辖市人民政府司法行政部门吊销其律师执业证书;构成犯罪的,依法追究刑事责任”。

案例(四)律师着装风险提示涉及律师的司法礼仪问题,在参加法庭审理时穿着律师出庭服装,有助于提升律师职业形象,提高律师整体的威信和增强社会对律师的信任,因此律师在执业中应当重视着装礼仪。

第四节　律师法庭外言论规则

▶【典型案例】(一) > > >

利用网络不当宣传,擅自披露涉案信息,A律师被训诫处分案。[①]

▶【基本案情】> > >

2015年5月,南京市律师协会接到某县法院司法建议书,反映A律师通过网络不当宣传影响案件诉讼,以及未经同意擅自泄露涉案单位和个人隐私问题。

经查,A律师在代理一起借贷纠纷案件期间,在司法鉴定过程中,对某法官的做法持有异议。A律师因此撰写了多篇文章,在“××社区”“××论坛”“法律××网”等多家网络媒体上多次公开发表。发表的内容主要有某法官“滥用职权、胡乱司法”之类的言辞。同时,A律师上传公开了有关案件信息和证据材料。

---

① 《南京市律师协会会员违规违纪行为警示录》,金陵律师网,http://www.njslawyers.org/info/a019bd50c3644067ab7503229156d9b1,2017年3月28日访问。

南京市律师协会认为，A 律师利用自媒体对承办法官进行指责，言语过于激烈，属不适当宣传；A 律师未经同意公开涉案信息和证据，属泄露商业秘密或者个人隐私的违规行为，根据中华全国律师协会《律师协会会员违规行为处分规则（试行）》第 9 条，决定给予 A 律师训诫的行业处分。

▶【典型案例】（二）> > >

律师损害司法群体形象案。[①]

▶【基本案情】> > >

2013 年 12 月 17 日，深圳市某人民法院投诉被投诉人 L 律师在为当事人提供有偿法律服务过程中存在恶意诽谤、侮辱司法人员，不当限制当事人与司法人员联系，在劳动争议案件中风险代理等违规行为。深圳律师协会对此案进行了立案调查。

经查实：被投诉人提供给其当事人签订的《仲裁委托合同》第 20 条约定，司法人员是腐败犯罪发案率最高的群体，为了防止欺诈、诱骗和胁迫发生，未经乙方书面请求，甲方不得与裁判者和对方当事人通信、通话、会见等其他任何形式的联系。《仲裁委托合同》第 14 条约定"双方均遵守合同，而裁决结果偏低；乙方退还裁决金额 20%（后经手写修改为 25%）以上的代理费，作为守约优惠……"

深圳市律师协会认为，律师为法律工作者，应当维护当事人合法利益，维护法律正确实施，维护社会公平和正义，维护司法权威，为社会主义法治建设承担责任。被投诉人在与当事人签订的《仲裁委托合同书》中作出的相关约定，损害了司法群体的形象，也影响了律师职业形象，已构成违规。被投诉人代理劳动者劳动争议案件，在与当事人签订的《仲裁委托合同》中存在按案件判决结果结算代理费的约定，属于风险代理，已构成违规。依据《深圳市律师协会会员违纪违规行为处分细则》第 5 条第 12 项、第 6 条第 20 项之规定，本会决定对 L 律师予以通报批评处分。

① 案例来源：《律师损害司法群体形象》，深圳律师网，http://www.szlawyers.com/info/7bf3df073be84bdf899f1c5f48a48480，2017 年 3 月 28 日访问。

▶【律师法庭外言论规则知识】> > >

律师既享有言论自由，包括法庭外言论自由，同时也应当遵循法庭外言论自由的规则。这就需要了解法庭外言论的含义及其法庭外言论的具体规则的内容。

▶【学理分析】> > >

律师的法庭外言论，是指律师在执业过程中，对其所承办的案件就有关审判及相关问题，在法庭之外，公开发表自己的看法和见解的行为。律师有权通过自己的言论发表自己思想和观点的权利，当然包括对自己承办的案件的有关事项发表自己的看法和主张，宣传自己，提高自身的知名度。《律师执业行为规范（试行）》第 19 条、第 20 条明确规定："律师和律师事务所可以通过发表学术论文、案例分析、专题解答、授课、普及法律等活动，宣传自己的专业领域。""律师和律师事务所可以通过举办或者参加各种形式的专题、专业研讨会，宣传自己的专业特长。"但是对于案件有关的言论必须遵循一定的规则。

一、律师对案件的发表言论应当遵循依法、客观、公正、审慎的原则

2016 年《律师执业管理办法》第 40 条规定："律师对案件公开发表言论，应当依法、客观、公正、审慎。"

二、律师法庭外言论规则的内容

（一）不得发表否定宪法确立的根本政治制度、基本原则和危害国家安全的言论

2016 年《律师执业管理办法》第 40 条规定："律师……不得发表、散布否定宪法确立的根本政治制度、基本原则和危害国家安全的言论，不得利用网络、媒体挑动对党和政府的不满，发起、参与危害国家安全的组织或者支持、参与、实施危害国家安全的活动……"

（二）不得发表严重扰乱法庭秩序，破坏司法制度的言论

2016 年《律师执业管理办法》第 40 条规定："律师……不得以歪曲事实真相、明显违背社会公序良俗等方式，发表恶意诽谤他人的言论，或者发表严重扰乱法庭秩序的言论。"第 38 条规定，律师应当依照法定程序履行职责，不得以下列不正当方式影响依法办理案件，其中第 2 项规定："对本人或者其他律师正在办理的案件进行歪曲、有误导性的宣传和评论，恶意炒作案件"；第 3 项规定：

"以串联组团、联署签名、发表公开信、组织网上聚集、声援等方式或者借个案研讨之名,制造舆论压力,攻击、诋毁司法机关和司法制度;"

(三)律师不得泄露国家秘密、商业秘密和个人的信息

《律师执业管理办法》第 38 条第 4 项规定,律师不得以"违反规定披露、散布不公开审理案件的信息、材料,或者本人、其他律师在办案过程中获悉的有关案件重要信息、证据材料"方式影响依法办理案件。

(四)律师不得对案件进行歪曲、不实,有误导的宣传,不得公布没有经过证实的事实

案例(一)律师的庭外言论应当遵循依法、客观、公正、审慎的原则,不得泄露国家秘密、商业秘密和个人的信息。该案中,A 律师撰写了多篇文章,在个人博客、"××社区""××论坛""法律××网"等多家网络媒体上多次公开发表。发表的内容主要有某法官"滥用职权、胡乱司法"等之类的言辞,言语过于激烈,属不适当宣传。同时,A 律师上传公开了有关案件信息和证据材料,泄露当事人的商业秘密或个人隐私,违反了中华全国律师协会《律师协会会员违规行为处分规则(试行)》第 11 条第 8 项"泄露当事人的商业秘密或者个人隐私的";以及利用媒体、广告或者其他方式进行不真实或者不适当宣传的情形,由省、自治区、直辖市及设区的市律师协会给予训诫、通报批评、公开谴责。同时违反了司法部《律师和律师事务所违法行为处罚办法》第 13 条规定:"律师未经委托人或者其他当事人的授权或者同意,在承办案件的过程中或者结束后,擅自披露、散布在执业中知悉的委托人或者其他当事人的商业秘密、个人隐私或者其他不愿泄露的情况和信息的,属于《律师法》第四十八条第四项规定的'泄露商业秘密或者个人隐私的'违法行为。"为此,理应承担相应的律师职业责任。

案例(二)中 L 律师在与当事人签订的《仲裁委托合同》中描述"司法人员是腐败犯罪发案率最高的群体,为了防止欺诈、诱骗和胁迫发生,未经乙方书面请求,甲方不得与裁判者和对方当事人通信、通话、会见等其他任何形式的联系"这样的措辞,是一种不当言论,虽未在一般所述的场合公开,但是以书面的形式,向当事人传递了一种不完全属实的信息,破坏了司法机关和司法人员的整体形象和声誉,有辱法律职业共同体的尊严。因此律师在发表庭外言论时应当遵循依法、客观、公正、审慎的原则,客观、真实地发表言论。一旦违背了这一原则和相关规定,就必然要承担律师的职业责任。

第五节　律师司法廉洁性规则

►【典型案例】(一) > > >

张律师行贿案。[①]

►【基本案情】 > > >

湖南某律师事务所律师张某华在执业中，存在以下违法行为：

一是向法官行贿。2003 年 7 月至 2006 年 8 月，张某华在代理案件中，先后向原衡阳市中级人民法院副院长欧某成行贿 2 次共计人民币 2.2 万元，向原衡阳市中级人民法院民一庭庭长刘某行贿 8 次共计人民币 9 万元。2004 年 10 月，张某华以祝贺罗某尔新婚为名，送礼金人民币 1 万元。二是以不正当手段承揽业务。张某华为感谢唐某梅、欧某成介绍案件代理业务，2003 年 7 月 4 日送给唐某梅人民币 8 万元，2006 年 8 月送给欧某成人民币 1 万元。2008 年 6 月 1 日，张某华因涉嫌行贿罪被常宁市人民检察院立案调查。2009 年 4 月 14 日，衡阳市南岳区人民检察院向衡阳市南岳区人民法院提起公诉。5 月 27 日，衡阳市南岳区人民法院判决张某华犯行贿罪，免予刑事处罚。上述事实有衡阳市南岳区人民法院(2009)岳刑初字第 7 号刑事附带民事判决书等证据材料证实。

湖南省司法厅认为，张某华在执业中，多次向法官行贿，行贿金额较大，并已构成犯罪，属于违法执业情节严重。根据《中华人民共和国律师法》第 49 条第 1 款第 2 项的规定，应当给予吊销律师执业证书的处罚。经湖南省司法厅厅长办公会集体研究，对张某华作吊销律师执业证书的处罚。

►【典型案例】(二) > > >

李律师行贿案。[②]

---

① 案例来源：《湖南省司法厅行政处罚决定书》，湘司罚决(2013)3 号，湖南司法行政网，http://sft.hunan.gov.cn/xxgk_71079/tzgg/201702/t20170227_4022438.html，2017 年 3 月 23 访问。

② 案例来源：《行政处罚决定书》，粤司罚决字(2005)1 号，深圳律师网，http://www.szlawyers.com/info/b0ae12c03ced4147f066caf7afc4c04d，2017 年 3 月 28 日最后访问。

▶【基本案情】> > >

广东某甲律师事务所律师李某悦受原执业机构广东某乙律师事务所指派，代理中国某资产管理有限公司深圳办事处申请执行某有限公司一案，于 2002 年 10 月前后经由深圳市中级人民法院执行终结。2002 年 12 月下旬，当事人送给该案经办法官郑某人民币 3 万元。

以上事实，有当事人陈某、郑某某供述、《刑事判决书》等证据证实。

广东省司法厅认为，当事人向法官行贿，事实清楚、证据确凿，情节严重，其行为已违反了 2001 年修订的《中华人民共和国律师法》第 3 条第 1 款和第 35 条第 4 项的规定，根据《中华人民共和国行政处罚法》第 38 条以及《中华人民共和国律师法》第 45 条的规定，作出如下处罚决定：吊销当事人律师执业证书。

▶【律师司法廉洁性规则知识】> > >

该案主要涉及律师在司法中的廉洁性的职业伦理规则。

▶【学理分析】> > >

当事人是律师职业存在的基础之一，律师职业的主要职能就是维护委托人的合法利益，为当事人提供法律服务并获得相应的报酬，既是律师义不容辞的责任，又是律师谋生的手段。当然，当事人委托律师的目的也正是通过律师有效的法律服务手段维护自己的合法权益。正如美国著名律师德肖维茨而言："只要我决定受理这个案子，摆在面前的就只有一个目的——打赢这场官司。我将全力以赴，用一切合理合法的手段把委托人解救出来，不管这么做会产生什么效果。"[①]律师维护当事人的权益无可厚非，但是手段必须合理合法，其中就涉及包含在司法中应当践行廉洁性义务的内容。

依照我国法律法规和律师行业规范的相关规定，律师在司法中的廉洁性义务的规范主要有：

一、律师不得以法律禁止的方式影响法官、检察官、仲裁员以及其他有关工作人员依法办理案件

诉讼、仲裁、调解等是解决纠纷的重要途径，诉讼是其最重要的手段和最后

① [美]艾伦·德肖维茨著，唐交东译：《最好的辩护》，法律出版社 1997 年版。

的途径。各国法律都要求其揭示事实,实现司法正义乃至社会正义的目标。为此,各国包括我国法律都制定了与之职责配套的制度,保证正义的实现。但法不能独立,类不能自行,法的适用还应当靠人来完成,纠纷的解决还应当依靠法官行使司法审判权、检察官行使法律监督权和仲裁员行使仲裁权等来完成。法官、检察官及仲裁员等毕竟是人,就有普通人具有的情感、偏好和价值观。研究其上述情感、偏好和价值观,对一个律师无可厚非。但是律师如果以法律禁止的方式对其施加影响,就是法律法规所禁止的行为。

(一)向法官、检察官、仲裁员以及其他有关工作人员行贿,或者以其他不正当方式影响法官、检察官、仲裁员以及其他有关工作人员依法办理案件

律师法第 40 条第 5 项规定律师不得"向法官、检察官、仲裁员以及其他有关工作人员行贿……"

2016 年《律师执业管理办法》第 36 条规定:"律师与法官、检察官、仲裁员以及其他有关工作人员接触交往,应当遵守法律及相关规定,不得……向其行贿、许诺提供利益……"

根据《律师职业道德和执业纪律规范》第 20 条规定,律师不得向上述人员(指的是本案审判人员、检察人员、仲裁员)馈赠钱物,也不得以许诺、回报或提供其他便利等方式与承办案件的执法人员进行交易。

(二)律师不得介绍贿赂或指使诱导当事人行贿

律师法第 40 条第 5 项规定,律师不得"……介绍贿赂或者指使、诱导当事人行贿"。《律师执业管理办法》第 36 条也规定:律师不得"……介绍贿赂,指使、诱导当事人行贿……"

(三)律师不得利用与法官、检察官及仲裁员或者其他有关工作人员的特殊关系影响办理案件

根据律师法第 40 条第 5 项规定,律师不得以其他不正当方式影响法官、检察官、仲裁员以及其他有关工作人员依法办理案件。《律师执业管理办法》第 36 条规定,律师不得"……利用与法官、检察官、仲裁员以及其他有关工作人员的特殊关系,影响依法办理案件。"《律师执业行为规范(试行)》第 81 条规定:"律师和律师事务所在与司法机关及司法人员接触中,不得采用利用律师兼有的其他身份影响所承办业务正常处理和审理的手段进行业务竞争。"

二、律师在办案过程中,不得与法官、检察官、仲裁员及其相关工作人员私下接触

根据律师法第 40 条第 4 项规定,律师在执业活动中不得违反规定会见法

官、检察官、仲裁员以及其他有关工作人员。《律师执业管理办法》第36条规定:“律师与法官、检察官、仲裁员以及其他有关工作人员接触交往,应当遵守法律及相关规定,不得违反规定会见法官、检察官、仲裁员以及其他有关工作人员,……或者向法官、检察官、仲裁员以及其他工作人员打探办案机关内部对案件的办理意见、承办其介绍的案件……”《律师职业道德和执业纪律规范》第20条规定:“律师不得以影响案件的审理和裁决为目的,与本案审判人员、检察人员、仲裁员在非办公场所接触,不得向上述人员馈赠钱物,也不得以许诺、回报或提供其他便利等方式与承办案件的执法人员进行交易。”《律师执业行为规范(试行)》第68条规定:“律师在执业过程中,因对事实真假、证据真伪及法律适用是否正确而与诉讼相对方意见不一致的,或者为了向案件承办人提交新证据的,与案件承办人接触和交换意见应当在司法机关内指定场所。”第69条规定:“律师在办案过程中,不得与所承办案件有关的司法、仲裁人员私下接触。”

案例(一)(二)张律师、李律师在执业中,多次向法官行贿,行贿金额较大并已构成犯罪,属于违法执业情节严重。既违反了律师在执业活动中的廉洁性的职业道德规范,同时又触犯了我国刑法的相关规定,影响了司法公正,损害了相关当事人的利益,损毁了律师的整体形象和声誉,理应承担律师职业的纪律责任和法律责任。

▶【案例、问题与讨论】>>>

【案例】(一)

律师在会见时给在押人员传递信件案①

2012年3月15日,投诉人(深圳市某看守所)投诉S律师事务所律师L律师会见在押犯罪嫌疑人时,私自将犯罪嫌疑人家属所写纸条递交给犯罪嫌疑人,存在违规执业行为。深圳律师协会决定立案调查,2012年7月18日,协会就此案举行了听证。

深圳律师协会调查的事实如下:2012年3月15日,被投诉人L律师在深圳市某看守所会见在押犯罪嫌疑人陈某某期间,将陈某某家属的信件给陈某某阅

① 案例来源:《律师在会见时给在押人员传递信件案》,深圳律师网,http://www.szlawyers.com/info/7eb3249dceff417a9583c796aada395c,2017年3月28日访问。

读,被看守所保安人员发现后信件被收走并中止会见。有关被投诉人未将信件传递给陈某某,仅是通过玻璃展示的辩解,与被投诉人2012年3月15日向看守所递交之《情况说明》中描述的“由于陈某某本人高度近视,故将纸条递给其本人”的内容不一致且未提供任何证据证明,本会不予采信。

深圳律师协会认为,被投诉人在看守所会见在押犯罪嫌疑人、被告人时,向犯罪嫌疑人传递信件的行为,违反了中华全国律师协会《律师协会会员违规行为处分规则(试行)》第11条第23项、《深圳市律师协会会员违纪违规行为处分细则》第6条第15项的规定,已构成违规,应予处分。考虑到被投诉人主动承认错误,积极配合律师协会、律师管理部门调查处理工作,符合《深圳市律师协会会员违纪违规行为处分细则》第15条第2项之规定,对被投诉人予以减轻处分。深圳律师协会决定:根据《深圳市律师协会纪律委员会处分细则》第6条第15项、第15条之规定,本会决定对L律师予以训诫处分。

【问题与讨论】

如果你是律师,在家属要求下你会碍于情面给在押的犯罪嫌疑人或被告人捎带信件、钱物或其他物品吗?为什么?你认为本案的律师违反了哪项职业伦理?说明理由。

【案例】(二)

罗律师私自翻查对方当事人文件及资料案①

2014年7月24日,广西某律师事务所罗某某律师与黄某某(委托代理人)及3名外地人到陈某(对方当事人)经营的某某纸业有限公司。罗某某律师在未经陈某同意的情况下,私自翻查陈某办公场所的抽屉,查阅涉及陈某所经营公司财务状况的文件及资料。这种在未经对方当事人同意的情况下,私自翻查对方当事人办公场所抽屉,查阅涉及他人所经营的公司财务状况的文件及资料的行为,属于《律师协会会员违规行为处分规则(试行)》第11条第28项规定的有悖律师职业道德、公民道德规范的行为。经有关程序,梧州市律师协会根据《律师协会会员违规行为处分规则(试行)》第11条第28项的规定及2015年

① 案例来源:《关于对广西文威律师事务所罗荣其律师的通报批评》,广西律师网,http://www.gx-lawyer.org.cn/info/c81fb53d78ea46e8887ea42ef023e70b,2017年3月28日访问。

3 月 30 日生效的《广西律师协会行业处分决定书》、《梧州市律师协会处分决定书》，决定给予罗某某律师通报批评的行业处分。并根据《广西壮族自治区律师协会会员诚信信息管理办法》第 10 条、第 11 条的规定，予以公布（公布时间：2015 年 4 月 24 日—2015 年 7 月 23 日），以示警诫。

【问题与讨论】

罗律师的行为违背了哪些律师职业伦理？与之相关的律师执业行为规范是如何规定的？

CHAPTER 6

第六章

律师内部规则

第一节　律师和同行的关系规则

▶【典型案例】>>>

高律师承诺委托人通过“关系”摆平对方案。[①]

▶【基本案情】>>>

2013年10月23日，陕西省司法厅律师公证管理处转来彭某的投诉材料。彭某反映陕西某律师事务所高律师在其因工亡事故接受陕西省安监局事故查处一案中，收取其好处费人民币19万元，要求予以查处。

2013年11月19日，陕西省律师协会纪律委员会对高律师进行了调查。经查，2013年4月9日，高律师在亮明律师身份后以律师个人名义向投诉人彭某承诺代替彭某通过“关系”，摆平陕西省安监局对彭某负责的安康市某煤矿发生工亡事故的查处，同时收取彭某好处费人民币19万元。后因陕西省安监局对安康市某煤矿处以人民币200万元事故罚款，彭某要求高律师退款未果而要求查处。

另查，陕西某律师事务所没有该案的任何受理记录，也不知情。在陕西省律师协会调查过程中，高律师接到调查组电话以后，主动向投诉人退还了人民币18万元，余款人民币1万元彭某主动放弃。

根据全国律师协会《律师协会会员违规行为规则（试行）》第40条、第41条之规定，2014年1月8日，陕西省律师协会书面通知被投诉人高律师享有听证的权利，2014年1月17日，被投诉人高律师放弃听证。

① 案例来源：《陕西省律师协会行业处分决定书》，陕律纪处（2014）1号，陕西律师网，http://www.sxlawyer.org/newstyle/pub_newsshow.asp?id=29004638&chid=100197，2017年4月4日访问。

陕西省律师协会认为，陕西某律师事务所高律师以律师身份收取“好处费”，有悖于律师职业道德、公民道德规范的行为，严重损害了律师职业形象。其行为明显属于《律师协会会员违规行为处分规则（试行）》中所列举的违纪行为。根据《陕西省律师协会投诉查处工作规则》第 17 条第（1）项及《律师协会会员违规行为处分规则（试行）》第 11 条第（28）项的规定，经本会纪律委员会研究决定：给予高律师公开谴责处分。

▶【律师和同行的关系规则知识】> > >

这部分主要涉及律师和同行的关系规则。这就需要我们了解律师同行的含义，律师同行关系的类型，律师同行关系应当遵循的规则。

▶【学理分析】> > >

一、律师同行关系的含义和类型

律师同行，是指从事律师职业的人员之间的关系，即律师与律师之间的职业关系。律师同行关系按照不同的标准可以划分为不同的类型。本书依照许身健所主编《法律职业伦理》的观点，把律师同行关系划分为：内部同行关系与外部同行关系；同行竞争关系和同行合作关系；良性同行关系和恶性同行关系[①]。

（一）内部同行关系与外部同行关系

这是依照律师同行关系的存在范围标准来划分的。一般内部同行关系是指同一个律师事务所的律师之间的关系；外部同行关系就是不同律师事务所的律师之间的关系。

（二）同行竞争关系和同行合作关系

这是依据律师同行关系的表现形式划分的。同行竞争关系是指两个或多个律师在案源、业务或资源方面存在着竞争关系[②]。所谓的同行合作关系是指两个或多个律师在案源、业务或资源方面存在着合作关系。[③] 律师同行的竞争或合作关系既存在于内部同行之间也存在于外部同行之间，一般内部同行合作形式多于竞争形式，而外部同行的竞争形式多于合作形式，但是内部也存在竞争，外部也有不同律师事务所律师之间的合作。

---

① 许身健主编：《法律职业伦理》，北京大学出版社 2014 年版，第 71—72 页。

② 许身健主编：《法律职业伦理》，北京大学出版社 2014 年版，第 71 页。

③ 许身健主编：《法律职业伦理》，北京大学出版社 2014 年版，第 72 页。

（三）良性同行关系和恶性同行关系

这是以律师同行间竞争的性质划分的。良性同行关系主要是指良性同行竞争关系，是一种正常的、建立在业务实力和遵循职业伦理上的竞争关系。恶性同行关系是指恶性同行竞争关系，是一种非正常的、不正当的竞争关系，主要建立在用非法手段和违背职业伦理的方式形成的竞争关系。

二、律师和同行关系的规则

（一）相互尊重的行为规范

相互尊重是人们相互交往中的基本要求。尊重别人，也就尊重了自己，反之亦然。相互尊重亦是律师同行之间交往的基本要求。2016 年司法部修改并印发的《律师执业管理办法》、全国律师协会 2017 年修订的《律师执业行为规范（试行）》和 2001 年制定的《律师职业道德和执业纪律规范》都对律师同行间的相互尊重作了规定。

具体要求主要有：

其一，律师在庭审或者谈判过程中各方律师应当互相尊重。

一般而言，诉讼双方当事人之间的利益是相对立的，作为利益对立的当事人的代理人或辩护人之间必然具有冲突或对立关系。在相互角力中，律师以维护自己的委托人的利益为核心，必须有理有据地维护当事人的合法利益，同时应当尊重对方当事人和律师的合理合法的诉求，不能使用挖苦、讽刺或侮辱性的语言，更不能相互对骂甚至以打斗等方式无理取闹。因此，《律师执业行为规范（试行）》第 74 条规定："在庭审或者谈判过程中各方律师应当互相尊重，不得使用挖苦、讽刺或者侮辱性的语言。"

其二，律师在宣传推广业务中互相尊重。

为了使当事人更好地了解律师的职业和从业范围，可以进行业务的推广和宣传，当然也要遵守相应的律师规则。在推广自己的业务时不能诋毁其他律师、律师事务所的形象来抬高自己的声誉，应当给予同行起码的尊重。《律师执业管理办法》第 42 条规定："律师应当尊重同行，公平竞争，不得以诋毁其他律师事务所、律师，支付介绍费，向当事人明示或者暗示与办案机关、政府部门及其工作人员有特殊关系，或者在司法机关、监管场所周边违规设立办公场所、散发广告、举牌等不正当手段承揽业务。"《律师职业道德和执业纪律规范》第 42 条规定："律师应当尊重同行，相互学习，相互帮助，共同提高执业水平，不应诋毁、损害其他律师的威信和声誉。"2018 年 1 月 6 日，第九届全国律协第 12 次常务理事会审议通过《中华全国律师协会律师业务推广行为规则(试行)》第10条第4项规定,律师、律师事务所进行业务推广时,不得贬低其他律师事务所或者律师;或与其他律师事务所、其他律师之间进行比较宣传。

其三,律师在公众场合及媒体上发表言论时要相互尊重。

律师的言行往往代表着律师职业的整体形象,因此在公众场合及媒体上的言论应当慎重。其中关于对同行的言论以禁止发表恶意贬低、诋毁、损害同行声誉为限。《律师执业行为规范(试行)》第75条规定:“律师或律师事务所不得在公众场合及媒体上发表恶意贬低、诋毁、损害同行声誉的言论。”根据2016年《律师执业管理办法》第38条第2项规定,律师应当依照法定程序履行职责,不得以对本人或者其他律师正在办理的案件进行歪曲、有误导性的宣传和评论,恶意炒作案件的不正当方式影响依法办理案件。

其四,律师之间在日常交往中,应当做到相互尊重。

律师同行间的相互尊重不仅体现在庭审或谈判、推广业务及其公众场合及媒体上,还应当包括律师之间的日常交往中。因为日常交往的相互尊重,有利于律师间形成融洽的关系,为上述的相互尊重打下基础。《律师执业行为规范(试行)》第73条规定:“律师与其他律师之间应当相互帮助、相互尊重。”

(二)相互帮助、相互合作的行为规范

律师之间的相互帮助、相互合作对于培养律师的职业认同感,维护律师职业形象和律师职业声誉,培养正常的职业竞争环境,避免不正当竞争具有重要的意义。2016年司法部修改并印发的《律师执业管理办法》、全国律师协会2017年修订的《律师执业行为规范(试行)》和2001年制定的《律师职业道德和执业纪律规范》都对律师同行间的相互帮助、合作作了规定。

《律师职业道德和执业纪律规范》第41条规定:“律师应当遵守行业竞争规范,公平竞争,自觉维护执业秩序,维护律师行业的荣誉和社会形象。”第42条规定:“律师应当尊重同行,相互学习,相互帮助,共同提高执业水平,不应诋毁、损害其他律师的威信和声誉。”《律师执业行为规范(试行)》第73条规定:“律师与其他律师之间应当相互帮助、相互尊重。”

(三)禁止不正当竞争的行为规范

律师不正当竞争,主要是指采用了非道德手段或非法的手段而形成的竞争。这种竞争不仅会损害其他律师及律师事务所的声誉或者其他合法利益,而且会损害律师的整体形象和信誉。因此我国律师法第26条规定:“律师事务所和律师不得以诋毁其他律师事务所、律师或者支付介绍费等不正当手段承揽业务。”根据《律师职业道德和执业纪律规范》第 44 条规定,律师不得以下列方式进行不正当竞争:(1)不得以贬低同行的专业能力和水平等方式,招揽业务;(2)不得以提供或承诺提供回扣等方式承揽业务;(3)不得利用新闻媒介或其他手段向其提供虚假信息或夸大自己的专业能力;(4)不得在名片上印有各种学术、学历、非律师业职称、社会职务以及所获荣誉等;(5)不得以明显低于同业的收费水平竞争某项法律事务。《律师执业行为规范(试行)》第 6 章第 2 节作出了“禁止不正当竞争”的具体规定。第 78 条规定:“律师和律师事务所不得采用不正当手段进行业务竞争,损害其他律师及律师事务所的声誉或者其他合法权益”。具体包括:第 79 条规定属于律师执业不正当竞争行为:(1)诋毁、诽谤其他律师或者律师事务所信誉、声誉;(2)无正当理由,以低于同地区同行业收费标准为条件争揽业务,或者采用承诺给予客户、中介人、推荐人回扣、馈赠金钱、财物或者其他利益等方式争揽业务;(3)故意在委托人与其代理律师之间制造纠纷;(4)向委托人明示或者暗示自己或者其属的律师事务所与司法机关、政府机关、社会团体及其工作人员具有特殊关系;(5)就法律服务结果或者诉讼结果作出虚假承诺;(6)明示或者暗示可以帮助委托人达到不正当目的,或者以不正当的方式、手段达到委托人的目的。第 80 条规定,律师和律师事务所在与行政机关、行业管理部门以及企业的接触中,与同行进行业务竞争不得采用的不正当手段包括:(1)通过与某机关、某部门、某行业对某一类的法律服务事务进行垄断的方式争揽业务;(2)限定委托人接受其指定的律师或者律师事务所提供法律服务,限制其他律师或律师事务所正当的业务竞争。第 81 条规定:律师和律师事务所在与司法机关及司法人员接触中,不得采用利用律师兼有的其他身份影响所承办业务正常处理和审理的手段进行业务竞争。第 82 条规定:依照有关规定取得从事特定范围法律服务的律师或律师事务所不得采取的不正当竞争的行为有:(1)限制委托人接受经过法定机构认可的其他律师或律师事务所提供法律服务;(2)强制委托人接受其提供的或者由其指定的律师提供的法律服务;(3)对抵制上述行为的委托人拒绝、中断、拖延、削减必要的法律服务或者滥收费用。第 83 条规定:律师或律师事务所相互之间不得采用排挤竞争对手的公平竞争的手段有:(1)串通抬高或者压低收费;(2)为争揽业务,不正当获取其他律师和律师事务所收费报价或者其他提供法律服务的条件;(3)泄露收费报价或者其他提供法律服务的条件等暂未公开的信息,损害相关律师事务所的合法权益。第 84 条规定:律师和律师事务所不得擅自或者非法使用社会专有名称或者知名度较高的名称以及代表其名称的标志、图形文字、代号以混淆误导委托人。本规范所称的社会特有名称和知名度较高的名称是指:(1)有关政党、司法机关、行政机关、行业协会名称;(2)具有较高社会知名度的高等法学院校或者科研机构的名称;(3)为社会公众共知、具有较高知名度的非律师公众人物名称;(4)知名律师以及律师事务所名称。第 85 条规定:律师和律师事务所不得伪造或者冒用法律服务荣誉称号。使用已获得的律师或者律师事务所法律服务荣誉称号的,应当注明获得时间和期限。律师和律师事务所不得变造已获得的荣誉称号用于广告宣传。律师事务所已撤销的,其原取得的荣誉称号不得继续使用。

该案例中的高律师亮明律师身份后以律师个人名义向投诉人彭某承诺代替彭某通过"关系",摆平陕西省安监局对彭某负责的安康市某煤矿发生工亡事故的查处,同时收取彭某好处费人民币 19 万元,同时违反了律师不得用不正当竞争的方式招揽案源的同行合法竞争规则和私下谋取当事人的利益的廉洁准则。《律师执业管理办法》第 42 条规定:"律师应当尊重同行,公平竞争,不得以诋毁其他律师事务所、律师,支付介绍费,向当事人明示或者暗示与办案机关、政府部门及其工作人员有特殊关系,或者在司法机关、监管场所周边违规设立办公场所、散发广告、举牌等不正当手段承揽业务。"根据《律师执业行为规范(试行)》第 79 条第 4 项规定,向委托人明示或者暗示自己或者其属的律师事务所与司法机关、政府机关、社会团体及其工作人员具有特殊关系,属于律师执业不正当竞争行为。高律师的这两种行为有悖于律师职业道德规范的行为,严重损害了律师职业形象,理应承担律师社会责任。

第二节　律师与律师事务所的关系规则

▶【典型案例】(一) > > >

律师为了规避律师事务所的管理以非律师身份从事法律服务案。①

① 案例来源:《律师以非律师身份从事法律服务案》,深圳律师网,http://www.szlawyers.com/info/6d43995b78a64f9eb01e19dd1af567b3,2017 年 3 月 23 日访问。

▶【基本案情】>>>

2013年7月11日，投诉人华某某向深圳市律师协会投诉广东KS律师事务所钱某某律师（以下简称被投诉人）违反相关规定，以深圳市××智能卡技术有限公司（以下简称被告公司）工作人员身份代理案件，要求深圳市律师协会调查处理。于2013年7月11日对此投诉进行立案调查。

投诉人投诉称：投诉人华某某是深圳市××塑胶有限公司法定代表人。该公司因与被告公司买卖合同纠纷向深圳市宝安区人民法院提起诉讼，被投诉人作为被告公司的代理人参加诉讼。后投诉人发现被投诉人并非被告公司员工，而是广东KS律师事务所执业律师，投诉人认为被投诉人的上述行为严重违规，要求深圳市律师协会查处。

投诉人为证实其投诉，提交了深圳市宝安区人民法院（2013）深宝法民二初字第×××号民事判决书一份。该份判决书显示被投诉人的身份为被告公司工作人员。

被投诉人答辩称：被投诉人承认以被告工作人员身份代理该案，但在该案中并没有收费，属于无偿代理。原因是被投诉人是被告公司的法律顾问，被告公司负债累累，经济周转十分困难，虽签订了顾问合同，但被告公司一直拖欠顾问费。此次，被告公司以被投诉人已收取了顾问费以及无力支付律师费为由，要求被投诉人免费代理该案，并以此为条件答应从2013年5月开始按期支付顾问费。被投诉人认为被告单位的要求并不过分，加之被告单位愿意按期支付顾问费，便答应了被告单位的请求，以被告单位工作人员身份代理该案。同时表示会以实事求是、诚实信用和负责任的态度对待投诉。

深圳市律师协会查明被投诉人在代理被告单位的诉讼案件中以被告工作人员身份参加诉讼，投诉人的投诉属实。深圳市律师协会认为，被投诉人作为执业律师，在执业期间以非律师身份代理案件，为被告单位提供了法律服务，违反了中华全国律师协会《律师执业行为规范（试行）》第11条，律师在执业期间不得以非律师身份从事法律服务的规定，被投诉人的行为已构成违规。鉴于被投诉人能够以实事求是的态度对待投诉，积极配合深圳市律师协会调查，可以对被投诉人减轻处分。依据中华全国律师协会《律师执业行为规范（试行）》第11条、《深圳市律师协会会员违规违纪行为处分细则》第6条第12项之规定，深圳市律师协会决定对被投诉人钱某某律师予以训诫处分。

▶【典型案例】（二）> > >

律师事务所监管失职案。①

▶【基本案情】> > >

2008 年 8 月，赵某因涉嫌组织领导黑社会性质组织罪、寻衅滋事罪等罪行，被公安局刑事拘留。赵某的亲属潘某通过他人认识了广东 WT 律师事务所的李某律师。投诉人称李某自称曾在吉林省政府工作过，可以疏通关系减轻对赵某的量刑，但需钱打点，如果赵某判七年以下，收取律师费人民币 300 万元，判十二年收取人民币 200 万元，赵某案涉黑不成立，则需要人民币 100 万元。2008 年 12 月，潘某同意李某为赵某的辩护人，并与广东 WT 律师事务所签订了委托合同一份（由李保存），潘某按委托合同约定交付代理费人民币 10 万元。2009 年 3 月 4 日，李某打电话说案件进展顺利，需拿钱打点，潘分别付给李某人民币 20 万元、人民币 30 万元。但赵某最终数罪并罚被判有期徒刑二十年。潘某认为被骗了，于是向公安局报案。公安机关对李某律师讯问过程中，李承认收到潘某人民币 60 万元，并出示了赵某与广东 WT 律师事务所的委托协议。公安机关未立案，告知到相关部门解决。潘某认为李某律师利用赵某被关押，不知内情被骗的情况下签的委托协议无效（在潘付完人民币 60 万元后才签订的），要求广东 WT 律师事务所及李某律师返还多收的人民币 50 万元。

深圳律师协会查明的事实：2009 年 7 月 14 日，广东 WT 律师事务所李某律师与赵某签订了一份委托协议，内容为：一、广东 WT 律师事务所指派李某、房某律师担任赵某案（二审审判阶段）案件的被告人赵某的辩护人；二、根据《律师服务费收费管理暂行办法》的规定，委托人赵某向律师事务所缴纳委托费用人民币 30 万元，预收办案差旅费人民币 30 万元，上述两项费用应在开庭前交齐；三、本委托协议有效期自双方签订之日起至二审判决止；四、本委托协议如需变更，另行协商；并在最后用笔写注明“请律师的费用全权委托潘某处理，等等字样”；委托人，赵某（签名），受托方：李某（签名）、广东 WT 律师事务所（盖章）。另一份委托协议版本显示；在上述“预收办案差旅费人民币 30 万元”后面，打印字括号标明“结案时依照有关规定或双方约定多退少补”；在“上述两项费用应

① 案例来源：《律师事务所监管失职案》，深圳律师网，http://www.szlawyers.com/info/eb7d821905264bb59a63cf7d54b5a724，2017 年 3 月 27 日访问。

在前交齐"后面,用手写字括号标明"每人工作每小时人民币2500元"。2009年7月8日,法院作出刑事判决书,判决被告人赵某犯组织、领导黑社会性质组织罪,聚众斗殴罪,赌博罪,数罪并罚,决定执行刑期二十年,并处罚金人民币110万元。该判决显示:被告人赵某的辩护人为周某,北京市DS律师事务所律师;李某,广东WT律师事务所律师。

另查,2008年12月至2009年4月期间,李某分三次共收取了潘某支付的人民币60万元代理费。李某收取前述费用没有出具正式律师费票据,也没有向委托人出具工作清单或计费清单,也没有与委托人结算预收的旅差费。李某律师已于2012年注销执业证。广东WT律师事务所认为:原档案记录中无登记备案此刑事辩护案件,当时任事务所的负责人对此案亦不知情;本所没有收到潘某及其亲属交纳或李某代交的任何律师费用(含差旅费等);经初步比对,潘某提供的赵某与李某签署的委托协议复印件,该委托协议上加盖的公章与本所公章并不一致;该委托协议上盖的公章应属伪造,与本所无关。

深圳律师协会认为,上述查明的事实,无论是协商收费,还是计时收费,收费至签订协议过程都比较混乱,明显存在违规问题。根据《中华人民共和国律师法》第25条规定,律师承办业务,由律师事务所统一接受委托,与委托人签订书面委托合同,按照国家规定统一收取费用并如实入账;律师事务所和律师应当依法纳税。第40条第1项规定,律师在执业活动中不得有下列行为:私自接受委托、收取费用,接受委托人的财物或者其他利益。根据2007年1月10日施行的《广东省物价局、司法厅律师服务收费管理实施办法》第8条第2款,采用计时收费的,在结案后,律师事务所必须向委托人出具工作清单;第14条第3款,律师事务所需要预收异地办案差旅费的,应当向委托人提供费用概算,经协商一致,由双方签字确认,据此,李某从收费至今,一直未出具发票,结案时也未出具工作清单和计费清单;预收差旅费时,没有向委托人提供费用概算,也未与委托人结算预收的旅差费。李某上述行为不仅违反法律及有关规定,已经构成私自收费、违规收费,而且有悖于律师基本的职业操守。鉴于李某已注销执业,可另行处理。

根据律师法第23条的规定,律师事务所应当建立健全执业管理、利益冲突审查、收费与财务管理、投诉查处、年度考核、档案管理等制度,对律师在执业活动中遵守职业道德、执业纪律的情况进行监督。律师事务所对本所律师负有指导、管理、监督的法定义务。由于广东WT律师事务所疏于管理,对李某严重违规问题竟然毫无察觉，无论上述委托协议上所盖公章是否伪造，律师事务所是否实际收到了律师费，该事务所都负有不可推卸的管理责任。

根据《中华人民共和国律师法》第23条、《广东省律师协会会员处分规则》第5条、第7条第1项及第22项之规定，决定如下：对广东WT律师事务所通报批评的行业处分。

▶【典型案例】（三）>>>

律师违规兼职案。①

▶【基本案情】>>>

2012年3—4月投诉人称广东FQ律师事务所韩某律师以律师名义，在未与委托人签订委托代理合同的情况下，私自接受委托承办数宗诉讼法律事务，并私自收取律师服务费人民币2万元。委托人数次催讨，韩某始终不肯提供律师服务费发票。

经深圳市律师协会查明：2012年3月，韩某律师接到深圳某公司邀请担任法务总监职务，经过协商，韩某同意入职该公司担任法务总监职务。双方约定自2012年3月起建立劳动关系，税后月工资为人民币1.2万元整，但未办理停止执业手续，其间韩某以公民身份代理了海南的一个执行案件，另一个案件仅向法院提交了授权，领取工资人民币16000元。

深圳市律师协会认为，执业律师接受当事人委托代理诉讼案件，应通过所在律师事务所与当事人签订委托代理合同，并以律师身份代理案件，并由律师事务所统一收取律师费用和开具发票。但韩某以员工名义接受委托，以工资名义收取费用且未开具发票，违反了律师执业规范。根据《深圳市律师协会违纪违规行为处分细则》第6条第1项之规定，对韩某律师予以“通报批评”处分。

▶【典型案例】（四）>>>

河南某律师事务所指派非律师人员以律师名义代理案件案。②

---

① 案例来源：《律师违规兼职案》，深圳律师网，http://www.szlawyers.com/info/3682eebb44ca40538a873371fa62c895，2017年3月26日访问。

② 案例来源：《新乡市律师协会关于对河南精新律师事务所违规行为的处分决定》，新律纪处字（2015）2号，河南律师网，http://www.hnlawyer.org/index.php/Index-article-cctid-229-id-4115，2017年3月29日访问。

▶【基本案情】> > >

刘小某投诉河南某律师事务所指派非律师人员以律师名义代理案件一案，现已调查终结。

现查明：2009 年因诉讼案件需要，自 2009—2014 年 6 年期间，刘小某委托河南某律师事务所代理案件，某律师事务所先后收取代理费人民币 11000 元。河南某律师事务所指派孙某书、闫某昌、王某孝律师先后和非律师人员孙景某以律师名义一起参与案件代理。其间孙景某私下额外收取投诉人费用数万元。

另经查：孙景某已涉嫌刑事犯罪被公安机关采取强制措施，2009 年律师通讯录上并未标注孙景某律师；2015 年 3 月 26 日核实情况时，河南某律师事务所律师展栏里已无孙景某照片。上述事实均被证实。

河南某律师事务所接受当事人委托，指派无律师执业资格的孙景某代理，违反了《律师协会会员违规行为处分规则（试行）》第 14 条第 19 项的规定。根据《律师协会会员违规行为处分规则（试行）》第 39 条第 1 项的规定，新乡市律师协会作出如下决定：对河南某律师事务所提供律师事务所介绍信、律师服务专用文书、收费票据的方式、为尚未取得律师执业证书的人员违法执业提供便利的行为予以公开谴责。

该决定生效之日起 10 日内，对被处分人的公开谴责将通过河南律师网、新乡市司法局门户网、新乡律师网向社会公开。

▶【典型案例】（五）> > >

律师事务所利益冲突代理案。①

▶【基本案情】> > >

梁某某、邓某某投诉 DS 律师事务所张某律师在黄某某强奸案被害人代理人的代理过程中存在收费不开具发票，违反规定接受有利益冲突双方的代理等违法违规执业一案，深圳市律师协会决定调查。

为查明本案的事实，深圳市某区司法局对投诉人和二被投诉人进行了书面

① 案例来源：《律师事务所利益冲突代理案》，深圳律师网，http://www.szlawyers.com/info/3c572e46585e4250b3ae2e1c8c324be0，2017 年 3 月 28 日访问。

询问与调查，并调取了包括庭审笔录等涉案材料，证明了被投诉人 DS 律师事务所确实存在违规指派本所律师担任同一刑事案件的被告人辩护人、被害人代理人、未由律师事务所对律师执业统一收费这一事实。

被投诉人张某律师于 2011 年 9 月 18 日接受投诉人的委托，在签订委托协议后向投诉人收取了代理费用，并在 2011 年 10 月 18 日转入 DS 律师事务所的账户，为二投诉人开具了税务发票。此时案件处于办理中的状态。在其代理的刑事案件的一审开庭前确实向二被投诉人说明了代理利益冲突的情况并转交给 LG 律师事务所的另一名律师进行代理。二被投诉人也与该律师另行签订了委托代理合同。从 DS 律师事务所出具的投诉答复中也可以得知，被投诉人没有尽早地告知利益冲突的情况系因所内的系统故障。

针对被投诉人张某律师的投诉，深圳市律师协会认为：一、私自收费的证据不足，虽然被投诉人张某律师收到律师费后存在没有及时交回所里的情况，但 DS 律师事务所已经在案件办理中向二投诉人开具了税务发票。因此，认定被投诉人张某律师私自收费违规行为证据不足；二、利益冲突的责任在 DS 律师事务所，且被投诉人张某律师在得知利益冲突后主动地告知该情况并退出了案件的代理，在一定程度上消除了不良影响。二投诉人指称的被投诉人没有尽到职责代理案件证据不足，不予认定。

针对被投诉人 DS 律师事务所的投诉，深圳市律师协会决定：被投诉人张某律师的违规行为证据不足，本会不予认定；被投诉人 DS 律师事务所确实存在违规指派本所律师担任同一刑事案件的被告人辩护人、被害人代理人、未由律师事务所对律师执业统一收费，其行为已经构成违规，根据《深圳市律师协会会员违纪违规处分细则》第 10 条第 5 款之规定，对其予以“通报批评”的处分。

▶【律师与律师事务所的关系规则知识】> > >

上述五个案例主要涉及律师与律师事务所之间的关系规范。

▶【学理分析】> > >

律师事务所是依法设立的律师的执业机构。我国律师法第 14 条规定，律师事务所是律师的执业机构。第 23 条规定：“律师事务所应当建立健全执业管理、利益冲突审查、收费与财务管理、投诉查处、年度考核、档案管理等制度，对律师在执业活动中遵守职业道德、执业纪律的情况进行监督。”《律师职业道德和执业纪律规范》第13条规定："律师事务所是律师的执业机构，律师的执业活动必须接受律师事务所的监督和管理"。《律师执业行为规范（试行）》第86条规定："律师事务所是律师的执业机构。律师事务所对本所执业律师负有教育、管理和监督的职责。"由此可知，律师事务所对律师有职业管理、利益冲突审查、投诉考核、年度考核、档案管理及其对律师在执业活动中遵循职业道德、执业纪律情况监督的职责。律师执业时应当遵守所在律师事务所的执业管理制度，接受律师事务所的指导和监督，参加律师执业年度考核。

依照律师法、《律师执业管理办法》《律师执业行为规范（试行）》《律师职业道德和执业纪律规范》等规定，律师在律师事务所应当遵循的行为规范主要有：

一、律师承办业务，由律师事务所统一接受，统一收费，禁止私自接受案件，私下收取费用

律师法第25条第1款规定："律师承办业务，由律师事务所统一接受委托，与委托人签订书面委托合同，按照国家规定统一收取费用并如实入账。"2016年司法部《律师执业管理办法》第26条规定，律师承办业务，应当由律师事务所统一接受委托，与委托人签订书面委托合同。第45条规定："律师应当按照国家规定履行法律援助义务，为受援人提供符合标准的法律服务，维护受援人的合法权益，不得拖延、懈怠履行或者擅自停止履行法律援助职责，或者未经律师事务所、法律援助机构同意，擅自将法律援助案件转交其他人员办理。"第44条规定："律师承办业务，应当按照规定由律师事务所向委托人统一收取律师费和有关办案费用，不得私自收费，不得接受委托人的财物或者其他利益。"《律师职业道德和执业纪律规范》第15条规定："律师不得以个人名义私自接受委托，不得私自收取费用。"第16条规定："律师不得违反律师事务所收费制度和财务纪律，挪用、私分、侵占业务收费。"

二、律师事务所对案件利益冲突进行审查

2016年司法部《律师执业管理办法》第26条规定，"律师承办业务，……并服从律师事务所对受理业务进行的利益冲突审查及其决定"。

三、律师承办业务有关的法律文书、证据材料、业务文件和工作记录由律师事务所管理

《律师执业管理办法》第46条规定："律师承办业务，应当妥善保管与承办事项有关的法律文书、证据材料、业务文件和工作记录。在法律事务办结后，按照有关规定立卷建档，上交律师事务所保管。"

四、律师只能在一个律师事务所执业

律师法第10条第1款规定："律师只能在一个律师事务所执业。律师变更执业机构的，应当申请换发律师执业证书。"《律师执业管理办法》第47条第1款规定："律师只能在一个律师事务所执业。"《律师职业道德和执业纪律规范》第14条规定："律师不得同时在两个或两个以上律师事务所执业。同时在一个律师事务所和一个法律服务所执业的视同在两个律师事务所执业。"

五、律师与律师事务所相互尊重

《律师执业行为规范（试行）》第76条规定："律师变更执业机构时应当维护委托人及原律师事务所的利益；律师事务所在接受转入律师时，不得损害原律师事务所的利益"。第77条规定："律师与委托人发生纠纷的，律师事务所的解决方案应当充分尊重律师本人的意见，律师应当服从律师事务所解决纠纷的决议。"

六、律师事务所保障律师的合法权益，为律师执业提供必要的工作条件

《律师执业行为规范（试行）》第88条规定："律师事务所应当依法保障律师及其他工作人员的合法权益，为律师执业提供必要的工作条件。"

七、律师事务所有组织律师培训、学习的职责

《律师执业行为规范（试行）》第91条规定："律师事务所应当定期组织律师开展时事政治、业务学习，总结交流执业经验，提高律师执业水平。"第92条规定："律师事务所应当认真指导申请律师执业实习人员实习，如实出具实习鉴定材料和相关证明材料。"

八、律师事务所对律师及实习律师在业务上、职业道德上进行管理

《律师执业行为规范（试行）》第97条规定："律师事务所有义务对律师、申请律师执业实习人员在业务及职业道德等方面进行管理。"

九、律师事务所不得指派没有取得律师执业证书的人员，或者处于停止执业处罚期间的律师以律师名义提供法律服务

《律师执业行为规范（试行）》第95条明确规定，律师事务所不得指派没有取得律师执业证书的人员或者处于停止执业处罚期间的律师以律师名义提供法律服务。

十、律师事务所对受其指派办理事务的律师辅助人员出现的错误，应当采取制止或者补救措施，并承担责任

《律师执业行为规范（试行）》第96条明确规定，律师事务所对受其指派办理事务的律师辅助人员出现的错误,应当采取制止或者补救措施,并承担责任。

十一、律师因执业过错给律师事务所造成损失的,应当承担相应责任

《律师职业道德和执业纪律规范》第17条有明确的规定:“律师因执业过错给律师事务所造成损失的,应当承担相应责任。”

案例(一)钱律师违反了中华全国律师协会2009年修订的《律师执业行为规范(试行)》第11条,该条明确规定:律师在执业期间不得以非律师身份从事法律服务。但是仍有个别律师为了规避律师事务所的管理,以顾问单位的工作人员的身份代理案件,这既不利于维护律师个人的尊严,也损害了律师队伍的整体形象。律师职业是一项崇高和诚信的职业,社会各界对律师执业行为的要求越来越高,因此,广大律师应引以为戒,尽责敬业,珍视和维护律师的声誉。

案例(二)中律师事务所应当按照有关规定统一收费,建立健全收费管理制度,严格按照政府指导价格收取律师服务费用,及时查处有关违规收费的举报和投诉;建立健全财务管理制度,建立和实行合理的分配制度及激励机制;依法纳税。律师事务所系律师的直接管理者和责任的承担者,律师事务所应当建立健全执业管理、利益冲突审查、收费与财务管理、投诉查处、年度考核、档案管理等制度,对律师在执业活动中遵守职业道德、执业纪律的情况进行监督。律师事务所对本所律师负有指导、管理、监督的法定义务。律师事务所必须有效地预见律师事务所在管理方面可能存在的各种风险及通过制定规范的管理规定来防范风险的发生。

案例(三)中执业律师在专职执业期间,不得与律所之外的其他机构建立劳动关系,更不得以非律师身份代理案件,提供法律服务。本案中韩某作为执业律师以公司员工名义接受委托办理案件,以工资形式收取律师费,系变相不签订委托代理合同私自收费的行为。

案例(四)河南某律师事务所接受当事人委托后,依法应指派执业律师进行案件代理,其指派无律师执业资格的孙景某代理案件,已违反2009年修订的《律师执业行为规范(试行)》第94条的规定:“律师事务所不得指派没有取得律师执业证书的人员或者处于停止执业处罚期间的律师以律师名义提供法律服务。”该律师事务所的行为,不仅损害了其他律师的合法权益,而且损坏了律师群体的形象和声誉,并造成恶劣影响,引起社会公众对律师诚信的怀疑,河南某律师事务所理应受到行业处分。

案例(五)中DS律师事务所确实存在违规指派本所律师担任同一刑事案件

的被告人辩护人、被害人代理人，违反了律师法等关于律师事务所承担利益冲突审查的相关规定。《中华人民共和国律师法》、《律师执业行为规范（试行）》、《律师协会会员违纪违规行为处分规则（试行）》及《深圳市律师协会会员违纪违规行为处分细则》明文规定，律师事务所不得违反规定接受有利益冲突的案件，律师事务所管理律师从事法律服务，应当以维护当事人合法利益为己任，双方当事人之间存在利益冲突，而由同一律师事务所的律师代理必然会产生利益冲突，不利于最大限度地维护当事人的合法利益。具体到本案中，DS 律师事务所指派本所律师担任同一刑事案件的被告人辩护人、被害人代理人，明显存在利益冲突，DS 律师事务所构成违规，理应受到行政处分。

▶【案例、问题与讨论】> > >

【案例】

沈律师私自出借律师事务所公函案①

2016 年 7 月 25 日，杭州市律师协会收到杭州市萧山区司法局《关于移送行业处分的函》，移送浙江某律师事务所沈某某私自出借律师事务所公函一案。杭州市律师协会纪律与惩戒委员会书面通知被处分人沈某某到市律师协会陈述、申辩，并告知其有要求听证的权利。沈某某未在规定期限内提出听证要求。现该案已调查终结。

经查明：沈某某律师在 2008 年至 2013 年间，先后向原萧山区司法局法律援助中心援助律师张某提供了 17 份浙江某律师事务所公函，其中共同使用 8 份，单独给予张某使用 9 份。2013 年，沈某某律师曾因私自出借公函的行为被杭州市萧山区司法局调查，在萧山区司法局调查期间，沈某某律师故意隐瞒了以上私自出借公函的行为。2016 年 4 月，萧山区司法局到萧山区人民法院查阅 2008 年以来的电子案卷，发现了沈某某律师的以上违规行为。

证明以上事实的证据材料有：

1. 2016 年 7 月 14 日，杭州市萧山区司法局《关于移送行业处分的函》原件一份；

① 案例来源：《杭州市律师协会处分决定书》，杭律处决字（2016）第 7 号，杭州律师网，http://www.hzlawyer.net/news/detail.php? id = 14332，2017 年 3 月 28 日访问。

2.《杭州市萧山区人民法院民事裁定书》(2008)萧民二初字第1318号、(2008)萧民二初字第2893号、(2010)杭萧商初字第1867号、钱律(08)民字第117号、钱律(2010)民字第135号、2008年8月29日(无编号)复印件各一份;

3.《杭州市萧山区人民法院民事调解书》(2008)萧民二初字第2481号、(2010)杭萧临商初字第665号、(2013)杭萧民初字第4308号、钱律(08)民字第217号、钱律(2010)民字第321号、2013年7月8日(无编号)复印件各一份;

4.《杭州市萧山区人民法院民事判决书》(2008)萧民二初字第3429号、(2010)杭萧商初字第2930号、(2011)杭萧临商初字第3853号、钱律(2008)民字第477号、流水号010429、钱律(11)民字第374号复印件各一份;

5.《杭州市萧山区人民法院刑事判决书》(2008)萧刑初字第1379号、(2008)萧刑初字第1576号、(2009)杭萧刑初字第489号、(2009)杭萧刑初字第1199号、(2010)杭萧刑初字第278号、(2010)杭萧刑初字第1813号、(2011)杭萧刑初字第167号、(2012)杭萧刑初字第649号、(2008)第271号、(2008)第231号,2009年7月23日沈某某律师担任任某某辩护人授权委托书,《浙江某律师事务所公函》2010年3月24日(无编号)、2010(刑)第133号、2011(刑)第133号、2012年(刑)第171号复印件各一份;

6. 2014年3月13日,杭州市萧山区司法局对沈某某律师所做的《谈话笔录》复印件一份;

7. 2015年4月28日,杭州市萧山区司法局对沈某某律师所做的《谈话笔录》复印件一份;

8. 2016年11月24日,沈某某律师《关于张某以某律师事务所名义违规代理的说明材料》原件一份;

9. 2016年11月24日,浙江某律师事务所《关于张某使用我所公函承办刑事案件情况的说明》原件一份。

杭州市律师协会认为:沈某某作为执业律师,私自将律师事务所公函提供给他人使用,且数量很多时间跨度很长。更为严重的是,在萧山区司法局对其违规行为进行调查处理时,仍故意隐瞒,造成了不良的社会影响,严重损害了律师的职业形象,且事实清楚、证据充分。

为此,根据中华全国律师协会《律师协会会员违规行为处分规则(试行)》的规定,杭州市律师协会纪律与惩戒委员会作出给予沈某某律师公开谴责的行业处分的决定。

【问题与讨论】

案例中涉及的律师事务所公函是限于本律师事务所的律师在执业过程中使用，沈某某作为执业律师，私自将律师事务所公函提供给他人使用，违背了律师职业道德和执业纪律的相关规定，违反了律师事务所对律师管理方面的规定，给予了该律师公开谴责的行业处分。这里需要讨论的是律师事务所在管理、监督方面有无失职之处？律师事务所是否应当承担责任，应当承担什么责任？

CHAPTER 7

第七章

公证员的职业伦理

第一节　公证员职业伦理概念

▶【典型案例】(一) > > >

司法部查处46家违法违纪公证处和101名公证员案。[①]

▶【基本案情】> > >

2005年,司法部派出6个检查组,对12个省(区、市)实地检查了88家公证处查处整改工作,随机抽查了1817件公证卷宗。其中,上海市对存在严重公证质量问题的4名公证员给予停止执业的处分,对1名出具错证的公证员作出了停职处分;湖南省共查处公证员助理以公证员名义办证的公证处5家,私自收费的1家,给回扣的13家,压价竞争的5家,查处违纪公证员2名;重庆市对2名出具错证的公证员作出了处罚决定,并对其所在的公证处进行了通报批评,对不合格证超过比例的9家公证处和11名承办公证员进行了通报批评;江苏省对存在违规执业情形的5家公证处进行了通报批评,并下发了警示通知书,对2家公证处下发了限期整改通知书,对11名公证员给予通报批评。

▶【典型案例】(二) > > >

乌鲁木齐市中信公证处公证员张某违规办理涉外公证事项案。[②]

---

① 于呐洋:《司法部查处46家违法违纪公证处和101名公证员》,《法制日报》2005年10月15日,http://www.chinacourt.org/article/detail/2005/10/id/182318.shtml,2017年3月1日访问。

② 案例来源:《关于对2013年公证员违法违规情况的通报》,新司通(2014)8号,http://www.xjgz.com/Article/ShowArticle.asp?ArticleID=619,2017年2月1日访问。

▶【基本案情】> > >

司法部律师公证工作指导司于 2013 年 8 月向自治区司法厅公证工作管理处转来核查通知,要求对乌鲁木齐市某公证处公证员张某违规办理涉外公证进行核查。经乌鲁木齐市司法局查实,乌鲁木齐市某公证处公证员张某原在某市公证处执业期间,虽经司法部考核取得涉外公证员资格,但返聘在乌鲁木齐市某公证处执业后,该公证处由于涉外公证业务的需要,向新疆维吾尔自治区司法厅公证工作管理处上报了张某涉外签名章备案材料,预将其涉外执业机构变更为乌鲁木齐市某公证处,但在司法部尚未审定及报备变更的情况下,张某违规办理涉外公证业务,共违规出具涉外公证书 19 个。事发后,乌鲁木齐市某公证处虽然及时采取了补救措施,其所办理的涉外公证已通过不同方式逐一得到解决,但该起违规事件在司法部及外交部均产生了负面影响。

▶【公证员职业伦理知识】> > >

上述案例中涉及公证员职业伦理的概念问题,其中包含公证员任职条件、公证员职业伦理的特性等问题。

▶【学理分析】> > >

公证是公证机构根据自然人、法人或者其他组织的申请,依照法定程序对民事法律行为、有法律意义的事实和文书的真实性、合法性予以证明的活动。公证员的职业伦理,又称公证伦理,是指公证员在职务活动中应当具有的道德观念和应当遵守的伦理规则的总和。近年来我国公证事业取得了长足的发展,截止到 2017 年 3 月,"我国共有公证处 3000 多家,公证员 1.3 万多人,2016 年办理公证事项 1200 多万件,公证工作在服务经济社会发展、预防化解矛盾纠纷、保障当事人合法权益等方面发挥了重要作用"[①]。但是各种违规违法公证现象也层出不穷,除了加大惩处力度,对于公证伦理的重视也有待加强。本节结合《中华人民共和国公证法》《公证员职业道德基本准则》等介绍我国的公证员职业伦理的基本问题。

① 《公证改革多措并举便民利民,去年办理公证事项 1200 多万件》,法制网,http://www.legaldaily.com.cn/index_article/content/2017-03/02/content_7035216.htm? node=5954,2017 年 3 月 2 日访问。

一、公证员任职条件

公证员职业伦理的主体是公证员，公证员是符合公证法规定的条件，在公证机构从事公证业务的执业人员。具体而言，公证员是公证机构中具有专门法律知识和技能并通过国家司法考试（2018 年前）或通过国家统一法律职业资格考试（2018 年后）取得法律职业资格，独立办理公证业务，行使公证证明权的专门的法律工作者。这是由公证法和近些年的公证工作改革的结果所决定的。依照公证法（2005 年制定，2015 年修正，2017 年第二次修正）第 6 条规定，“公证机构是依法设立，不以营利为目的，依法独立行使公证职能、承担民事责任的证明机构”。2016 年《司法部、中央编办、财政部关于推进公证机构改革发展有关问题的通知》中进一步强调，“各地根据实际，科学合理划分事业体制公证机构类别，事业体制公证机构划入从事公益服务的事业单位，坚持公证机构公益性、非营利性事业法人的属性。”“继续按照 2000 年国务院批准的《关于深化公证工作改革的方案》，抓紧将行政体制的公证机构转为事业体制，推进公证工作改革……”可见公证机构已经或正在改变着原来的国家公务员的身份成为专业的法律工作者，进入到法律职业共同体中，公证员必须具备坚定的政治信念、优秀的道德品质、丰富的法律知识、熟练的法律技能。

我国公证法规定了公证员的基本任职条件。依照公证法第 18 条、第 19 条规定，担任公证员应当具备的积极条件为：具有中华人民共和国国籍；年龄 25 周岁以上 65 周岁以下；公道正派，遵纪守法，品行良好；通过国家统一法律职业资格考试取得法律职业资格；在公证机构实习 2 年以上或者具有 3 年以上其他法律职业经历并在公证机构实习 1 年以上，经考核合格；从事法学教学、研究工作，具有高级职称的人员，或者具有本科以上学历；从事审判、检察、法制工作、法律服务满 10 年的公务员、律师，已经离开原工作岗位，经考核合格的，可以担任公证员。

除了上述积极条件外，公证法第 20 条还规定了其消极条件，即有下列情形之一的，不得担任公证员：无民事行为能力或者限制民事行为能力的；因故意犯罪或者职务过失犯罪受过刑事处罚的；被开除公职的；被吊销公证员、律师执业证书的。

除了以上这些基本条件外，要真正从事公证业务，还必须满足公证法第 21 条规定，担任公证员，应当由符合公证员条件的人员提出申请，经公证机构推荐，由所在地的司法行政部门报省、自治区、直辖市人民政府司法行政部门审核同意后,报请国务院司法行政部门任命,并由省、自治区、直辖市人民政府司法行政部门颁发公证员执业证书。

上述案例(二)中,由于公证员张某工作的公证处发生了变更,在乌鲁木齐市某公证处向新疆维吾尔自治区司法厅公证工作管理处上报了张某涉外签名章备案材料,预将其涉外执业机构变更为乌鲁木齐市某公证处,但在司法部尚未审定及报备变更的情况下,张某违规办理涉外公证业务,从而涉及违规办理涉外事项的发生。

二、公证员职业伦理的基本内容

公证是公证机构根据自然人、法人或者其他组织的申请,依照法定程序对民事法律行为、有法律意义的事实和文书的真实性、合法性予以证明的活动。公证的核心是进行公证证明,而公证证明是特定的主体通过特定的程序对特定的事项进行证明并产生特定效力的证明活动,而公证员所行使的公证证明权,必须按照法定程序、依照法律的标准独立地判定申办事项的真实性、合法性。为此,除了担任公证员的法定基本条件外,在职业道德上给予公证员更高的要求。公证法第 3 条规定,“公证机构办理公证,应当遵守法律,坚持客观、公正的原则。”第 22 条第 1 款规定,公证员应当遵纪守法,恪守职业道德,依法履行公证职责,保守执业秘密。根据第 23 条规定,公证员不得有下列行为:(1)同时在两个以上公证机构执业;(2)从事有报酬的其他职业;(3)为本人及近亲属办理公证或者办理与本人及近亲属有利害关系的公证;(4)私自出具公证书;(5)为不真实、不合法的事项出具公证书;(6)侵占、挪用公证费或者侵占、盗窃公证专用物品;(7)毁损、篡改公证文书或者公证档案;(8)泄露在执业活动中知悉的国家秘密、商业秘密或者个人隐私;(9)法律、法规、国务院司法行政部门规定禁止的其他行为。在《公证员职业道德基本准则》中,公证员的职业伦理规定为:忠于法律,尽职履责;爱岗敬业,规范服务;加强修养,提高素质;廉洁自律,尊重同行。

在本案例(一)中,公证员的职业道德失范主要表现在:(1)公证业中存在服务收费不规范,私下收费、给回扣、压价收费等违法行为,导致公证业不正当竞争事件时有发生;(2)一些公证机构质量管理不严,甚至出具瑕疵或者错误公证书,致使公证质量和公正效力低下;(3)有的公证员不顾法律和事实,为虚假的公证申请人或者不真实、不合法的事项出具公证书,严重损害公证公信力,侵害人民群众合法权益,危害公证公正。

结合现实,公证员的职业道德失范还包括为了排挤作为竞争对手的同行,诋毁、贬低其他公证处和公证员的声誉的行为。

为了强化公证机构和公证员依法执业的意识,有效防范执业过程中的违法违规行为,减少违法办证、办私证等现象,保证公证员依法履行公证职责,提高公证的质量,加强公证公信力建设,推动公证事业持续、稳步、健康发展,需要加强公证员的职业伦理修养。牢固树立社会主义荣辱观,遵守社会公德,养成道德高尚、诚实信用、谦虚谨慎的个人修养和品行;努力做到忠于职守、不徇私情、弘扬正义,自觉维护社会公平和公众利益;树立终身学习理念,勤勉进取,努力钻研,不断提高职业素质和执业水平,保证自己的职业品德和专业技能满足正确履行公证职责的需要。

第二节　公证员职业伦理的具体内容

公证法第18条规定了公证员职业伦理的总体要求,公证员必须:"公道正派、遵纪守法,品行良好。"根据公证法、《公证员职业道德基本准则》、《公证员执业管理办法》、《公证程序规则》和《公证员惩戒规则(试行)》等规定,公证员职业伦理包含以下内容:

一、忠于事实和法律

▶**【典型案例】(一)** > > >

原公证员被告人李某提供虚假证明文件案。[1]

▶**【基本案情】** > > >

被告人李某,男,1967年1月21日出生,蒙古族,出生地科尔沁左翼中旗,大专文化,科尔沁左翼中旗公证处公证员。因涉嫌犯有提供虚假证明文件罪,科尔沁左翼中旗人民检察院以左检公诉刑诉(2016)129号起诉书指控被告人李某犯提供虚假证明文件罪,于2016年8月5日向内蒙古科尔沁左翼中旗人民

① 《内蒙古科尔沁左翼中旗人民法院刑事判决书》,(2016)内0521刑初130号,中国裁判文书网。

法院提起公诉。

经审理查明：被告人李某系科尔沁左翼中旗公证处公证员，从1993年开始从事公证业务。2014年1月20日，白某将位于科尔沁左翼中旗图布信苏木的某砖厂以人民币180万元价格转让给郎某，二人签订砖厂转让协议，签订合同当日郎某支付白某人民币20万元。2014年1月22日，二人到科尔沁左翼中旗公证处办理公证，并在公证处李某办公室重新签订一份砖厂转让协议，协议第二款约定砖厂转让费为人民币180万元，协议签订时一次性付清转让费，并向李某提供了法定代表人为白某的企业法人营业执照、采矿许可证。随后要求李某为此协议办理公证，李某违反公证法及《公证程序规则》的规定，不对协议内容的真实性审查，也不进行核实，并且也不让相关人员审批，私自对此协议出具了（2014）左证字第45号公证书。

2014年3月15日，郎某在没有取得某砖厂所有权的情况下，与其司机刘某商议后在李某办公室签订了一份虚假的砖厂转让协议，协议约定郎某以人民币320万元价格将某砖厂转让给刘某，签订协议时一次性支付转让费。郎某与刘某二人未向李某提供任何能证实协议内容真实的材料，也未提供能证实郎某对某砖厂拥有所有权的相关材料，但要求李某为此协议办理公证。李某违反公证法及《公证程序规则》的规定，不对协议内容的真实性审查，也不进行核实，并且也不让相关人员审批，私自对此协议出具了（2014）左证字第121号公证书。

2014年3月19日，郎某向孙某借款人民币80万元，并让刘某与孙某在李某办公室签订了某砖厂的砖厂转让协议，协议约定刘某以人民币220万元价格将某砖厂转让给孙某，签订协议时一次性支付转让费。刘某与孙某二人未向李某提供任何能证实协议内容真实的材料，也未提供能证实刘某对某砖厂拥有所有权的相关材料，但要求李某为此协议办理公证。李某违反公证法及《公证程序规则》的规定，不对协议内容的真实性审查，也不进行核实，并且也不让相关人员审批，私自对此协议出具了（2014）左证字第115号公证书。

截至2014年8月22日，因郎某未按合同约定履行某砖厂尾欠款的给付义务，且经郎某同意，白某将某砖厂转让给了王某。

因被告人李某为刘某、孙某出具公证书时缺乏必要的砖厂产权经营等证明材料的审查、核实程序，违反公证法及《公证程序规则》的有关规定，于2014年10月22日科尔沁左翼中旗公证处作出决定，撤销了李某出具的（2014）左证字第115号公证书。

另查明，郎某向孙某借款后偿还人民币3.5万元，余款人民币76.5万元未予偿还，且因骗取孙某等人财物而被科尔沁左翼中旗人民法院以合同诈骗罪于2015年8月6日判处刑罚。

上述事实，被告人李某在开庭审理过程中无异议，且有公诉机关当庭列举的发案报告，被害人孙某的陈述，证人白某、郎某、刘某、海某、吴某的证言，科尔沁左翼中旗公证处档案、公证书，郎某购买某砖厂经济来往明细、关于同意白某将某砖厂转让给王某的说明、关于出让某砖厂的合同书（白某、王某）、某砖厂出让合同书、协议书、关于完善“某砖厂出让合同书”的合同（白某、郎某）、借据、企业机读档案登记资料，科尔沁左翼中旗公证处左证撤字（2014）第一号决定书，内蒙古自治区非税收入专用收据，被告人李某的供述与辩解，户籍信息、无前科劣迹证明、科尔沁左翼中旗公证处出具的证明，到案经过及辩护人列举的科尔沁左翼中旗人民法院（2015）左刑初字第85号刑事判决书和复举的郎某讯问笔录、孙某询问笔录、刘某与孙某的公证材料等证据证实，足以认定。

被告人李某对公诉机关指控的犯罪事实及罪名无异议，当庭表示自愿认罪，未提出辩解意见。

被告人李某辩护人对公诉机关指控的事实无异议，对指控罪名提出异议，提出被害人孙某向郎某借款人民币80万元系高利放贷行为；被害人孙某与郎某为实现借款而签订砖厂转让协议，故意虚构买卖事实；郎某、孙某、刘某在公证处为砖厂转让协议办理公证时，隐瞒人民币80万元借款的事实，也未将砖厂转让协议为虚构的事实告知被告人李某，所以被告人李某受蒙蔽而出具了公证书。综上，被告人李某的行为属违法，但不构成犯罪，应对被告人李某作出无罪判决的辩护意见。

内蒙古科尔沁左翼中旗人民法院认为，被告人李某在履行公证职责过程中，故意提供虚假证明文件，情节严重，其行为已构成提供虚假证明文件罪。公诉机关指控被告人李某犯提供虚假证明文件罪的事实及罪名成立，适用法律意见正确，应给予支持。经查，被告人李某作为科尔沁左翼中旗公证处公证员，从事公证业务二十余年，但对本案涉及的公证事项进行公证时，不对公证内容的真实性审查，作出公证前不经审批，明知物权变更要件为变更登记而申请方未提供对转让标的物具有处分权的证明材料的情况下，且三份协议书的签订时间及交易数额在短短几天时间内，变更为人民币180万元、320万元和220万元，作为一名工作二十余年的公证员能够发现合同内容虚假，而被告人李某违反公证法及《公证程序规则》的相关规定仍作出公证，且未经法定程序审批，所以被告人李某提供虚假证明文件的主观故意明确。综上，辩护人提出的辩护意见不能成立，不予采纳。被告人李某归案后能够如实供述自己的犯罪事实，具有坦白情节。根据被告人李某犯罪情节及案发后的悔罪表现，对所居住社区没有重大不良影响，对被告人李某依法从轻处罚并适用缓刑。依照《中华人民共和国刑法》第229条第1款、第67条第3款、第72条、第52条之规定，判决如下：

被告人李某犯提供虚假证明文件罪，判处有期徒刑一年，缓刑二年，并处罚金人民币50000元。（罚金已缴纳）（缓刑考验期限，从判决确定之日起计算）

▶【典型案例】（二）>>>

精河县公证处公证员王某新违法违规办理公证事项案。[①]

▶【基本案情】>>>

新疆维吾尔自治区司法厅于2013年8月15日收到某投诉人举报精河县公证处公证员王某新违法违规办理草场承包合同公证。后经博州精河县司法局查实，公证员王某新在办理草场承包合同公证时，违反公证法的规定，应予回避却不回避，擅自为其近亲属办理公证，且存在弄虚作假的行为；另外其办理的草场改良种植合同公证事项不符合公证受理条件，对草场改良种植合同的合法性缺乏正确的判断，对公证事项的合法性未进行严格审查，为不合法的事项出具公证书。博尔塔拉蒙古自治州司法局于2013年12月26日以《关于对精河县公证处公证员王某新停业处分的决定》给予王某新停止执业三个月的行政处罚。鉴于精河县公证处管理不规范，未把好公证审批关，博州司法局并责令精河县公证处加强内部管理，建立健全并落实各项规章制度，公证处进行整改和规范。

▶【公证员职业伦理知识】>>>

此两案例涉及公证文书客观真实的基本保障——忠于事实和法律。这一部分知识涉及公证员应当遵循真实合法原则，恪守客观、公正原则及其回避原则。

① 案例来源：《关于对2013年公证员违法违规情况的通报》，新司通（2014）8号，http://www.xjgz.com/Article/ShowArticle.asp?ArticleID=619，2017年3月1日访问。

▶【学理分析】>>>

合法性和真实性是公证文书的生命所在，忠于事实和忠于法律是公证文书的真实合法的基本保障。公证法第3条规定："公证机构办理公证，应当遵守法律，坚持客观、公正的原则。"《公证员职业道德基本准则》第1条规定："公证员应当忠于宪法和法律，自觉践行社会主义法治理念。"第3条规定："公证员应当依法办理公证事项，恪守客观、公正的原则，做到以事实为依据、法律为准绳。"

忠于事实，是指公证员在履行公证活动时应当立足于客观事实、忠于事实真相，其业务活动应当建立在经过翔实审查核实的真实可靠的全面的证据证明的客观事实的基础之上。忠于法律，是指公证员在履行公证活动时，应当信守社会主义法治理念，依照法律办理公证事项，而不屈服于任何外来的权力、人情、金钱等压力和诱惑，违背法律满足当事人或公证事项利害关系人的不正当利益。

一、公证员应当遵循真实合法原则

真实原则，是指以事实为依据办理公证事项，要求公证机构和公证员所出具的公证文书要证明的法律行为、有法律意义的文书和事实的内容在公证时是客观存在的，或者有充分的证据证明是客观存在的，而不是虚假或伪造的。这就要求对公证申请人提供的各种材料进行审查核实。公证法第28条规定公证机构办理公证，应当根据不同公证事项的办证规则，分别审查下列事项：(1)当事人的身份、申请办理该项公证的资格以及相应的权利；(2)提供的文书内容是否完备，含义是否清晰，签名、印鉴是否齐全；(3)提供的证明材料是否真实、合法、充分；(4)申请公证的事项是否真实、合法。

合法原则，是指以法律为准绳办理公证业务，要求公证机构和公证员办理公证业务时必须遵守法律，符合法律的规定，体现社会主义法治的精神。公证是一种法律证明活动，公证真实是法律真实。真实的取得，离不开以法律为准绳。公证机构和公证员办理公证的合法性原则包括：(1)公证机构和公证员办理公证业务应当遵守公证法及与公证业务相关的公证程序规范；(2)公证机构和公证员办理公证业务应当遵守与公证业务相关的民商实体法规范；(3)公证机构和公证员办理公证业务应当遵守与公证业务相关的诉讼法规范。另外，《公证员职业道德基本准则》第6条还规定"公证员在履行职责时，对发现的违法、违规或违反社会公德的行为，应当按照法律规定的权限，积极采取措施予以纠正、制止”。

一旦违反了合法性原则和真实原则，就会导致公证文书的不合法不真实，不仅给公证当事人或公证事项利害关系人带来损失，导致诉讼的发生，还会使得民众对公证机关产生怀疑，降低公证的公信力，给整个公证事业带来严重的负面影响。为此，公证机构和公证员应当坚定不移地坚持真实性和合法性原则。

二、公证员应当遵循独立、客观、公正原则

公证员在履行公证职责时，应当恪守独立、客观、公正的原则，除遵循真实性和合法性原则外，不受其他因素的影响，忠实地维护法律的尊严和公证的严肃性和公正性。

首先，公证员在履行职责时应当恪守独立的原则。公证法第 6 条规定：“公证机构是依法设立，不以营利为目的，依法独立行使公证职能、承担民事责任的证明机构。”独立是公证机构的基本特征和公证员执业行为的基本原则，任何单位和个人都不得非法干预公证机构和公证员的公证行为。《公证员执业管理办法》第 3 条第 1 款明确规定：“公证员依法执业，受法律保护，任何单位和个人不得非法干预。”《公证员职业道德基本准则》第 24 条规定：“公证员不得以不正当方式或途径对其他公证员正在办理的公证事项进行干预或施加影响。”可见公证员的独立一方面是指公证机构和公证员按照法律和事实自主地办理公证事项，不受公证机构之外的任何单位和个人的非法干预；另一方面是指公证员独立地行使公证职能，不受其他公证员的非法干预。一旦出现违背独立原则的事项，就可能造成公证的不公正现象。破坏公证独立原则的相关单位或个人将要承担一定的法律责任。《公证机构执业管理办法》第 43 条规定：“司法行政机关及其工作人员在公证机构设立审批、公证机构执业证书管理、对公证机构实施监督检查、年度考核的过程中，有滥用职权、玩忽职守、徇私舞弊、干预公证机构依法独立行使公证职能行为的，应当依法追究责任人员的行政责任；构成犯罪的，依法追究刑事责任。”

其次，公证员在履行职责中也应当恪守公正的原则。公正是人类诞生以来一直追求的崇高价值，也是公证的最本质的要求。因此，公证员在公证活动中就应当坚持公正原则，在办理公证活动中，应当平等地对待公证双方当事人，《公证员职业道德基本准则》第 9 条规定：“公证员在执行职务时，应当平等、热情地对待当事人、代理人和参与人,要注重其民族、种族、国籍、宗教信仰、性别、年龄、健康状况、职业的差别,避免言行不慎使对方产生歧义。”

三、公证员的回避原则

为了公证的真实性、合法性和公正性,任何人不能成为自己公证事件的公证员,这就要求公证员自觉地遵守法定回避制度。《公证员职业道德基本准则》第 4 条规定:“公证员应当自觉遵守法定回避制度,不得为本人及近亲属办理公证或者办理与本人及近亲属有利害关系的公证。”

四、公证员的保密原则

保密义务是公证员履行职责时所遵循的基本原则。这是因为公证制度的目的在于预防纠纷、减少诉讼,保护国家和个人的合法利益。为此,公证员应当严格保守在公证活动中所知悉的秘密,才能更好地维护当事人的合法权益,取得当事人乃至社会的信任,增强社会公信力。如果秘密被泄露,将会导致纠纷,给当事人造成各种各样的损失,给公证信誉和公证行业带来负面影响。因此,包括我国在内的各国公证立法都要求公证人员保守国家秘密、商业秘密和当事人的秘密。如我国公证法第 22 条第 1 款规定:“公证员应当遵纪守法,恪守职业道德,依法履行公证职责,保守执业秘密。”《公证员职业道德基本准则》第 5 条规定:“公证员应当自觉履行执业保密义务,不得泄露在执业中知悉的国家秘密、商业秘密或个人隐私,更不得利用知悉的秘密为自己或他人谋取利益。”

本案例(一)中,原公证员李某前后多次违反公证法及公证程序规则的规定,不对协议内容的真实性审查,也不进行核实,违背了《公证员职业道德基本准则》第 3 条规定:“公证员应当依法办理公证事项,恪守客观、公正的原则,做到以事实为依据、法律为准绳。”既违反了合法性规则,又背离了真实性原则,且违犯了 2015 年修正的公证法第 23 条公证员不得私自出具公证书的规定,不让相关人员审批,私自对此协议出具了〔2014〕左证字第 45 号公证书、〔2014〕左证字第 121 号公证书、〔2014〕左证字第 115 号公证书,由于公证文书的不合法不真实性,致使当事人损失惨重,该公证员李某被人民法院依据《中华人民共和国刑法》相关规定,以提供虚假证明文件罪,被判处有期徒刑一年,缓刑两年,并处罚金人民币 50000 元。

本案例(二)中公证员王某应予回避却不回避,擅自为其近亲属办理公证,且存在弄虚作假的行为;违反了 2005 年通过的公证法第 23 条第 3 项的规定:公证员不得“为本人及近亲属办理公证或者办理与本人及近亲属有利害关系的公证”;《公证员职业道德基本准则》第 4 条规定:“公证员应当自觉遵守法定回避制度,不得为本人及近亲属办理公证或者办理与本人及近亲属有利害关系的公证”。此外,王某办理的草场改良种植合同公证事项不符合公证受理条件,对草场改良种植合同的合法性缺乏正确的判断,对公证事项的合法性未进行严格审查,为不合法的事项出具公证书,违反了公证员在履行职责时应当遵循的合法性和真实性原则,为此司法行政机关给予王某新停止执业三个月的行政处罚。

二、爱岗敬业、规范服务

▶【典型案例】(一)> > >

新疆维吾尔自治区新源县公证处非执业公证员借用执业公证员签名章违规办理公证事项案。①

▶【基本案情】> > >

2014 年 11 月,新疆维吾尔自治区司法厅接到投诉,反映伊犁哈萨克自治州新源县公证处存在非执业公证员借用执业公证员签名章办理公证业务的违规行为,自治区司法厅要求伊犁哈萨克自治州司法局进行核查。2014 年 12 月,伊犁哈萨克自治州司法局向自治区司法厅上报了《关于对新源县公证处有关问题的核查报告》,确认 2014 年 7 月至 12 月期间,新源县公证处非执业公证员借用执业公证员郭某的签名章办理公证事项 113 件。为避免因公证卷宗存在质量问题引发的不良后果,自治州司法厅成立检查组,专程赴新源县公证处对非执业公证员办理的 113 件公证书逐一进行了核查。经查,其中 12 件公证卷宗存在严重质量问题,检查组要求新源县公证处于 2015 年 3 月 1 日之前对有关公证卷宗完成整改。

2015 年 2 月,自治区司法厅向伊犁哈萨克自治州司法局发出《关于对新源县公证处违规行为的处理意见》。根据《新疆维吾尔自治区公证质量评定办法》第 6 条之规定,非执业公证员借用公证员签名章出具的公证书,公证卷宗均认定为不合格卷宗,新源县司法局要严格依照《新疆维吾尔自治区公证机构年度

① 案例来源:《新疆维吾尔自治区司法厅关于我区 2014 年度公证机构和公证员违法违规情况的通报》,http://www.xjgz.com/Article/gsgg/ggc/201502/811.html,2017 年 2 月 28 日访问。

考核办法实施细则》和《新疆维吾尔自治区公证员执业年度考核办法》,对新源县公证处及公证员郭某的执业考核初步评定等次严格把关,同时伊犁哈萨克自治州司法局要严格审定考核评定等次。

▶【典型案例】(二) > > >

内蒙古自治区二连浩特市公证处原公证员乌某某出具证明文件重大失实案。①

▶【基本案情】 > > >

经内蒙古自治区苏尼特左旗人民法院审理查明,内蒙古自治区二连浩特市公证处原公证员乌某某 2007 年至 2011 年担任公证员期间,使用当事人伪造的土地使用权证、土地他项权证、土地评估报告等,为国有土地使用权转让协议、建筑物出售合同、典当合同等出具公证书,重大失实。为某房地产开发有限公司和某小额贷款有限公司订立的借款合同和抵押合同办理公证时,未要求申请的双方当事人到场,未作谈话笔录,对当事人提供的材料未认真审查,公证书严重失实,造成严重后果。2014 年 1 月 10 日,内蒙古自治区苏尼特左旗人民法院认定乌某某犯出具证明文件重大失实罪,判处拘役四个月,缓期一年执行,并处罚金人民币 2 万元。内蒙古自治区司法厅认为,乌某某于 2007 年到 2011 年担任二连浩特公证处公证员期间,未恪守职责,出具的证明文件重大失实,造成严重后果,被追究刑事责任,根据《中华人民共和国公证法》第 42 条的规定,于 2014 年 11 月 26 日给予乌某某吊销公证员执业证书的行政处罚。

▶【典型案例】(三) > > >

新疆维吾尔自治区喀什市众信公证处公证员阿某某违规行为案。②

▶【基本案情】 > > >

2015 年 6 月,新疆维吾尔自治区司法厅接到投诉人努某(化名)举报,称喀什市某公证处公证员阿某某玩忽职守,将其为办理房屋委托公证所提供的证明

① 案例来源:《关于对 2015 年度公证员违法违规情况的通报》,新司办(2016)18 号,http://www.xjsft.gov.cn/sfxz/tzgg/2016/232040.htm,2017 年 2 月 3 日访问。

② 案例来源:《关于对 2015 年度公证员违法违规情况的通报》,新司办(2016)18 号,http://www.xjsft.gov.cn/sfxz/tzgg/2016/232040.htm,2017 年 3 月 1 日访问。

材料原件擅自交予第三人，投诉人所购买的房屋被“一房二卖”，导致其丧失物权请求权，给其造成了不应有的经济损失。

经喀什地区司法局调查核实，2012 年 2 月，买受人努某与出卖人阿某签订房屋买卖合同一份，努某购买阿某位于乌鲁木齐市区的住房一套，并向阿某支付了部分购房款。为办理房屋过户登记手续之需，2013 年 4 月，努某向喀什市某公证处申请办理委托公证，同时向该处公证员阿某某提交了商品房买卖合同、购房收据、契税发票、维修基金发票、物业管理费发票、房屋装修合同、暖气费发票及供水、供电、供气合同等证明材料（上述材料均系原件）。由于办理公证事项所需的证明材料尚不齐全，且相关申请人须面签等诸多原因，阿某某审查后告知努某择日准备充分后再行来公证处配合办理公证，努某未取回其提供的所有证明材料原件，有关材料均放在阿某某处。次日，阿某的亲属前往该公证处，称因故暂不办理公证，向阿某某索要努某提供的证明材料原件，阿某某未经努某同意，且对证明材料原件擅自交付他人可能对努某产生不利的法律后果应当预见到却没有预见到，擅自将努某提供的证明材料原件悉数交予阿某的亲属，后因阿某反悔，持有关证明材料原件将房屋出卖给第三人，办理了房屋过户登记手续，导致该房屋最终出现“一房二卖”的后果。有关事实，阿某某 2015 年 5 月 18 日证明亦予认可。阿某某擅自将努某提供的证明材料原件悉数交予他人，客观上为阿某“一房二卖”的行为创造了条件。后案外买受人向法院提起侵权之诉，诉请努某排除妨碍、迁出房屋，经乌鲁木齐市两级人民法院审理，判决努某立即迁出房屋，法院并启动强制执行程序。经查，至投诉时止，努某为购买该房屋所支付的预付款及对该房屋装修及添附投入的资金尚未追回。

鉴于阿某某未正确、审慎履行其工作职责，努某向各级司法行政机关逐级投诉，给喀什地区公证行业造成了一定的负面影响，经 2015 年 9 月喀什地区司法局局务会研究，责成喀什市某公证处对阿某某进行相应处理。2015 年 11 月，喀什市某公证处根据处内规章制度对其作出警告的处理决定。

▶【公证员职业伦理知识】> > >

本系列案中当事人违背了公证员爱岗敬业、恪尽职守的职业伦理的要求。爱岗敬业、恪尽职守，是公证员为当事人提供优质高效公证服务的前提。

▶【学理分析】> > >

爱岗敬业、恪尽职守是指热爱公证事业，把公证事业作为自己的安身立命之本，时时刻刻维护公证事业的声誉和形象。这就要求公证员在工作中兢兢业业、认真审慎地对待公证活动中每一个细节，不马虎、不拖延，严格遵守法律法规、执业纪律和职业道德规范，尽职尽责地履行公证活动，保证公证职责优质高效地履行。《公证员职业道德基本准则》第 7 条规定："公证员应当珍惜职业荣誉，强化服务意识，勤勉敬业、恪尽职守，为当事人提供优质高效的公证法律服务。"

一、公证员应当保证公证的合法性和真实性

公证的目的在于预防纠纷，减少诉讼，这就要求公证员在执业活动中对公证事项的每一个环节的真实性和合法性进行全面、细致、审慎的审查核实，需要审查核实的内容主要包括是否能够办理公证事项；当事人的身份、申请办理该项公证的资格以及相应的权利；提供的文书内容是否完备，含义是否清晰，签名、印鉴是否齐全；提供的证明材料是否真实、合法、充分；申请公证的事项是否真实、合法等等。这是一项细致的烦琐的劳动，完成这个过程需要艰苦细致地收集相关的证据材料，并在此基础上，认真分析，独立判断，依照法律和事实，出具公正的公证文书。这显然需要公证员具有爱岗敬业、恪尽职守的职业伦理精神。

二、公证员应当履行告知义务

公证员是法律职业共同体的一员，精通法律知识和办理公证的程序规定，而公证当事人可能对有关公证的法律和规则不是很了解甚至一无所知，公证员应当将有关公证事项的法律、程序及其公证当事人的权利与义务告知当事人，使得当事人在办理公证事项中能够很好地履行义务和行使权利，顺利地办好公证事项。《公证员职业道德基本准则》第 8 条规定："公证员在履行职责时，应当告知当事人、代理人和参与人的权利和义务，并就权利和义务的真实意思和可能产生的法律后果做出明确解释，避免形式上的简单告知。"对于不同民族、种族、国籍、宗教信仰、性别、年龄、健康状况、职业的差别的当事人，公证员应当注重语言和信仰的差异，选择恰当的表达方式，使其真正明白在公证中依法享有的权利和承担的义务和责任。《公证员职业道德基本准则》第 9 条规定："公证员在执行职务时，应当平等、热情地对待当事人、代理人和参与人，要注重其民族、种族、国籍、宗教信仰、性别、年龄、健康状况、职业的差别，避免言行不慎使对方产生歧义。"总之，公证员在履职过程中，应当特别注意自己的语言、语气、态度和其他表达方式，平等地、热情地向当事人讲解相关的法律规定以及当事

人在公证活动中的权利和义务，避免在交流中产生歧义，保证公证事项的顺利进行。

三、公证员要注重办证质量和效率

爱岗敬业，恪尽职守，还要求公证员注重提高办证质量和效率。《公证员职业道德基本准则》第10条规定："公证员应当严格按照规定的程序和期限办理公证事项，注重提高办证质量和效率，杜绝疏忽大意、敷衍塞责和延误办证的行为。"公证工作需要严格按照法律规定和法定程序进行，但公证员不能以此忽视公证工作服务于人民群众的根本要求，要与当事人相互合作，尽最大努力克服困难，高质高效地满足当事人办证需求。

四、公证员应当注重礼仪，维护职业形象

公证员作为法律职业共同体中的一员，行使的是公证证明权，这就要求必须树立良好的职业形象。《公证员职业道德基本准则》第11条规定："公证员应当注重礼仪，做到着装规范、举止文明，维护职业形象。现场宣读公证词时，应当语言规范、吐字清晰，避免使用可能引起他人反感的语言表达方式。"这就要求公证员的言谈举止应当体现公证员身份和形象。公证员的形象反映了公证员对待公证工作的态度，是公证员良好履职的保证。

五、公证员应当亲自办理公证事务

公证员亲自办理公证事务，是公证员爱岗敬业、恪尽职守的基本体现。公证员亲自办理公证事务，亲自接待申请公证的当事人、与公证事项有关的利害关系人和其他对公证事项有关联的人，直接听取他们的陈述，并与之充分交流，了解当事人申请公证的具体事项、办理公证的用途和目的，并审查核实相关材料，直接关系到公证的合法性和有效性。公证员在审查核实中，必须亲自审查核实证据，亲自认定公证事项的合法性和真实性，杜绝由他人代办，或者直接把自己的签名章借给别人的情况发生，目的就是保障公证行为的真实性和合法性。公证员亲自办理公证事务，是对当事人办证要求的职业承诺。

案例(一)中，新源县公证处非执业公证员借用执业公证员郭某的签名章办理公证113件。新疆司法厅成立检查组专程赴新源县公证处对非执业公证员办理的113件公证书逐一进行了核查，经查，其中12件公证卷宗存在严重质量问题。2005年通过的公证法第16条规定："公证员是符合本法规定的条件，在公证机构从事公证业务的执业人员。"从事公证业务的只能是执业公证员，而不能是非执业公证员。公证业务必须亲力亲为，不能假手他人，否则就会承担相应的职业责任。

案例(二)中的公证员乌某违背了《公证员职业道德基本准则》第7条“公证员应当珍惜职业荣誉,强化服务意识,勤勉敬业、恪尽职守,为当事人提供优质高效的公证法律服务”的规定。没有对公证事项中的每一个环节严格把关,没有请双方当事人到场,未作谈话笔录,对当事人提供的材料未认真审查,正因为乌某未尽守职责导致公证书严重失实,并造成严重后果。被内蒙古自治区苏尼特左旗人民法院追究刑事责任,根据2005年修订通过的公证法第42条的规定给予乌某吊销公证员执业证书的行政处罚。

案例(三)中,公证员阿某某未经努某同意,且对证明材料原件擅自交付他人可能对努某产生不利的法律后果应当预见到却没有预见到,擅自将努某提供的证明材料原件悉数交予阿某的亲属导致了一房二卖的结果,给当事人努某带来重大的损失。阿某未正确、审慎履行其工作职责同样违背了《公证员职业道德基本准则》第7条“公证员应当珍惜职业荣誉,强化服务意识,勤勉敬业、恪尽职守,为当事人提供优质高效的公证法律服务”的规定,喀什市某公证处根据处内规章制度对其作出警告的处理决定。

三、清正廉洁,尊重同行

(一)清正廉洁

▶【典型案例】＞＞＞

汪某犯受贿罪案。[①]

▶【基本案情】＞＞＞

江西省上饶县人民检察院以上饶县检公诉刑诉字(2014)244号起诉书指控被告人时任某区司法局公证处正科级干部汪某犯受贿罪,于2015年1月20日向江西省上饶县人民法院提起公诉,该院依法组成合议庭,公开开庭审理了本案。

经审理查明,2012年5月,被告人汪某的校友曾某为转让其位于上饶县某购物广场的某商住楼,找到上饶县房地产交易中心工作人员何某(另案处理),

① 《江西省上饶县人民法院刑事判决书》,(2015)饶刑初字第48号,中国裁判文书网。

让其帮忙寻找买家。后经何某与登记中心另一工作人员曹某(另案处理)的中间操作,曾某同意将商住楼转让给高某(另案处理),转让手续及过户登记的具体事宜由何某和曹某负责。在此过程中,何某为逃避税收征缴,提议办理一个虚假的赠与合同公证,曾某便找到在上饶市某公证处工作的被告人汪某,请其帮忙办理。被告人汪某在曾某没有提交直系亲属证明材料的前提下,违规为曾某办理了赠与公证,致使国家税收流失人民币60余万元,并在公证费用方面予以部分减免。为感谢被告人汪某的帮忙,曾某送给汪某现金人民币4万元。事后,汪某将该人民币4万元交给其妻子邱某用于日常生活开支。

另查明,2014年8月6日,上饶县人民检察院反贪局办案人员找到被告人汪某,随后被告人汪某主动配合办案人员接受调查,并如实交代了其非法收受曾某所送现金人民币4万元的事实。次日,上饶县人民检察院对被告人汪某立案侦查。同月14日被告人汪某向上饶县人民检察院交纳没收款人民币4万元。

上述事实,被告人汪某在开庭审理过程中无异议,且有证人曾某、何某、曹某、邱某、高某、徐某等证人的证言以及银行卡交易明细、人口信息、身份证明、视听资料、归案情况说明、交款票据等证据予以证明,足以认定。

江西省上饶县人民法院认为,被告人汪某,身为国家工作人员,利用其担任公证处公证员的职务便利,为他人谋取利益,非法收受他人财物人民币4万元,其行为已触犯刑律,构成受贿罪,应依法惩处。公诉机关指控的罪名成立,应予支持。其辩护人提出被告人汪某的行为是受曾某之骗,也是为了给单位创收,多次想退回受贿款,只是没有机会的意见,与查明的事实不符,不予采纳。鉴于被告人汪某在检察机关立案前能自动配合调查并如实供述自己的罪行,可视为自首;归案后能退缴全部赃款,有一定的悔罪表现,又具备社区矫正条件,可依法从轻处罚并宣告缓刑。为维护公务人员职务行为的廉洁性,打击刑事犯罪,依照《中华人民共和国刑法》第385条第1款、第386条、第383条第1款第3项、第93条、第67条第1款、第72条第1款之规定,判决如下:

被告人汪某犯受贿罪,判处有期徒刑二年,缓刑二年。(缓刑考验期从判决确定之日起计算。)

▶【公证员职业伦理知识】> > >

本案涉及公证员廉洁自律的职业伦理规则的知识。要求了解和掌握廉洁自律的具体要求。

►【学理分析】> > >

公证员是法律职业共同体中的一员，其职务活动是产生具有法律证明力的公证书。公证员的廉洁自律，不仅关系到公证活动的客观性、真实性、公正性，更关系到公证书的效力问题及公证机构及公证员全体的形象和公信力问题，关系到公证事业的健康发展。为此，公证员必须遵循廉洁自律的职业道德，在职业活动中必须做到：

首先，公证员应当忠于职守，不徇私情，弘扬正义，自觉维护社会公平和公众利益。

公证员在办理公证事务时，必然涉及社会生活的方方面面，尤其是在涉及财产利益之时，应当妥善处理好个人利益和公众利益之间的关系，不徇私情，维护公众利益。《公证员职业道德基本准则》第 16 条规定："公证员应当忠于职守、不徇私情、弘扬正义，自觉维护社会公平和公众利益。"具体包括：第一，公证员应当妥善处理个人事务，不得利用公证员的身份和职务为自己、亲属或他人谋取利益。由于公证机构和公证员出具的公证书具有很强的证明力，具有公文书性质，依照法律规定，除有相反的证据推翻公证证明的外，人民法院应当确认公证证明的效力[①]。要保证公证书的这种效力而不被推翻，就必须确保公证员不徇私枉法公证，对申请公证的事项以及公证申请人及其他当事人提交的所有资料必须按照法定的程序和规则进行全面认真地审查，对按照有关规定需要进一步核实或者真实性有可疑之处的，应当进行核实，对不得公证的事项坚决拒绝。如果公证员为本人及近亲属或为与本人和近亲属有利害关系的办理公证事项时就有可能假公济私、枉法公证，出具不真实不合法的公证书或私自出具公证书。为此，《公证员职业道德基本准则》第 21 条规定："公证员应当妥善处理个人事务，不得利用公证员的身份和职务为自己、亲属或他人谋取利益。"为了杜绝这种事项的出现，《公证员职业道德基本准则》第 4 条规定了"公证员应当自觉遵守法定回避制度，不得为本人及近亲属办理公证或者办理与本人及近亲属有利害关系的公证"。公证法第 23 条第 3 项也规定公证员不得"为本人及

① 《中华人民共和国公证法》第 36 条规定："经公证的民事法律行为、有法律意义的事实和文书，应当作为认定事实的根据，但有相反证据足以推翻该项公证的除外。"第 37 条规定："对经公证的以给付为内容并载明债务人愿意接受强制执行承诺的债权文书，债务人不履行或者履行不适当的，债权人可以依法向有管辖权的人民法院申请执行。"

近亲属办理公证或者办理与本人及近亲属有利害关系的公证”。第二,公证员不得索取或接受当事人及其代理人、利害关系人的答谢款待、馈赠财物或其他利益。公证员是法律职业共同体中的一员,其在社会生活及司法活动中居于重要的地位,其在职业活动中必须做到中立公正,为此,公证员必须廉洁自律,不得拿法律做交易,严格按照法律规定进行公证事项,维护公证的权威性,维护公证职业的公正形象和公信力。为此,《公证员职业道德基本准则》第 22 条规定:“公证员不得索取或接受当事人及其代理人、利害关系人的答谢款待、馈赠财物或其他利益。”

其次,公证员不得从事有报酬的其他职业和与公证员职务、身份不相符的活动。

公正办证是公证制度追求的价值目标,做到公正就要求公证机构和公证员在履行其职业活动中,处于中立地位,兼顾双方当事人的利益,平衡双方利益,依法引导双方达成合法、公正的协议,以保证公证书的合法性、真实性与公正性。而如果公证员从事有报酬的其他职业和与公证员职务、身份不相符的活动,就可能与某些当事人之间先行产生各种利益关联,在办理相关利害人的公证事项时,就可能出现徇私枉法公证的现象,滋生腐败,导致不合法、不真实的公证后果,有损公证的形象和公信力。为此,公证法第 41 条第(4)项规定公证员“从事有报酬的其他职业的”,由省、自治区、直辖市或者设区的市人民政府司法行政部门根据情节的轻重分别给予警告、罚款、停止执业的处罚,有违法所得的,没收违法所得。《公证员职业道德基本准则》第 20 条规定:“公证员应当树立廉洁自律意识,遵守职业道德和执业纪律,不得从事有报酬的其他职业和与公证员职务、身份不相符的活动。”

本案中,被告人汪某,身为公证员,应当对公证申请人提供的所有材料进行审查,但是他在“曾某没有提交直系亲属证明材料的前提下,违规为曾某办理了赠与公证”,违背了 2005 年通过的公证法第 31 条第 6 项“当事人提供的证明材料不充分或者拒绝补充证明材料的”,公证机构不得办理公证的规定。并利用其担任公证处公证员的职务便利,为他人谋取利益,非法收受他人财物 4 万元的事实,违背了《公证员职业道德基本准则》第 20 条规定“公证员应当树立廉洁自律意识,遵守职业道德和执业纪律,不得从事有报酬的其他职业和与公证员职务、身份不相符的活动。”并触犯了刑律,构成受贿罪,理应承担公证员的职业责任。

（二）尊重同行

▶【典型案例】（一）>>>

吉林省白山市某公证处原主任任某某与公证员牟某某、刘某等提供虚假证明文件案。[①]

▶【基本案情】>>>

经吉林省白山市浑江区人民法院审理查明，白山市某公证处原主任任某某，明知他人申请办理的抵押贷款合同公证不符合《公证程序规则》《司法部抵押贷款合同公证程序细则》的规定，不符合公证受理条件，仍然予以受理并指派公证员牟某某、刘某等人出具公证书，造成损失人民币 423 万元，情节严重；白山市某公证处原副主任牟某某、公证员刘某明知承办的抵押贷款合同公证不符合公证条件，在任某某的授意下仍然违法违规出具公证书，分别造成损失人民币 243 万元、90 万元。2013 年 12 月 30 日，吉林省白山市某区人民法院认定任某某犯提供虚假证明文件罪，判处有期徒刑三年，缓刑四年，并处罚金人民币 5 万元。牟某某犯提供虚假证明文件罪，免于刑事处罚。刘某犯提供虚假证明文件罪，免于刑事处罚。任某某不服判决，上诉至白山市中级人民法院，白山市中级人民法院裁定驳回上诉，维持原判。中共白山市司法局委员会根据《中国共产党纪律处分条例》第四章第 30 条第 1 款、《事业单位工作人员处分暂行规定》第 22 条规定，于 2014 年 7 月 17 日决定给予任某某开除党籍、开除公职的处分。吉林省司法厅根据《中华人民共和国公证法》第 42 条规定，于 2015 年 2 月 4 日给予任某某吊销公证员执业证书的行政处罚。白山市司法局根据《中华人民共和国公证法》第 42 条规定，于 2015 年 3 月 31 日给予牟某某、刘某警告的行政处罚。

▶【典型案例】（二）>>>

乌鲁木齐市某公证处公证员肖某超出自治区司法厅核定的执业区域办理公证事项案。[②]

---

① 案件来源：《司法部关于公证违法违规行为处罚情况的通报》，司发通（2016）71 号，http://www.xmsf.gov.cn/zwgk/sjwj/201609/t20160901_1358105.htm，2017 年 3 月 1 日访问。

② 案件来源：《新疆维吾尔自治区司法厅关于我区 2014 年度公证机构和公证员违法违规情况的通报》，http://www.xjgz.com/Article/gsgg/ggc/201502/811.html，最后访问日期为 2017 年 3 月 9 日。

▶【基本案情】> > >

2014 年 3 月,乌鲁木齐市司法局向自治区司法厅反映乌鲁木齐市某甲公证处公证员肖某超出核定的执业区域受理乌鲁木齐市某乙公证处的公证业务,扰乱了某乙区的公证市场。新疆维吾尔自治区司法厅及时启动了相关调查工作,随机调阅了所涉及的某甲公证处被投诉公证员的部分公证卷宗共 29 本,询问了有关公证员,进行了必要的调查核实,同时要求某甲公证处就乌鲁木齐市司法局反映的该处在某乙区执业区域内违反规定办理公证业务的情况进行自查。某甲公证处抽取了公证员肖某所办理的工商银行某乙区支行的 21 本公证业务卷宗,其中二手房按揭贷款业务公证 3 件,所涉及 3 起二手房按揭贷款业务借款方全部居住在某乙区内。某甲公证处向自治区司法厅上报的《关于对我处公证员在某乙区执业的处理意见》认定,公证员肖某办理一方当事人居住在某乙区内的贷款业务未经本处批准,经某甲公证处投诉委员会研究决定,给予公证员肖某处内警告处分。在自治区司法厅对肖某调查核实时,其本人亦认可,当事人在某乙区、不动产在某乙区,其所办理的有关业务超越了执业区域。

▶【公证员职业伦理知识】> > >

本案主要涉及公证员同行之间的关系规范。应当掌握处理公证员同行之间关系的几个原则。

▶【学理分析】> > >

我国公证机构是事业法人组织,互相之间没有隶属关系,公证员之间在履行公证职责时处于平等的地位,所出具的公证文书具有同等的法律效力。因此公证员应当互相尊重,与同行保持良好的合作关系,公平竞争,同业互助,共谋发展,共同维护公证员群体的职业形象和公证机构的公信力。为此应当做到:

一、不干预或影响其他公证员办证原则

《公证员职业道德基本准则》第 24 条规定:“公证员不得以不正当方式或途径对其他公证员正在办理的公证事项进行干预或施加影响。”公证员独立行使公证证明权,独立承担责任,这是公证服务的本职要求。除了公证员和公证机构本身应当保持独立的品质外,公证员不得干预或施加影响于其他公证员;不得为当事人说理求情,也不得为当事人介绍公证员或向公证申请人透露公证人

员的信息;不得打听公证员正在办理的公证事项或处理结果。公证员不得利用媒体或采用其他方式,对正在办理或已办结的公证事项发表不当评论,更不得发表有损公证严肃性和权威性的言论,否则就必须承担相应的责任。根据《公证员惩戒规则(试行)》第13条第4项规定,利用非法手段诱使公证当事人,干扰其他公证机构或者公证人员正常的公证业务的,公证协会予以严重警告。但是,公证员如果发现已生效的公证文书存在问题或其他公证员有违法、违规行为,应当及时向有关部门反映。

二、尊重同行、公平竞争原则

公证员应当互相尊重,公平竞争,这是公证员处理同行关系的基本原则。公证是竞争的行业,只有竞争,才能看到彼此的差距,在正当的竞争中提高各自的水平,共谋公证事业的发展。但竞争必须建立在尊重同行、公平竞争的基础上,尊重是基本的道德标准,公平是竞争的准则,没有尊重和公平,就谈不上公证事业的发展。为此,必须反对公证机构和公证员之间的不正当竞争。《公证员职业道德基本准则》第25条规定:“公证员不得从事以下不正当竞争行为:(一)利用媒体或其他手段炫耀自己,贬损他人,排斥同行,为自己招揽业务;(二)以支付介绍费、给予回扣、许诺提供利益等方式承揽业务;(三)利用与行政机关、社会团体的特殊关系进行业务垄断;(四)其他不正当竞争行为。”相关的法律法规执业纪律等对这种有违公平竞争的行为给予相应的处分或处罚。《公证员惩戒规则(试行)》第12条规定,在媒体上或者利用其他手段提供虚假信息,对本公证机构或者本公证机构的公证员进行夸大、虚假宣传,误导当事人、公众或者社会舆论的;采用不正当方式垄断公证业务的;公证协会予以警告。故意诋毁、贬损其他公证机构或公证人员声誉的,给付公证当事人回扣或者其他利益的;予以严重警告。

为了避免扰乱公正秩序,《公证机构执业管理办法》第29条规定:“公证机构应当依照《公证法》第二十五条的规定,在省、自治区、直辖市司法行政机关核定的执业区域内受理公证业务。”因此,在实际执业中,为了尊重同行,公证员及公证机构应当不能超出省、自治区、直辖市司法行政机关核定的执业区域受理公证业务。

案例(一)中,公证员公证处原主任任某某,明知他人申请办理的抵押贷款合同公证不符合《公证程序规则》《司法部抵押贷款合同公证程序细则》的规定,不符合公证受理条件,仍然予以受理并指派公证员牟某某、刘某等人出具公证书，而公证员牟某某、刘某则在公证事务中没有恪守独立、客观、公正的原则和忠于法律与事实的原则，造成损失人民币423万元，其中任某某违背了《公证员职业道德基本准则》第24条规定："公证员不得以不正当方式或途径对其他公证员正在办理的公证事项进行干预或施加影响"。牟某某、刘某违背了《公证员执业管理办法》第3条第1款"公证员依法执业，受法律保护，任何单位和个人不得非法干预"和2005年通过的公证法第28条的有关合法性和真实性的规定，又因为其行为还构成了提供虚假证明文件罪，必须承担刑事责任。

案例(二)中，公证员肖某超出自治区司法厅核定的执业区域办理公证事项，经其所在的某甲公证处抽取了肖某所办理的工商银行某乙区支行的21本公证业务卷宗，其中二手房按揭贷款业务公证3件，所涉及3起二手房按揭贷款业务借款方全部居住在某乙区内，超出了某甲公证处的执业区域，扰乱了公证秩序，给予肖某警告处分。

第三节　公证员职业责任

▶【典型案例】(一) > > >

符某三贪污罪案。[①]

▶【基本案情】> > >

被告人符某三贪污一案，广东省肇庆市人民检察院以肇检刑诉(2013)33号起诉书向肇庆市中级人民法院提起诉讼。经广东省高级人民法院指定，本院于2013年11月22日立案受理后，依法组成合议庭公开开庭审理了本案。

经审理查明，被告人符某三从2006年1月起任广东省新兴县司法局党组成员兼新兴县公证处公证员。2008年5月至2009年7月间，新兴县公证处为广东W食品集团有限公司(以下称W集团)办理了8000多份同意函公证书。W集团为此共支付公证费人民币200000元。2008年6月5日，W集团以法律服务费的名义将其中的人民币100000元公证费汇入新兴县司法局账户。而剩

① 《肇庆市中级人民法院刑事判决书》，(2013)肇中法刑初字第40号，中国裁判文书网。

余的人民币 100000 元公证费，经新兴县司法局局长梁某垣（另案处理）同意后，由新兴县公证处办事员郭某（另案处理）以现金的方式取回，并以会议费、餐饮费、打字复印费等发票交由 W 集团冲账。随后，经梁某垣同意后，由郭某将其中的人民币 50000 元与被告人符某三以及公证处主任兼公证员陈某（另案处理）以辛苦费、加班费名义进行了私分，其中，被告人符某三分得人民币 16500 元，陈某分得人民币 16500 元，郭某分得人民币 17000 元。归案后，被告人符某三退出赃款人民币 16500 元。认定上述事实的证据有书证、证人证言、同案人的供述、被告人供述等。

肇庆市中级人民法院认为，被告人符某三身为国家工作人员，伙同他人利用职务上的便利侵吞公共财物人民币 50000 元，并分得其中的人民币 16500 元，其行为已构成贪污罪。被告人符某三是在同案人经领导授意并取回公证费之后，同意将公证费私分，且其仅分得其中的一部分，在共同犯罪中起次要作用，是从犯，应当从轻或者减轻处罚；鉴于其归案后能如实供述犯罪事实，且退出其获得的全部赃款，有悔罪表现，依法可酌情从轻处罚。结合其犯罪情节较轻、有悔罪表现，依法对其减轻处罚，且对其适用缓刑不致再危害社会。公诉机关指控的罪名成立，应予支持。

对于被告人符某三及其辩护人的意见，综合评析如下：

第一，由于现有证据足以认定被告人符某三参与新兴县公证处与 W 集团之间的公证业务，以及参与将同案人郭某取回的公证费现金人民币 50000 元私分的事实，并已形成完整的证据链条，周某德的证言未提取并不影响对被告人符某三犯罪事实的认定。

第二，证人梁某垣的证言证实 W 集团委托新兴县司法局公证处出具股东同意函公证书并约定公证费是人民币 200000 元，已通过银行转账支付了人民币 100000 元（有相关记账及银行转账凭证证实），另外人民币 100000 元公证费是其指示郭某去 W 集团以现金形式取回，其中包括被告人符某三参与私分的人民币 50000 元。而证人黄某德、梁某垣（均为 W 集团工作人员）的证言均证实郭某 2009 年 7 月 15 日到 W 集团取回的人民币 50000 元就是公证费而不是加班费。同案人郭某亦明确地供述其受梁某垣指派到 W 集团取回的该人民币 50000 元是 W 集团剩余未支付的公证费。对此，被告人符某三在侦查阶段亦供述其参与私分的是 W 集团支付的公证费，证据之间相互印证。因此，现有证据足以证实被告人符某三参与私分的人民币 50000 元是 W 集团应支付给新兴县司法局的公证费,属于公共财产。被告人符某三及其辩护人辩称该款是W集团自愿给的辛苦费、加班费,并不是W集团支付给司法局的公证费的意见理据不足,不予以采信。

第三,对于将该人民币50000元公证费进行私分虽然是由局长梁某垣决定,但并没有证据证实是梁某垣与其他司法局的领导集体协商后的共同决定;且从分得该款项的人员来看,也仅是被告人符某三与同案人郭某、陈某三人进行私分,同时参与该项公证业务的其他人员(据被告人符某三的供述至少约有11人参与)并没有参与私分。因此,被告人符某三的行为不符合私分国有资产罪的构成要件,不构成该罪,其明知是公证费而参与侵吞,其行为已构成贪污罪。辩护人认为被告人符某三的行为不构成贪污罪而应定私分国有资产罪的意见理据不足,不予采信。

第四,被告人符某三未主动投案,是在侦查人员掌握了其犯罪线索而向其调查询问相关情况时才作出供述,根据《最高人民法院、最高人民检察院关于办理职务犯罪案件认定自首、立功等量刑情节若干问题的意见》的规定,其行为不构成自首。鉴于其归案后能如实供述自己的犯罪事实,可对其酌情从轻处罚。被告人符某三及辩护人辩称其具有自首情节的意见理据不足,不予采信。

据此,依照《中华人民共和国刑法》第382条第1款、第383条、第27条、第67条第3款、第72条第1款、第73条第2、3款之规定,经本院审判委员会讨论决定,判决如下:

被告人符某三犯贪污罪,判处有期徒刑二年,缓刑三年。(缓刑考验期限从判决确定之日起计算。)

▶【典型案例】(二)> > >

公证处承担损害赔偿责任纠纷案。①

▶【基本案情】> > >

上诉人李某明因与被上诉人汉中市汉台区公证处公证损害责任纠纷一案,不服汉中市汉台区人民法院(2014)汉台民初字第00430号民事判决,向陕西省汉中市中级人民法院提起上诉。该院依法组成合议庭,公开开庭审理了本案。

① 案件来源:《陕西省汉中市中级人民法院民事判决书》,(2014)汉中民一终字第00662号,中国裁判文书网。

原审法院认定,原告李某明的父亲李化某、母亲贺某玉共生育四个子女,分别为原告李某明和李小某、李某红、李某兴。其父李化某于2009年5月13日去世,生前未立遗嘱。李化某生前与贺某玉的夫妻共同财产有银行存款人民币7万余元,私有住房一套。2009年7月20日,原告李某明与贺某玉、李小某、李某红、李某兴曾共同到汉台区公证处就银行存款的分割继承进行了公证,汉台区公证处出具了(2009)汉台证民字第224号公证书。2010年1月26日,原告李某明的母亲贺某玉、哥哥李某红、弟弟李某兴三人到汉台区公证处申请办理继承权公证和赠予合同公证。汉台区公证处向其送达了《办理法定继承公证告知书》,并做了谈话笔录。当日,三位申请人填写了公证申请表,并按公证程序要求提交了申请办理公证内容所需的相关证明文件:身份证、户口本、死亡注销证明、亲属关系证明、房屋所有权证(登记所有权人李化某)、房地产证明、李某红放弃继承权申明。三位申请人承诺:申请表所填写内容、提供材料,以及谈话笔录内容均真实、有效。如有隐瞒和不实,愿承担由此引起的一切法律责任。后汉台区公证处作出了(2010)汉台证民字第25号(继承权)公证书,证明被继承人李化某的遗产由其配偶贺某玉和二儿子李某兴共同继承;同时,依申请人的申请,汉台区公证处对贺某玉与李某兴签订的赠予合同进行了公证,并作出了(2010)汉台证字第26号(赠予合同)公证书,证明贺某玉自愿将属于自己的产权份额及应继承李化某的遗产的份额赠予李某兴的赠予合同的真实性。2010年2月,李某兴申请办理了房屋权属转移登记手续。2010年3月,李某兴将上述房屋出售给郑某山、钟某英,并办理了房屋权属转移登记手续。2011年3月,原告李某明得知上述情况后即到汉台区公证处询问。汉台区公证处了解情况后,于2011年4月19日作出了《撤销(2010)汉台证民字第25号公证书的决定》。2011年12月27日,原告李某明曾以公证损害为由起诉汉台区公证处,2012年2月10日原告李某明申请撤回起诉,法院(2012)汉民初字第00372号民事裁定书裁定准许原告撤回起诉。其间,2012年1月贺某玉去世。后李某明、李小某为共同原告,以继承纠纷为由将李某红、李某兴诉至汉台法院。因李某兴下落不明,法院公告送达。2012年11月12日作出了(2012)汉民初字第00610号民事判决书。其中,该判决第二条确定由李某兴给付李某明继承房屋折价款人民币23000元。该判决生效后,原告李某明与李小某申请执行。执行中,法院执行李某兴人民币14544.15元,二人各分得人民币7272.075元(已领取)。后因被执行人李某兴下落不明,无财产可供执行,2013年9月10日经执行申请人同意，裁定终结(2013)汉执字第00292号案件的执行。原告李某明应继承的房屋折价款人民币23000元，尚有人民币15727.925元未执行到位。现原告李某明提起诉讼，请求判令被告汉中市汉台区公证处赔偿其未执行到位的房屋折价款人民币15727.925元、继承案件李某兴应负担的受理费人民币3060元及公告费人民币570元、差旅费人民币643元，共计人民币20000元。

原审法院认为，侵权责任大小的确定应当根据侵权行为与损害后果之间的因果关系以及侵权人的主观过错来确定。本案中，原告李某明的财产损失是由于原告李某明的母亲贺某玉、哥哥李某红、弟弟李某兴有意作出虚假陈述，故意隐瞒原告李某明为被继承人李化某继承人之一的事实真相，伪造亲属关系证明的一系列行为所造成的，其行为存在主观上的故意，是导致原告李某明损害后果的直接原因。而被告汉中市汉台区公证处在审查贺某玉、李某兴、李某红提供的相关证明材料过程中，只作了形式上的审查，而未对证明材料的真实性进一步核实，未依法尽到充分的审查、核实义务。正因为缺少这一环节，造成公证的错误，汉中市汉台区公证处在主观上存在一定的过错。该过错虽不是造成李某明财产损失的直接原因，但公证书客观上被利用，与原告的损失存在一定间接的因果关系。原审法院作出(2013)汉执字第00292-1号执行终结裁定，原告李某明可就未获得房屋折价款部分向被告主张补充赔偿责任。综合案件实际情况，酌情判定被告汉中市汉台区公证处承担30%补充赔偿责任，被告汉中市汉台区公证处在承担责任后可依法行使相应的追偿权。(2012)汉民初字第00610号民事判决书判决原告李某明应继承的房屋折价款人民币23000元，扣除已经执行到位的款项，尚有人民币15727.93元未能执行，对原告这一损失予以认定；对原告李某明主张的人民币3060元案件受理费、人民币570元公告费、人民币643元差旅费，计人民币4273元与本案无直接因果关系不予认定。依照《中华人民共和国公证法》第43条、第44条第1项，《最高人民法院关于审理涉及公证活动相关民事案件的若干规定》第1条、第4条、第5条之规定，判决如下：限被告汉中市汉台区公证处于判决生效之日起十日内对原告李某明应继承的房屋折价款损失人民币15727.93元承担30%的补充赔偿责任，即人民币4718.38元。案件受理费人民币300元，由被告汉中市汉台区公证处负担。

宣判后，李某明不服原审判决，向本院提起上诉，经审理，陕西省汉中市中级人民法院认为，本案中被上诉人汉台区公证处在核实本案讼争公证事项时，对贺某玉、李某兴、李某红提供的相关证明材料只作了形式上的审查，而未对证明材料的真实性进一步核实,未依法尽到充分的审查、核实义务,主观上存在过失,被上诉人汉台区公证处的公证行为与造成上诉人李某明财产损失这一损害后果之间存在因果关系,但上诉人李某明的母亲贺某玉、哥哥李某兴、弟弟李某红在公证行为过程中有意作出虚假陈述,故意隐瞒李某明为被继承人李化某继承人之一的事实真相,并伪造亲属关系证明这一系列行为系损害发生的直接原因。《最高人民法院关于审理涉及公证活动相关民事案件的若干规定》第 5 条规定:“当事人提供虚假证明材料申请公证致使公证书错误造成他人损失的,当事人应当承担赔偿责任。公证机构依法尽到审查、核实义务的,不承担赔偿责任;未依法尽到审查、核实义务的,应当承担与其过错相应的补充赔偿责任;……”原审在查明事实的基础上判决由被上诉人汉台区公证处对李某明的损失承担30%的补充赔偿责任,符合法律规定。关于李某明的损失,(2012)汉民初字第00610 号继承纠纷一案中判决上诉人李某明应继承房屋折价款人民币 23000元,扣除已经执行到位的,尚有人民币 15727.93 元未能执行,原审法院对上诉人李某明这一损失予以认定,符合本案实际情况,本院予以确认。上诉人李某明所主张的(2012)汉民初字第 00610 号继承纠纷中其支出的公告费人民币 570元、差旅费人民币 643 元以及李某兴应负担的案件受理费人民币 3060 元,与本案无直接因果关系,其主张无法律依据,故不予支持。综上,原审判决认定事实清楚,适用法律正确,审判程序合法,判处适当。依照《中华人民共和国民事诉讼法》第 170 条第 1 款第 1 项之规定,判决驳回上诉,维持原判。

▶【公证员职业责任知识】> > >

本案涉及公证员的职业责任问题。具体需要了解公证员职业责任的概念、职业责任的分类和具体内容。

▶【学理分析】> > >

公证的职业责任,是指公证机构和公证员在公证活动中因违反有关公证的法律、法规、职业伦理规范和执业纪律等所应当承担的责任。这些责任包括纪律责任、行政责任、民事责任和刑事责任等。公证员因违反法律、法规、职业道德和执业纪律的情节严重程度不同,应当承担不同的纪律责任;公证机构和公证员因违反法律、法规、职业道德和执业纪律的情节严重程度不同,应当承担相应的行政责任;公证机构和公证员因违反法律、法规、职业道德和执业纪律,并给当事人、公证事项的利害关系人造成损失应当向当事人,公证事项的利害关系人赔偿经济损失的民事责任;以及公证员在履行公证职责过程中因违反刑法而被依法追究的刑事责任。

一、公证员的纪律责任

公证员的纪律责任,又称公证员的惩戒、公证员的纪律处分,是指公证协会对公证员违反法律、法规、执业纪律和职业道德规范的行为给予的惩戒。《公证员惩戒规则(试行)》第2条规定:"依法取得中华人民共和国公证员执业证书的公证员,违反法律、法规、规章、执业纪律和职业道德的,应根据本规则给予惩戒。"其惩戒机构是中国公证员协会和省、自治区、直辖市公证员协会(以下简称省级公证员协会)设立惩戒委员会,惩戒委员会是对公证员实施惩戒的专门机构。惩戒案件一般由省级公证员协会的惩戒委员会受理,中国公证员协会惩戒委员会认为影响较大、案情重大的案件也可以自行受理。对公证员的惩戒种类有:警告;严重警告;罚款;记过;暂停会员资格;取消会员资格。其中,暂停会员资格期限为3个月至12个月。公证员有违反《公证员惩戒规则(试行)》第12条至第16条规定的(具体规定见以下内容),根据违反行业规范行为的性质,可以并处人民币50元至5000元的罚款。

根据《公证员惩戒规则(试行)》第12条规定,公证员有下列行为之一的,予以警告:(1)无正当理由,不接受指定的公益性公证事项的;(2)无正当理由,不按期出具公证书的;(3)在媒体上或者利用其他手段提供虚假信息,对本公证机构或者本公证机构的公证员进行夸大、虚假宣传,误导当事人、公众或者社会舆论的;(4)违反规定减免公证收费的;(5)在公证员名片上印有曾担任过的行政职务、荣誉职务、专业技术职务或者其他头衔的;(6)采用不正当方式垄断公证业务的;(7)公证书经常出现质量问题的;(8)其他损害公证行业利益的行为,但后果尚不严重的。

根据《公证员惩戒规则(试行)》第13条规定,公证员有下列行为之一的,予以严重警告:(1)刁难当事人,服务态度恶劣,造成不良影响的;(2)对应当受理的公证事项,无故推诿不予受理的;(3)故意诋毁、贬损其他公证机构或公证人员声誉的;(4)利用非法手段诱使公证当事人,干扰其他公证机构或者公证人员正常的公证业务的;(5)给付公证当事人回扣或者其他利益的;(6)违反回避规定的;(7)违反公证程序,降低受理、出证标准的;(8)违反职业道德和执业纪律的;(9)一年内连续出现2件以内错误公证文书的;(10)受到警告惩戒后,6个月内又有第 12 条所列行为的。

根据《公证员惩戒规则(试行)》第 14 条规定,公证员有下列行为之一的,予以记过:(1)一年内连续出现 3 件以上 5 件以下错误公证文书的;(2)违反公证法规、规章规定的;(3)违反公证管辖办理公证的;(4)违反职业道德和执业纪律,拒不改正的;(5)受到严重警告惩戒后,6 个月内又有第 13 条所列行为的;(6)其他损害公证行业利益的行为,后果较为严重的。

根据《公证员惩戒规则(试行)》第 15 条规定,公证员有下列行为之一的,予以暂停公证员协会会员资格,并建议司法行政机关给予暂停执业的行政处罚:(1)利用职务之便牟取或收受不正当利益的;(2)违反职业道德和执业纪律,情节严重的;(3)一年内连续出现 6 件以上错误公证文书的;(4)受到记过惩戒后,6 个月内又有第 14 条所列行为的;(5)其他损害公证行业利益的行为,后果严重的。

根据《公证员惩戒规则(试行)》第 16 条规定,公证员有下列行为之一的,予以取消公证员协会会员资格,并建议司法行政机关给予吊销执业证的行政处罚:(1)泄露国家机密、商业秘密和个人隐私给国家或者公证当事人造成重大损失或者产生恶劣社会影响的;(2)故意出具错误公证书的;(3)制作假公证书的;(4)受刑事处罚的,但非职务的过失犯罪除外;(5)违反公证法规、规章规定,后果严重的;(6)对投诉人、举报人、证人等有关人员打击报复的;(7)案发后订立攻守同盟或隐匿、销毁证据,阻挠调查的;(8)违反职业道德和执业纪律,情节特别严重的;(9)受到暂停会员资格惩戒,恢复会员资格 12 个月内,又有第 15 条所列行为的;(10)其他违法违纪或者损害公证行业利益的行为,后果特别严重的。

二、公证行政责任

公证行政责任,是指公证机构和公务员因违反法律、法规、执业纪律和职业道德规范而应当承担的由司法行政机关给予的行政处分或行政处罚。包括警告、罚款、责令停止执业、责令停业整顿、没收违法所得、吊销公证员执业证书。

公证法第六章具体规定了公证机构和公证员应当承担行政责任的法定情形和具体的行政责任。

公证法第 41 条规定:公证机构及其公证员有下列行为之一的,由省、自治区、直辖市或者设区的市人民政府司法行政部门给予警告;情节严重的,对公证机构处一万元以上五万元以下罚款,对公证员处一千元以上五千元以下罚款,并可以给予三个月以上六个月以下停止执业的处罚;有违法所得的,没收违法所得:(1)以诋毁其他公证机构、公证员或者支付回扣、佣金等不正当手段争揽公证业务的;(2)违反规定的收费标准收取公证费的;(3)同时在两个以上公证机构执业的;(4)从事有报酬的其他职业的;(5)为本人及近亲属办理公证或者办理与本人及近亲属有利害关系的公证的;(6)依照法律、行政法规的规定,应当给予处罚的其他行为。

公证法第42条规定:公证机构及其公证员有下列行为之一的,由省、自治区、直辖市或者设区的市人民政府司法行政部门对公证机构给予警告,并处二万元以上十万元以下罚款,并可以给予一个月以上三个月以下停业整顿的处罚;对公证员给予警告,并处二千元以上一万元以下罚款,并可以给予三个月以上十二个月以下停止执业的处罚;有违法所得的,没收违法所得;情节严重的,由省、自治区、直辖市人民政府司法行政部门吊销公证员执业证书;构成犯罪的,依法追究刑事责任:(1)私自出具公证书的;(2)为不真实、不合法的事项出具公证书的;(3)侵占、挪用公证费或者侵占、盗窃公证专用物品的;(4)毁损、篡改公证文书或者公证档案的;(5)泄露在执业活动中知悉的国家秘密、商业秘密或者个人隐私的;(6)依照法律、行政法规的规定,应当给予处罚的其他行为。因故意犯罪或者职务过失犯罪受刑事处罚的,应当吊销公证员执业证书。

三、公证民事责任

公证民事责任,又称为公证机构的民事赔偿责任,是指因公证机构及其公证员违反法律、法规、执业纪律和职业道德规范的行为,导致公证文书发生错误,给当事人或者公证事项的利害关系人[①]造成损失而应当承担的经济赔偿责任。公证的民事责任是由公证机构及其公证员因过错引起的,如果不是公证机构及其公证员的过错,而是当事人的过错引起的伪证和假证问题,公证机构对其不承担民事法律责任。

公证法第43条明确规定了民事法律责任,“公证机构及其公证员因过错给当事人、公证事项的利害关系人造成损失的,由公证机构承担相应的赔偿责任;公证机构赔偿后,可以向有故意或者重大过失的公证员追偿。当事人、公证事项的利害关系人与公证机构因赔偿发生争议的,可以向人民法院提起民事诉

① 公证当事人是指向公证处申请公证的自然人、法人或者社会组织;公证事项的利害关系人是指基于公证机构出具的公证文书的信赖与公正申请人进行民事行为,却因公证文书的错误导致利益损害的主体。

讼”。2014 年 4 月 28 日最高人民法院审判委员会第 1614 次会议通过《最高人民法院关于审理涉及公证活动相关民事案件的若干规定》第 4 条规定:“当事人、公证事项的利害关系人提供证据证明公证机构及其公证员在公证活动中具有下列情形之一的,人民法院应当认定公证机构有过错:(一)为不真实、不合法的事项出具公证书的;(二)毁损、篡改公证书或者公证档案的;(三)泄露在执业活动中知悉的商业秘密或者个人隐私的;(四)违反公证程序、办证规则以及国务院司法行政部门制定的行业规范出具公证书的;(五)公证机构在公证过程中未尽到充分的审查、核实义务,致使公证书错误或者不真实的;(六)对存在错误的公证书,经当事人、公证事项的利害关系人申请仍不予纠正或者补正的;(七)其他违反法律、法规、国务院司法行政部门强制性规定的情形。”第 5 条规定:“当事人提供虚假证明材料申请公证致使公证书错误造成他人损失的,当事人应当承担赔偿责任。公证机构依法尽到审查、核实义务的,不承担赔偿责任;未依法尽到审查、核实义务的,应当承担与其过错相应的补充赔偿责任;明知公证证明的材料虚假或者与当事人恶意串通的,承担连带赔偿责任。”

公证民事责任具有如下特征:

其一,公证民事责任承担的前提是公证机构或公证员的违法过错行为,并给当事人或公证事项利害关系人造成损害后果。公证民事法律责任的构成包括:第一,必须有公证机构或公证员违法的过错行为。第二,这种违法的过错行为致使公证当事人或公证事项利害关系人确有损害发生。

其二,承担公证民事法律责任的主体是公证机构。

在我国,公证实行机构本位主义,公证书是以公证机构的名义出具的,因此出错证的民事责任首先应当由公证机构对外承担,但公证机构可以向有故意或者重大过失的公证员追偿。

其三,请求公证赔偿的主体是公证当事人或者公证事项的利害关系人。

四、公证刑事责任

公证刑事责任是指公证员在履行公证职责过程中违反了法律、法规、执业纪律和职业伦理规范,构成犯罪的,依据我国刑法的规定应当承担的责任。如公证法第 42 条规定的法定情形——私自出具公证书的;为不真实、不合法的事项出具公证书的;侵占、挪用公证费或者侵占、盗窃公证专用物品的;毁损、篡改公证文书或者公证档案的;泄露在执业活动中知悉的国家秘密、商业秘密或者个人隐私的;依照法律、行政法规的规定,应当给予处罚的其他行为——构成犯罪的，以及提供虚假证明材料，骗取公证书的，利用虚假公证书从事欺诈活动的，伪造、变造或者买卖伪造、变造的公证书、公证机构印章的，构成犯罪的，依法追究其刑事责任。2009 年《最高人民检察院关于公证员出具公证书有重大失实行为如何适用法律问题的批复》中指出："……《中华人民共和国公证法》施行以后，公证员在履行公证职责过程中，严重不负责任，出具的公证书有重大失实，造成严重后果的，依照刑法第二百二十九条第三款的规定，以出具证明文件重大失实罪追究刑事责任[①]。……"

本案例(一)中，新兴县公证处办事员郭某，经新兴县司法局局长梁某垣(另案处理)同意后，将人民币 100000 元公证费，以现金的方式取回，并以会议费、餐饮费、打字复印费等发票交由 W 集团冲账人民币 50000 元。经梁某垣同意后，由郭某将其中的人民币 50000 元与符某三以及公证处主任兼公证员陈某以辛苦费、加班费名义进行了私分，被告人符某三分得人民币 16500 元，陈某分得人民币 16500 元，郭某分得人民币 17000 元。而公证费属于公共财产，任何人不能侵占或挪用，而郭某等人明知道为公证费的情况下，侵吞之，违背了公证员廉洁自律的职业道德规范，违反了 2005 年通过的公证法第 42 条第 1 款第(3)项规定，公证员"侵占、挪用公证费或者侵占、盗窃公证专用物品的"，由省、自治区、直辖市或者设区的市人民政府司法行政部门对公证机构给予警告，并处二万元以上十万元以下罚款，并可以给予一个月以上三个月以下停业整顿的处罚；对公证员给予警告，并处二千元以上一万元以下罚款，并可以给予三个月以上十二个月以下停止执业的处罚；有违法所得的，没收违法所得；情节严重的，由省、自治区、直辖市人民政府司法行政部门吊销公证员执业证书；构成犯罪的，依法追究刑事责任。该涉案公证员理应承担刑事责任、行政责任和纪律责任。

案例(二)中，汉台区公证处在核实本案讼争公证事项时对贺某玉、李某兴、李某红提供的相关证明材料，只作了形式上的审查，而未对证明材料的真实性进一步进行核实，未依法尽到充分的审查、核实义务，主观上存在过失，汉台区公证处的公证行为与李某明财产损失这一损害后果之间存在因果关系，但上诉人李某明的母亲贺某玉、哥哥李某兴、弟弟李某红在公证行为过程中有意作出

① 《最高人民检察院关于公证员出具公证书有重大失实行为如何适用法律问题的批复》，中国公证网，http://www.chinanotary.org/content/2009-01/14/content_6705937.htm? node=82579，2017 年 3 月 1 日访问。

虚假陈述,故意隐瞒李某明为被继承人李化某继承人之一的事实真相,并伪造亲属关系证明这一系列行为系损害发生的直接原因。我国曾在2005年通过的公证法第43条明确规定了民事法律责任,“公证机构及其公证员因过错给当事人、公证事项的利害关系人造成损失的,由公证机构承担相应的赔偿责任;公证机构赔偿后,可以向有故意或者重大过失的公证员追偿。当事人、公证事项的利害关系人与公证机构因赔偿发生争议的,可以向人民法院提起民事诉讼”。可知,申请公证的当事人贺某玉、李某兴、李某红与汉台区公证处具有责任。《最高人民法院关于审理涉及公证活动相关民事案件的若干规定》第5条规定:“当事人提供虚假证明材料申请公证致使公证书错误造成他人损失的,当事人应当承担赔偿责任。公证机构依法尽到审查、核实义务的,不承担赔偿责任;未依法尽到审查、核实义务的,应当承担与其过错相应的补充赔偿责任;……”为此,在审判机关查明事实的基础上,判决由汉台区公证处对李某明的损失承担30%的补充赔偿责任,符合法律规定。

▶【案例、问题与讨论】> > >

【案例】

原公证员孙某受贿案①

上诉人(原审被告人)孙某,男,1952年7月5日出生,汉族。2014年11月15日因涉嫌犯受贿罪被郑州市公安局长兴路分局刑事拘留,同年11月28日被逮捕。现羁押于郑州市第三看守所。

辩护人刘某,河南TX律师事务所律师。

河南省郑州市惠济区人民法院审理河南省郑州市惠济区人民检察院指控原审被告人孙某犯非国家工作人员受贿罪一案,于2015年4月2日作出(2015)惠刑初字第7号刑事判决,原审被告人孙某不服,提出上诉。河南省郑州市中级人民法院依法组成合议庭,于2015年9月24日公开开庭审理了本案。

原判认定,2013年至2014年,被告人孙某在河南省郑州市H公证处担任公证员期间,利用职务便利,为郑州HY投资管理有限公司在该公证处办理公证

① 案例来源:《河南省郑州市中级人民法院刑事判决书》,(2015)郑刑一终字第208号,中国裁判文书网。

业务过程中给予额外照顾，其间共收受郑州HY投资管理有限公司总经理周某某安排下属吕某所送人民币160000元。

案发后，被告人孙某家属将涉案赃款全部退缴。

原判认定上述事实的证据有证人证言，侯某某出具的情况说明，搜查笔录及扣押物品清单，干部履历表、任职通知，组织机构代码证、事业单位法人证书、河南省郑州市H公证处出具的证明及文件，查封/扣押清单、结算票据，户籍证明，到案经过及被告人孙某的供述与辩解等。

根据以上事实和证据，河南省郑州市惠济区人民法院以非国家工作人员受贿罪，判处被告人孙某有期徒刑五年零三个月；违法所得人民币16万元予以没收。

上诉人孙某上诉及其辩护人辩护称，原判认定其犯罪数额是人民币16万元事实不清，证据不足；其从事的是普通公证员工作，没有利用职务上的便利为他人谋取利益。请求二审法院依法改判。

出庭检察员认为原判认定事实清楚，证据确实充分，一审判决量刑适当，建议二审维持原判。

经二审审理查明，上诉人孙某自2013年至2014年担任公证员期间，利用职务便利，为郑州HY投资管理有限公司在该公证处办理公证业务过程中给予额外照顾，共收受HY公司总经理周某某安排下属吕某所送款项，以及案发后被告人孙某家属将涉案赃款全部退缴的事实、证据均与一审相同，且经一审法院当庭举证、质证，经本院核实无误，予以确认。

另查明，上诉人孙某收受吕某所送的款项共计人民币13万元。

本院认为，上诉人（原审被告人）孙某作为公证机构的公证员，利用职务上的便利，非法收受他人财物，为他人谋取利益，数额巨大，其行为已构成非国家工作人员受贿罪，应予惩处。

关于上诉人孙某上诉及辩护人辩护称孙某从事的是普通公证员工作，没有利用职务上的便利为他人谋取利益的意见，经查，利用职务上的便利是指利用本人职务范围内的权力，即利用自己主管、负责或者承办某项事务的职权及其形成的便利条件。孙某作为承办HY公司公证业务的公证员，利用其职务便利，为HY公司办理业务提供了方便，为HY公司谋取了利益，故该上诉及辩护意见不予采纳。关于孙某上诉及辩护人辩护称原判认定犯罪数额为人民币16万元事实不清、证据不足的意见，经查，证人吕某（吕某某，下同）证明其按周某某的安排共给孙某送过至少人民币13万元现金；证人刘某证明其从2013年8月到2014年11月每月交给吕某人民币1万元钱，最后一次是在2014年11月5日之前，给吕某的是10月的钱，即共计人民币15万元；上诉人孙某的供述称吕某一共给其送了人民币15万元左右。根据上述证据的印证情况，本案的犯罪数额应为人民币13万元，相关上诉及辩护意见予以采纳。与之对应，出庭检察员关于原判应予维持的意见不予采纳。

原判认定孙某犯非国家工作人员受贿罪的基本事实清楚，证据确实、充分，审判程序合法，但认定犯罪数额错误导致量刑不当，应予纠正。依照《中华人民共和国刑法》第163条第1款、第64条及《中华人民共和国刑事诉讼法》第225条第1款第(3)项之规定，判决如下：

一、维持河南省郑州市惠济区人民法院(2015)惠刑初字第7号刑事判决第一项中对被告人孙某的定罪部分，即被告人孙某犯非国家工作人员受贿罪。

二、撤销河南省郑州市惠济区人民法院(2015)惠刑初字第7号刑事判决第一项中对被告人孙某的量刑部分及第二项，即被告人孙某犯非国家工作人员受贿罪，判处有期徒刑五年零三个月；被告人孙某退缴的违法所得人民币16万元予以追缴。

三、上诉人(原审被告人)孙某犯非国家工作人员受贿罪，判处有期徒刑五年。(刑期从判决执行之日起计算。判决执行之前先行羁押的，羁押一日折抵刑期一日。即自2014年11月15日起至2019年11月14日止。)

四、违法所得人民币13万元予以追缴。

【问题与讨论】

1. 被告人孙某作为公证员，在执行公证业务中应当遵守哪些职业伦理？具体内容是什么？本案中孙某主要违背了哪些职业伦理？

2. 本案中孙某应当承担哪些职业责任？其依据是什么？

CHAPTER 8

第八章

仲裁员职业伦理

第一节　仲裁员职业伦理概述

▶【典型案例】> > >

仲裁员梁某某枉法仲裁作出 26 份虚假仲裁书案。[①]

▶【基本案情】> > >

天台县总工会法律援助中心原主任、兼职仲裁员梁某某在劳动仲裁时，明知是伪证仍采信，作出 26 份虚假仲裁书，涉案总金额达人民币 200 余万元。一审法院判处其免予刑事处罚，检察机关抗诉获支持。浙江省天台县检察院后来收到终审判决书：梁某某犯枉法仲裁罪，判处有期徒刑二年，缓刑三年。

浙江省天台县人民法院经审理查明：天台县某管道燃气有限公司（以下简称 TR 公司）法人代表曹某某与杨某某存在债务纠纷。2009 年 5 月 1 日，曹某某以 TR 公司名义出具给杨某某人民币 170 万元的借条一份。2010 年 5 月，杨某某得知 TR 公司将被临海某燃气有限公司（以下简称 HR 公司）兼并。为了能从 HR 公司收购 TR 公司的收购款中优先实现债权，杨某某叫曹某某出具了 TR 公司向杨某某借款人民币 238 万元的欠条，并想通过劳动仲裁方式予以确认。同年 7—8 月，杨某某找到天台县人力资源和社会保障局仲裁办副主任王某（另案处理）说情。王某看到一张人民币 200 多万元的欠条后知道不属于劳动报酬

---

① 案例来源：裘立华：《浙江首例枉法仲裁案终审判决》，《人民法院报》2015 年 5 月 24 日，中国法院网，http://www.chinacourt.org/article/detail/2013/05/id/961872.shtml，2017 年 3 月 11 日访问。《梁某某枉法仲裁案——枉法仲裁行为"情节严重"的司法认定》，《人民法院案例选》（2015 年第 1 辑），人民法院出版社 2016 年版。

争议，不能受理。同年8月7日，杨某某和曹某某等人利用本人和他人身份证，虚构了TR公司拖欠杨某某等26名工人工资的事实，将欠条里载明的债务分成多份，并伪造了欠条和相关结算清单。杨某某等人将伪造好的相关材料交给天台县人力资源和社会保障局仲裁办干部胡法某（另案处理）请其帮忙。胡法某发现相关材料存有问题时，仍予以收下，向王某汇报时没有提出不能受理的意见，并说申请人内有老领导杨某设亲戚。过几天，杨某设等人见还没有立案，又来到王某办公室催其立案。后杨某某、杨某设等人带曹某某来到王某办公室对王某讲，将曹某某的笔录做了就可以立案了。王某对曹某某做了调查笔录，曹某某承认欠款事实。同月16日，王某叫胡法某立案，并指定天台县劳动仲裁委员会聘任的仲裁员被告人梁某某为首席仲裁员。同年10月15日，王某将案件交给被告人梁某某，并确定了开庭日期。同月18日开庭时，被告人梁某某发现有几张欠条四五个申请人合写在一起，欠条与结算清单的数目也不一致，所欠工资金额大、时间长且被申请人又未到庭，故未开庭。同年10月19日，杨某某、曹某某等人重新伪造了证据，分成26个人进行仲裁。在杨某设等人的说情下，仲裁庭（首席仲裁员梁某某、仲裁员胡法某、金某贺）在未向被申请人TR公司及曹某某送达第二次开庭传票的情况下，于同月28日进行缺席审理。同年11月8日，在未进行合议的情况下，被告人梁某某作出26份虚假的劳动仲裁裁决书，并由王某审核，交时任仲裁委主任的陈某芳签发，然后由胡法某打印出仲裁裁决书，并由书记员发给当事人。该26份虚假的劳动仲裁裁决书总金额达人民币206.56万元。上述虚假的仲裁裁决书生效后，因HR公司兼并TR公司未成，杨某某等人没有取得仲裁裁决书中的所谓拖欠工资。

浙江省天台县人民法院于2013年2月25日作出（2012）台天刑初字第652号刑事判决：被告人梁某某犯枉法仲裁罪，免予刑事处罚。宣判后，天台县人民检察院提出抗诉。浙江省台州市中级人民法院经审理认为：被告人梁某某作为首席仲裁员，在他人的说情下，明知是伪造的证据予以采信，并违反法定程序，在未合议的情况下，违法作出了26份虚假的劳动仲裁裁决书，并已生效，涉案标的达人民币200多万元，虽未实际造成财产损失，但严重扰乱了仲裁秩序，降低了仲裁机构的威信及群众对仲裁活动公正性的信赖，并对被申请人的其他债权人的权利造成威胁，该枉法仲裁之行为不属于情节轻微不需要判处刑罚的情形。原判认为被告人梁某某的犯罪情节轻微与事实和法律不符，导致量刑不当，依法应予改判。该院于2013年5月6日作出（2013）浙台刑二终字第104

号刑事判决:撤销天台县人民法院(2012)台天刑初字第652号刑事判决;被告人梁某某犯枉法仲裁罪,判处有期徒刑二年,缓刑三年。

▶【仲裁员职业伦理知识】>>>

通过一个枉法"仲裁",某公司就可能损失惨重,某些人就可能获得不义之财。惊恐之余,不仅会反思一些问题:仲裁员是怎样界定的?仲裁员的职业道德内容包括什么?

▶【学理分析】>>>

一、仲裁和仲裁员

仲裁,又称公断,"是指发生争议的双方当事人,根据其在争议发生前或争议发生后所达成的协议,自愿将协议提交给中立的第三者进行裁判的争议解决制度"①。根据仲裁的法律渊源不同,在我国仲裁可分为商事仲裁、劳动仲裁和农村土地承包经营纠纷的仲裁三种类型。商事仲裁的法律渊源分别是1994年颁布,2017年9月1日第十二届全国人民代表大会常务委员会第二十九次会议修改的《中华人民共和国仲裁法》,其仲裁的领域主要是经济领域的纠纷仲裁,仲裁法第2条规定,"平等主体的公民、法人和其他组织之间发生的合同纠纷和其他财产权益纠纷,可以仲裁"。劳动仲裁的法律渊源是2007年颁布的《中华人民共和国劳动争议调解仲裁法》,其领域是劳动争议,劳动争议调解仲裁法第2条具体规定,"中华人民共和国境内的用人单位与劳动者发生的下列劳动争议,适用本法:(一)因确认劳动关系发生的争议;(二)因订立、履行、变更、解除和终止劳动合同发生的争议;(三)因除名、辞退和辞职、离职发生的争议;(四)因工作时间、休息休假、社会保险、福利、培训以及劳动保护发生的争议;(五)因劳动报酬、工伤医疗费、经济补偿或者赔偿金等发生的争议;(六)法律、法规规定的其他劳动争议"。农村土地承包经营纠纷仲裁的法律渊源是2009年颁布的《中华人民共和国农村土地承包经营纠纷调解仲裁法》(以下简称《农村土地承包经营纠纷调解仲裁法》),其仲裁的领域是农村土地承包经营纠纷;《农村土地承包经营纠纷调解仲裁法》第2条第2款具体规定,"农村土地承包经营纠纷包括:(一)因订立、履行、变更、解除和终止农村土地承包合同发生的纠纷;(二)因农村土地承包

① 王新清主编:《法律职业道德》(第二版),法律出版社2016年版,第214页。

经营权转包、出租、互换、转让、入股等流转发生的纠纷;(三)因收回、调整承包地发生的纠纷;(四)因确认农村土地承包经营权发生的纠纷;(五)因侵害农村土地承包经营权发生的纠纷;(六)法律、法规规定的其他农村土地承包经营纠纷。"

仲裁员是指在仲裁纠纷中对当事人的是非曲直进行评判的居中裁判者。根据不同的仲裁纠纷领域,仲裁员亦分为商事仲裁员、劳动仲裁员和处理农村土地承包经营纠纷的仲裁员三种类型[①]。

二、仲裁员的任职条件

由于其法律渊源不同,仲裁纠纷领域不同,其任职条件也有不同。

商事仲裁员是在商事仲裁纠纷中对当事人的是非曲直作出评判的居中裁判者[②],其对仲裁的公正和仲裁程序的高效运行起着重要的作用。因此,为了保证仲裁纠纷及时、高效和公正地解决,保障当事人的合法利益,保障社会主义市场经济健康发展,国家的法律法规和仲裁机构的内部规则都对仲裁员的任职条件进行了规定。商事仲裁员应当具备的最基本的条件一般是由法律规定的,仲裁法第 13 条第 2 款规定,"仲裁委员会应当从公道正派的人员中聘任仲裁员。仲裁员应当符合下列条件之一:(一)通过国家统一法律职业资格考试取得法律职业资格,从事仲裁工作满八年的;(二)从事律师工作满八年的;(三)曾任法官满八年的;(四)从事法律研究、教学工作并具有高级职称的;(五)具有法律知识、从事经济贸易等专业工作并具有高级职称或者具有同等专业水平的。"可以看出,这一最基本条件包括了道德品质、职业领域、业务能力和经验等方面的要求,其中道德是必需的条件,其他方面至少应当具备其中之一。如果不符合上述要求,就不能在仲裁机构中担任仲裁员。这是仲裁员资格的底线。这里需要注意的一点是《最高人民法院关于现职法官不得担任仲裁员的通知》强调现职法官不得担任仲裁员[③]。各个仲裁机构根据自身发展的需要,往往对仲裁员的任职条件提出了比法律底线更高的要求。

劳动仲裁员是指在劳动争议仲裁纠纷对当事人的是非曲直作出评判的居

---

① 朱景文主编:《中国人民大学中国法律发展报告 2012:中国法律工作者的职业化》,中国人民大学出版社 2013 年版,第 359 页。

② 朱景文主编:《中国人民大学中国法律发展报告 2012:中国法律工作者的职业化》,中国人民大学出版社 2013 年版,第 362 页。

③ 《最高人民法院关于现职法官不得担任仲裁员的通知》根据《中华人民共和国法官法》《中华人民共和国仲裁法》的有关规定,法官担任仲裁员,从事案件的仲裁工作,不符合有关法律规定,超出了人民法院和法官的职权范围,不利于依法公正保护诉讼当事人的合法权益。因此,法官不得担任仲裁员;已经被仲裁委员会聘任,担任仲裁员的法官应当在本通知下发后一个月内辞去仲裁员职务,解除聘任关系。

中裁判者。为了公正及时解决劳动争议,保护当事人合法权益,促进劳动关系和谐稳定,必须重视劳动仲裁员的素质,因此,国家法律法规对劳动仲裁员的任职条件给予了明确的规定。劳动争议调解仲裁法第 20 条第 2 款规定:"仲裁员应当公道正派并符合下列条件之一:(一)曾任审判员的;(二)从事法律研究、教学工作并具有中级以上职称的;(三)具有法律知识、从事人力资源管理或者工会等专业工作满五年的;(四)律师执业满三年的。"与商事仲裁员相比,道德品质仍然是首选且是必选,关于专业领域、业务能力和经验的要求相对低一些。正因为如此,学界认为要提高劳动仲裁的效力,降低仲裁后继续诉讼率,真正做到公正及时解决劳动争议,保护当事人合法权益,促进劳动关系和谐稳定,应当提高劳动仲裁员的准入门槛。

农村土地承包经营纠纷的仲裁员是指在农村土地承包经营仲裁纠纷对当事人的是非曲直作出评判的居中裁判者。农村土地承包经营纠纷调解仲裁法第 15 条对处理农村土地承包经营纠纷的仲裁员的任职资格具体规定为:"农村土地承包仲裁委员会应当从公道正派的人员中聘任仲裁员。仲裁员应当符合下列条件之一:(一)从事农村土地承包管理工作满五年;(二)从事法律工作或者人民调解工作满五年;(三)在当地威信较高,并熟悉农村土地承包法律以及国家政策的居民。"其道德品质仍被放在首位,但是在业务能力和经验要求方面在三类仲裁员中要求最低。

三类仲裁员虽然仲裁领域不同,法律渊源不同,对专业、业务能力等要求也不同,但是其目的都是为了及时、高效和公正地解决本领域的纠纷,保障当事人的利益,维护社会的稳定,因此,除了必须具有处理案件所需的专业知识和业务能力外,更重要的则是仲裁员的道德素质和职业操守。因此,如何规范仲裁员的行为,明确仲裁员的道德行为准则,提高仲裁员的职业操守就成为三种类型仲裁法及相应的仲裁机构所关注的问题。

三、仲裁员的道德要求

我国仲裁法、劳动争议调解仲裁法与农村土地承包经营纠纷调解仲裁法都原则性地规定了仲裁员应当公道正派。因为只有仲裁员做到作风公道、正派、严谨、不偏不倚,才能保证和提高仲裁案件的质量。瑞士学者 Lalive 名言"仲裁的质量只取决于仲裁员",即通常所说的"有什么样的仲裁员,就有什么样的仲裁"[①]。仲

① 李本森主编:《法律职业伦理》(第二版),北京大学出版社 2008 年版,第 216 页。

裁员的公道正派有利于提高人们对仲裁员的信任度，有利于维护仲裁的公信力；仲裁员的公道正派也是人民法院据以确定仲裁裁决公正性的前提。由于我国到目前为止还没有一部适用于全国仲裁系统的仲裁员道德准则，而保证公道正派的具体行为规范则散见于仲裁法等法律法规及仲裁机构的内部规范中。虽然说各种仲裁员规则的规定因具体情况的不同而存在不同，但是在勤勉诚信、保持中立、独立裁判、保守秘密、廉洁、主动披露和回避、尊重同行等方面存在着一致性，这些就构成了仲裁员职业道德的主要内容。

本案中，被告人梁某某作为首席仲裁员，在他人的说情下，徇私情、谋私利，故意违背事实和违反法律，明知是伪造的证据予以采信，违背了仲裁员廉洁、诚信、保持中立、独立裁判的职业道德，并且违反法定程序即在变更相关证据的情况下未通知被申请人的情况下缺席审理，以及未合议的情况下，违法作出了26份虚假的劳动仲裁裁决书，并已生效，涉案标的达人民币200多万元，虽未实际造成财产损失，但严重扰乱了仲裁秩序、降低了仲裁机构的威信及群众对仲裁活动公正性的信赖，并使被申请人的其他债权人的权利形成威胁，手段较恶劣，后果较严重，构成枉法仲裁罪，应当承担相应的法律责任。

第二节　仲裁员职业伦理的内容

我国到目前为止，还没有一套适用于全部仲裁系统的仲裁员的职业伦理规范，有关仲裁员职业伦理的内容散见于仲裁法、劳动争议调解仲裁法、农村土地承包经营纠纷调解仲裁法及其各仲裁机构的内部规定中，其中原则性的要求是，仲裁员应当公道正派，其具体内容包括：勤勉诚信、保持中立、独立裁判、保守秘密、廉洁、主动披露和回避、尊重同行，等等。

一、诚实守信与公正

▶**【典型案例】**＞＞＞

仲裁员令狐某某滥用职权枉法仲裁案。[①]

① 案件来源：《山西省运城市中级人民法院刑事裁定书》，(2014)运中刑二终字第14号，中国裁判文书网。

▶【基本案情】> > >

绛县人民法院审理绛县人民检察院指控原审被告人令狐某某犯枉法仲裁罪一案，于 2013 年 11 月 12 日作出(2013)绛刑初字第 70 号刑事判决。宣判后，原审被告人令狐某某不服，提出上诉。运城市中级人民法院依法组成合议庭，经过阅卷，讯问被告人令狐某某，认为事实清楚，决定不开庭审理。现已审理终结。

原审法院和运城市中级人民法院均认定，2006 年 8—9 月，中国农业银行平陆县支行(以下简称平陆县农行)在被告人令狐某某的授意下，在已向平陆县铝钒土煅烧厂(以下简称煅烧厂)送达的债务逾期催收通知书上添加仲裁条款。2006 年 10 月，平陆县农行依据添加了仲裁条款的债务逾期催收通知书向运城仲裁委员会申请仲裁，被告人令狐某某在明知仲裁条款是平陆县农行单方添加而予以受理。被告人令狐某某在向被申请人煅烧厂法定代表人卫某某无法送达相关仲裁文书的情况下，找到煅烧厂的主管单位平陆县民政局局长赵某某，被告人令狐某某告知赵某某，民政局得负连带责任，涉及民政局账户等问题，赵某某逐级向平陆县领导汇报。平陆县政府违规对该厂进行清产核资，更换负责人。其间，被告人令狐某某收取平陆县农行人民币 1 万元仲裁费，没有向运城市仲裁委员会上交，煅烧厂更换负责人后，其向平陆县农行退回人民币 1 万元仲裁费，在煅烧厂财务领取 1 万元仲裁费，据为已有。原法定代表人卫某某长期上访，在高检院《涉检网络舆情》、新华通讯社《国内动态清样》、新浪网、法制网等媒体接受采访，在社会上造成恶劣影响。

以上事实的证人证言等均由法院庭审举证、质证，能够相互印证，确认属实。

运城市中级人民法院认为，上诉人(原审被告人)令狐某某身为仲裁机构的仲裁人员，在明知仲裁条款是单方面添加的情况下，仍予受理，造成仲裁案件一方当事人长期上访，在社会上造成恶劣影响，其行为已构成滥用职权罪。依照《中华人民共和国刑事诉讼法》第 225 条第 1 款第 1 项之规定，裁定驳回上诉，维持原判。

▶【仲裁员职业伦理知识】> > >

本案例被告人仲裁员令狐某某授意平陆县农行添加仲裁条款，并明知仲裁条款是平陆县农行单方添加而予以受理。主要涉及了仲裁员的诚实守信、公正裁决的职业伦理。因此有必要具体了解仲裁员诚实守信、中立公正的职业伦理的内容。

▶【学理分析】> > >

一、诚实守信

仲裁员作为各类纠纷的仲裁者,居中判定双方当事人的是非曲直以及其权利和义务的关系时,应当秉持诚实守信的原则。诚实守信的对象主要涉及仲裁事项的事实、法律及其仲裁事项的双方当事人。

仲裁员应当忠诚于事实和法律。事实和法律是仲裁的基础和准绳,没有事实真实性的确认,仲裁就无从谈起;没有法律的准绳,仲裁就失去了方向。仲裁法第 7 条规定:“仲裁应当根据事实,符合法律规定,公平合理地解决纠纷。”劳动争议调解仲裁法第 3 条规定:“解决劳动争议,应当根据事实,遵循合法、公正、及时、着重调解的原则,依法保护当事人的合法权益。”《劳动人事争议仲裁组织规则》第 33 条第 4 项规定仲裁员不得隐瞒证据或者伪造证据。中华人民共和国农村土地承包经营纠纷调解仲裁法第 5 条规定:“农村土地承包经营纠纷调解和仲裁,应当公开、公平、公正,便民高效,根据事实,符合法律,尊重社会公德。”

这一道德规则首先要求仲裁员从对当事人诚信、负责地高度约束自己的行为,承担自己业务能力范围的仲裁案件时,应当勤勉尽责地付出自己足够的时间、精力,尽心尽力、兢兢业业、高效地仲裁案件,并做到不偏不倚,公正合理。为此《北京仲裁委员会仲裁员守则》第 3 条具体规定了仲裁员应当“诚实信用”的条件:“……能够毫不偏袒地履行职责;具有解决案件所需的知识、经验和能力;能够付出相应的时间、精力,并按照《仲裁规则》与《北京仲裁委员会关于提高仲裁效率的若干规定》(以下简称《若干规定》)要求的期限审理案件;……”

仲裁员对双方当事人的诚信还表现在为当事人保守秘密,尤其是保护当事人的商业秘密不泄露。根据《天津仲裁委员会仲裁员行为规范》第 5 条第 5 项规定,仲裁员在仲裁案件过程中,不得泄露案件审理情况、仲裁庭合议情况或者当事人的商业秘密和个人隐私;《北京仲裁委员会仲裁员守则》第 12 条也规定,“仲裁员应忠实履行保密义务……对涉及……当事人的商业秘密等所有相关问题均应保守秘密。”为当事人保守秘密,解除了当事人的后顾之忧,有利于增强当事人对仲裁机构和仲裁员的信任,从而提高仲裁事业的公信力。

二、公正

公正是一切法律制度的基本价值取向,更是仲裁制度的灵魂和追求。失去了公正,也就失去了仲裁存在和发展的基础,仲裁员也就失去了安身立命之所。因此,仲裁员审理案件时要做到不徇私偏袒,公平公正。为了保证公正地仲裁案件,仲裁员必须做到以下几点:

(一)独立

仲裁员独立仲裁案件是公正的保障,因此仲裁员应当根据事实,符合法律和仲裁规则,依照特有的专业知识、理论及其经验独立地审理仲裁案件,不受外界的影响。仲裁法第 8 条规定:"仲裁依法独立进行,不受行政机关、社会团体和个人的干涉";《农村土地承包经营纠纷调解仲裁法》第 46 条规定,"仲裁庭依法独立履行职责,不受行政机关、社会团体和个人的干涉";《中国国际经济贸易仲裁委员会仲裁规则》第 49 条中规定,仲裁庭应当根据事实和合同约定,依照法律规定,参考国际惯例,公平合理、独立公正地作出裁决;《中国国际经济贸易仲裁委员会仲裁员守则》第 1 条规定:"仲裁员应当根据事实,依照法律,参考国际惯例,并遵循公平合理原则独立公正地审理案件"。《深圳国际仲裁院仲裁规则》第 27 条"独立和公平原则"中规定,仲裁员应当独立于当事人,并应公平地对待当事人。第 32 条"仲裁员信息披露"中第 1 项规定,仲裁员被指定后,应签署保证独立公正仲裁的声明书。第 36 条"审理方式"中规定,除非当事人另有约定,仲裁庭有权决定程序事项,并按照其认为适当的方式审理案件。在任何情形下,仲裁庭均应保持独立和中立,公平、公正地对待各方当事人,给予各方当事人陈述和辩论的合理机会。

仲裁员的独立性主要表现在三个方面:一是仲裁员的审理和仲裁不受行政机关、新闻媒体和社会大众的不当影响和干涉。二是仲裁员不受仲裁机构的干预。独立仲裁的权力不受仲裁机构的干预是指一日仲裁庭成立,仲裁机构不能介入仲裁审理和裁决的实质性工作。但并不影响仲裁机构对仲裁员的管理。三是仲裁员不受其他仲裁员的干预和影响,尤其是组成同一合议庭的其他仲裁员。每个仲裁员都应当独立思考、独立判断,独立发表意见,不应当无原则地附和其他仲裁员的意见,也不能任意干预其他成员发表意见。但是合议庭一旦形成统一意见,则可以保留不同意见。

(二)中立

仲裁员应当对争议双方保持中立,居中仲裁,不能偏向任何一方当事人,即使是当事人选定的仲裁员，也不能代表选定方当事人的利益，而应站在中立的第三方的立场上客观公正地全面地考虑案件，查清事实、分清是非曲直，平等、公允地对待双方当事人，公正合理地审理和裁决案件，维护当事人双方的合法利益。《劳动人事争议仲裁组织规则》第33条第1项规定仲裁员不得“徇私枉法，偏袒一方当事人”。《北京仲裁委员会仲裁员守则》第3条第1项规定：仲裁员“能够毫不偏袒地履行职责”；第6条规定：“仲裁员在仲裁过程中应平等、公允地对待双方当事人，避免使人产生不公或偏袒印象的言行。仲裁员对当事人、代理人、证人、鉴定人等其他仲裁参与人应当耐心有礼，言行得体。”《中国国际经济贸易仲裁委员会仲裁规则》第24条第2款规定：“仲裁员不代表任何一方当事人，应独立于各方当事人，平等地对待各方当事人。”《深圳国际仲裁院仲裁规则》第27条“独立和公平原则”中规定，仲裁员应当独立于当事人，并应公平地对待当事人。第32条“仲裁员信息披露”中第1项规定，仲裁员被指定后，应签署保证独立公正仲裁的声明书。第36条“审理方式”中第1项规定，除非当事人另有约定，仲裁庭有权决定程序事项，并按照其认为适当的方式审理案件。在任何情形下，仲裁庭均应保持独立和中立，公平、公正地对待各方当事人，给予各方当事人陈述和辩论的合理机会。

仲裁员的中立还表现在与当事人接触的相关准则中。仲裁员不得单独私下会见一方当事人，这样会使自己处于有求于人的境地而失去中立，从而失去仲裁的公正性。《北京仲裁委员会仲裁员守则》第4条规定：“仲裁员为谋求选定而与当事人接触的，属于不符合仲裁员道德规范的行为。”第8条规定：“仲裁员在仲裁期间不得私自会见一方当事人、代理人，接受其提供的证据材料；不得以任何直接或间接方式（包括但不限于谈话、电话、信件、传真、电传、电子邮件等方式）单独同一方当事人、代理人谈论有关仲裁案件的情况。在调解过程中，仲裁庭应慎重决定由一名仲裁员单独会见一方当事人或代理人；如果仲裁庭决定委派一名仲裁员单独会见一方当事人或其代理人，应当有秘书在场，并告知对方当事人。”

（三）主动披露和回避

仲裁员披露和回避是一项被公认的保证仲裁员公正性的原则。它是指仲裁员主动披露可能引起当事人对其公正性或独立性产生合理怀疑的任何事由，并在可能存在这种事由的情况下主动回避。它要求仲裁员在接受指定时主动提出，并且是持续性的，应履行至仲裁程序完结为止。仲裁员主动披露和回避的事项在仲裁法及其仲裁员的行为规范中都有具体的规定，仲裁员主动披露与当事人或代理人存在财务、商业、职业、家庭和个人等方面的关系，以便于当事人考虑和判断这种关系是否会影响该仲裁员的公正与独立。披露之后，除非当事人同意，一般情况下该仲裁员不应担任该案的仲裁员。若当事人要求回避的，应当回避。对于法律法规及仲裁员守则规定应当回避的情形，仲裁员应当主动回避。需要注意的是，虽然披露和回避都是为了保证仲裁员的独立性和公正性，但是仲裁员守则和仲裁法等的规定却并不总是完全一致，一般需要披露比回避的事项要宽泛得多，如《北京仲裁委员会仲裁员守则》第 5 条规定："仲裁员接受选定或指定时，有义务书面披露可能引起当事人对其公正性或独立性产生合理怀疑的任何事由，包括但不限于：（一）是本案的当事人、代理人或当事人、代理人的近亲属的；（二）与本案结果有利害关系的；（三）对于本案事先提供过咨询的；（四）私自与当事人、代理人讨论案件情况，或者接受当事人、代理人请客、馈赠或提供其他利益的；（五）在本案为当事人推荐、介绍代理人的；（六）担任过本案或与本案有关联的案件的证人、鉴定人、勘验人、辩护人、代理人的；（七）与当事人或代理人有同事、代理、雇佣、顾问关系的；（八）与当事人或代理人为共同权利人、共同义务人或有其他共同利益的；（九）与当事人或代理人在同时期审理的其他仲裁案件中同为仲裁庭的组成人员，或者，首席仲裁员两年内曾在其他仲裁案件中被一方当事人指定为仲裁员的；（十）与当事人或代理人有较为密切的交谊或嫌怨关系的；（十一）其他可能影响公正仲裁的情形。根据《深圳国际仲裁院仲裁规则》第 32 条"仲裁员信息披露"中的规定，(1)仲裁员被指定后，应签署保证独立公正仲裁的声明书。(2)仲裁员应当在声明书中披露其知悉的可能引起对其公正性和独立性产生合理怀疑的任何情形。(3)仲裁员在签署声明书后的仲裁程序中出现应当披露的情形的，应当立即书面披露。第 33 条"仲裁员回避"中第 2 项规定，当事人对被指定的仲裁员的公正性和独立性产生合理怀疑时，可以书面提出回避申请，但应说明具体理由，并提供相应证据。而仲裁法第 34 条规定："仲裁员有下列情形之一的，必须回避，当事人也有权提出回避申请：（一）是本案当事人或者当事人、代理人的近亲属；（二）与本案有利害关系；（三）与本案当事人、代理人有其他关系，可能影响公正仲裁的；（四）私自会见当事人、代理人，或者接受当事人、代理人的请客送礼的。"劳动争议调解仲裁法第 33 条规定："仲裁员有下列情形之一，应当回避，当事人也有权以口头或者书面方式提出回避申请：（一）是本案当事人或者当事人、代理人的近亲属的;(二)与本案有利害关系的;(三)与本案当事人、代理人有其他关系,可能影响公正裁决的;(四)私自会见当事人、代理人,或者接受当事人、代理人的请客送礼的。劳动争议仲裁委员会对回避申请应当及时作出决定,并以口头或者书面方式通知当事人。"《华南国际经济贸易仲裁委员会仲裁员守则》第5条规定:"存在《中华人民共和国仲裁法》第三十四条规定的情形或其他影响仲裁员独立性情形的,仲裁员应主动回避。"但是也有把回避和披露的事由合二为一的,如《中国广州仲裁委员会仲裁员守则》第7条指出,仲裁员有下列情况之一的,必须回避,并应主动向本会披露,请求回避:"(一)是本案当事人或者当事人、代理人的近亲属;(二)与本案有利害关系;(三)与本案当事人、代理人有其他关系,可能影响公正仲裁的;(四)私自会见当事人、代理人,或者接受当事人、代理人的请客送礼的。前款第(三)项中的'其他关系'是指:1. 为本案事先提供过咨询的;2. 现任当事人法律顾问或其他顾问,或曾担任当事人法律顾问或其他顾问该顾问关系结束未满两年的;3. 曾担任当事人的代理人结案未满两年的;4. 与任何一方当事人、代理人在同一单位工作的;5. 在本会同时审理的两宗案件中,各自互为案件的代理人和仲裁员的,后一案件被选定或指定成为仲裁员的。6. 法律规定的其他关系。"

总的来说,仲裁员的主动披露和回避,不仅有利于加强对仲裁员的约束,增强当事人对仲裁机构和仲裁员的信任,提升仲裁的公信力,而且有利于更好地保障仲裁的独立性和公正性。

(四)不得代理本会的案件

在我国一些仲裁机构中,为了保证仲裁的公正,还规定了仲裁员不得代理本会的案件。因为我国实行的是机构仲裁,当事人只能从仲裁员名册中选择仲裁员,而仲裁机构的仲裁员人数有限,仲裁员之间合作、交流日益频繁,就可能出现此案是代理人、彼案中与此案的仲裁员组成仲裁庭共同仲裁审理和裁决案件,从而影响仲裁的公正性。《北京仲裁委员会仲裁员守则》第9条中规定,仲裁员不得在本会的仲裁案件(包括申请撤销或不予执行本会仲裁裁决的案件)中担任代理人。即使仲裁员可以代理本会的案件时也有种种限制性规定。如《广州仲裁委员会仲裁员守则》第20条规定:"本会仲裁员以当事人代理人的身份在本会代理仲裁案件的,不得有下列行为:(一)违反出庭时间和提交法律文书的期限;(二)在当事人或对方代理人在场的情况下,与本案仲裁员或办案秘书谈论其作为仲裁员承办的其他案件;(三)与本案仲裁员或办案秘书私下讨论本案情况;(四)向当事人、代理人表示自己与本案仲裁员、办案秘书的密切关系;(五)知悉自己担任代理人有可能出现仲裁员回避的情形时,不主动向本会或仲裁庭讲明;(六)向仲裁庭和办案秘书提出与代理人身份不符合的要求。"

(五)保守秘密

保守秘密也是公正的保证。这里的保密义务主要是指仲裁员不得向当事人或外界透露本人的看法和合议庭的情况,不得透露当事人的商业秘密和个人隐私,对涉及仲裁程序、仲裁裁决的事项应当保密。根据《天津仲裁委员会仲裁员行为规范》第5条第5项规定,仲裁员在仲裁案件过程中,不得泄露案件审理情况、仲裁庭合议情况或者当事人的商业秘密和个人隐私;《北京仲裁委员会仲裁员守则》第12条规定,"仲裁员应忠实履行保密义务,不得向当事人或外界透露本人的看法和仲裁庭合议的情况,对涉及仲裁程序、仲裁裁决、当事人的商业秘密等所有相关问题均应保守秘密。"《广州仲裁委员会仲裁员守则》第18条规定:"仲裁员应当严格保守仲裁秘密,不得对外界透露任何有关案件的情况,包括案情、审理过程、案件涉及的商业秘密等内容;不得向当事人透露本人对案件的看法和仲裁庭合议的情况。"《中国国际经济贸易仲裁委员会仲裁员守则》第13条规定:"仲裁员应当严格保守仲裁秘密,不得向外界透露任何有关案件实体和程序上的情况,包括案情、审理过程、仲裁庭合议等情况;亦不得向当事人透露尤其是本人的看法和仲裁庭合议的情况。"

上述关于仲裁事项的保密义务和保守当事人的秘密尤其是商业秘密一起构成了仲裁员的保密义务。

本案例中被告人仲裁员令狐某某授意平陆县农行在已向平陆县铝钒土煅烧厂送达的债务逾期催收通知书上添加仲裁条款,明显地违背了仲裁员公正的原则,偏袒了平陆县农行,同时也违反了仲裁法第7条规定:"仲裁应当根据事实,符合法律规定,公平合理地解决纠纷。"仲裁法第34条第4项规定,仲裁员私自会见当事人的行为,会作为当事人申请回避的理由。接着平陆县农行依据添加了仲裁条款的债务逾期催收通知书向运城仲裁委员会申请仲裁,被告人令狐某某在明知仲裁条款是平陆县农行单方添加而予以受理。违背了忠于事实和法律的职业道德的要求,最终导致了一方当事人的上访,造成了恶劣的影响,损坏了仲裁的形象和公信力。

二、廉　洁

▶【典型案例】(一) > > >

首席仲裁员王某接受吃请收受白酒枉法仲裁案。①

▶【基本案情】> > >

甘肃省张掖市甘州区人民法院审理张掖市甘州区人民检察院指控的原审被告人原高台县某人力资源和社会保障局劳动监察大队副队长、首席仲裁员王某枉法仲裁一案,张掖市甘州区人民法院于2016年3月22日作出(2015)甘刑初字第358号刑事判决。原审被告人王某不服,提出上诉。2016年4月22日张掖市中级人民法院受理后,依法组成合议庭,经阅卷审查,讯问上诉人,听取辩护人意见,认为本案事实清楚,依法决定不开庭审理。现已审理终结。

原判认定,2011年4月,甘肃省兰州市某有限责任公司中标高台县黑河干流引水口门合并改造工程站家二标,孙某将该工程委托马某某组织施工,并与马某某签订了施工协议书,马某某又转包给了刘某某。2011年8月底,因黑河水位上涨无法施工,民工从工地撤走。为讨要民工工资和所欠工程款,刘某某所干工程的项目负责人杨某向甘州区东街街道法律服务所的法律工作者朱某某咨询,朱某某告诉杨某将工程款计入民工工资,以此加大民工工资数额,向劳动部门投诉。刘某某随指使其哥刘某以增加民工人数和工作天数的方式造了一份考勤表。杨某根据刘某提供的考勤表和刘某某提供的民工工价,造了一份工资表,并根据工资表写了工资欠款证明。随后朱某某、杨某等人向高台县劳动部门投诉,且民工群体上访,经相关部门多次调解后均失败。2011年10月26日,朱某某与杨某将考勤表上所有民工列为申请人且共同委托朱某某为代理人,并伪造了部分签名,向高台人事争议仲裁委员会提交了仲裁申诉书,并同时递交了授权委托书、考勤表、民工工资表、民工身份证复印件及所欠工资证明等相关材料。

2011年11月24日,仲裁庭公开审理此案,由被告人王某主审该案,申请方

① 《张掖市中级人民法院刑事裁定书》,(2016)甘07刑终34号,中国裁判文书网。

由朱某某特别代理参加庭审，被申请人兰州市某公司委托代理人因委托手续有问题未出庭，第三方高台水务局参加了庭审。庭审中第三方高台水务局当庭提出对考勤表、工资表和工资证明有异议，且提交了张掖市水务局文件和施工记录，证明该工程曾在7月4日至7月17日停工，证实申请方提供的考勤表等证据有水分，且申请方和被申请方提供的证言存在明显矛盾。被告人王某也意识到证据有水分，但被告人王某仍采信了朱某某提供的虚假考勤表、民工工资等证据，裁决兰州某公司支付民工工资576867元。裁决下达后，朱某某便代理民工向张掖市中级人民法院申请对兰州某公司强制执行，张掖市中级人民法院立案后，民工要求按高仲裁字(2011)17号裁决书支付其工资。因兰州某公司于2011年12月12日向兰州市城关区人民法院提起诉讼，要求依法确认与高仲裁字(2011)17号裁决书确认的各申请人没有劳动关系与劳务关系，确认兰州某公司没有支付申请人工资的义务。2012年6月26日，兰州市城关区人民法院裁定55名民工与兰州某公司不存在劳动关系，高台县劳动争议仲裁委员会仲裁字(2011)17号裁决书所裁决的事项不属于劳动争议，起诉应予驳回，遂作出裁定，驳回兰州市某公司的起诉。后农民工再次到政府闹访，相关单位对此事再次协调，决定先由高台黑河干流引水口门合并改造工程建管处从兰州某公司工程款中垫付民工工资人民币10万元。

另查明，在仲裁开庭前几天，被告人王某来到甘州区，朱某某、杨某请王某吃饭，在吃饭过程中，朱某某向王某表达了在审理这起仲裁案件时给予帮忙、关照一下的意思，王某也表示答应。而且王某还告诉朱某某等人让他们放弃仲裁申诉中的第二、三、四项，这样仲裁裁决就可以很快下来。2011年11月25日申请人向仲裁委申请放弃要求被申请人和第三人支付申请人未签订劳动合同双倍工资、解除劳动合同经济补偿金、拖欠工资补偿金的仲裁请求。在作出仲裁裁决后，被告人王某到甘州区办事，顺便给朱某某送裁决书。朱某某、杨某、刘某某请王某吃饭，饭后请王某去洗了脚，并送了两瓶酒。2011年底将近春节时，刘某某给王某送了两箱粉丝。

上述事实，有被告人王某的供述、多个证人证言及仲裁庭评议笔录等证据，并经过庭审举证质证加以确认。

一审判决认为，在仲裁案件的审查及开庭过程中，对当事人提供的证据经查证属实的，仲裁庭才能将其作为认定事实的依据。被告人王某在仲裁案件开庭过程中，高台县水务局已经当庭对证据提出异议，并提供了一定的依据证明申请人提供的证据是虚假的，被告人王某作为依法承担仲裁职责的人员，已经意识到申请人提供的证据存在问题，但不依据法律规定进行调查核实，其行为明显违反仲裁员对法律和仲裁规则应尽的基本注意义务，而且接受纠纷一方当事人及其代理人的吃请及礼物，可认定为其行为具有刑法意义上的主观故意，被告人王某采信申请人提供的虚假证据，违背事实作出仲裁裁决，其行为已触犯刑律，构成枉法仲裁罪。但被告人王某的犯罪性质及危害后果都较轻，不适用刑罚也可达到教育的目的，对被告人王某可适用免于刑事处罚。故依照《中华人民共和国刑法》第 399 条之一，第 37 条之规定，判决：被告人王某犯枉法仲裁罪，免于刑事处罚。

宣判后，原审被告人王某不服一审判决，提出上诉。

经张掖市中级人民法院审理查明，二审审理查明的事实及证据分析与一审一致，二审审理认定事实的依据已经一审法院庭审举证质证，足以证明上诉人王某枉法仲裁的犯罪事实，张掖市中级人民法院予以确认。

张掖市中级人民法院认为，上诉人王某作为首席仲裁员，第三人当庭对申请人提供的证明民工工资的考勤表提出异议，指出停工时间与考勤表有明显的出入、证人刘某不识字如何做出整齐划一的考勤表，并且证人刘某当庭作证其不识字、考勤表又系其一人制作，此证词相互矛盾等问题，应该意识到申请人提供的证据是虚假的，但王某没有做调查核实，仅因被申请人没有出庭提供证据，以“第三方所述申请人工资不实缺乏相关证据证实”为理由，采信申请人提供的伪造的证据，应当认定为“明知”是伪造的证据予以采信。在此种情况下，违背事实和法律作出仲裁裁决，严重扰乱了仲裁秩序，降低了仲裁机构的威信及群众对仲裁活动公正性的信赖，并对被申请人的财产权利构成严重威胁，应当认定为“情节严重”。本罪是情节犯，法律并没有规定以造成财产损失作为犯罪构成要件，枉法裁决一旦作出，且已达到“情节严重”的程度，犯罪就处于完成状态，原仲裁案件的裁决结果是否被撤销并不影响枉法仲裁罪的成立。综上，上诉人王某作为依法承担仲裁职责的人员，在仲裁案件开庭过程中，已经意识到申请人提供的证明案件基本事实的证据存在问题，但不依据法律规定进行调查核实，在接受纠纷一方当事人及其代理人的吃请及礼物后，采信申请人提供的虚假证据，违背事实作出仲裁裁决，情节严重，其行为构成枉法仲裁罪，上诉人及辩护人的辩解辩护意见不成立。

综上，一审判决事实清楚，证据确实，定罪准确，量刑适当，审判程序合法。

依据《中华人民共和国刑事诉讼法》第223条第2款、第225条第1款第(1)项、第233条之规定，拟裁定驳回上诉，维持原判。

▶【典型案例】(二) > > >

仲裁员许某受贿、介绍贿赂案。[①]

▶【基本案情】> > >

江苏省东海县人民法院审理江苏省东海县人民检察院指控原审被告人许某犯介绍贿赂罪、非国家工作人员受贿罪，原审被告人刘某犯介绍贿赂罪一案，于2014年7月9日作出(2013)东刑初字第668号刑事判决，原审被告人许某、刘某不服提出上诉。连云港市中级人民法院依法组成合议庭，于2014年10月16日公开开庭审理了本案。现已审理终结。

原审法院经审理查明：

2011年5—6月份，李某甲(另案处理)因与东海县某房地产开发有限公司合作开发土地项目中有纠纷，通过被告人刘某联系时任连云港市司法局律师管理处主任科员兼连云港仲裁委员会仲裁员的被告人许某。被告人许某提出与连云港仲裁委员会秘书长肖某(已判决)关系密切，能在仲裁案件中给予关照，提议李某甲向连云港仲裁委员会申请仲裁。2011年7月15日，李某甲向连云港仲裁委员会申请仲裁，并选定许某为该方仲裁员。

2011年8月的一天，李某甲为在仲裁案件中谋取不正当利益，在许某办公室内，通过被告人许某、刘某向肖某行贿人民币5万元。后肖某将该笔贿赂款退给许某，许某未告知李某甲。被告人许某在介绍李某甲向肖某行贿时，非法收受李某甲人民币3万元。

2012年4月前后，被告人许某通过被告人刘某联系李某甲，以肖某女儿买水晶用钱为名，由李某甲在东海县水晶市场门口交付其人民币10万元。被告人许某从中截留5万元，将剩余5万元连同前次被退回的5万元一并贿送肖某。

上述事实，有经庭审举证、质证，原审法院予以确认的证人证言、物证、书证等证据证实。

原审法院认为，被告人许某、刘某向国家工作人员介绍贿赂，情节严重，其

① 《江苏省连云港市中级人民法院刑事裁定书》，(2014)连刑二终字第00069号，中国裁判文书网。

行为均已构成介绍贿赂罪,系共同犯罪。被告人许某利用担任仲裁员的职务便利,非法收受他人财物,为他人谋取利益,数额较大,其行为已构成非国家工作人员受贿罪。被告人许某一人犯数罪,应予数罪并罚。被告人许某在介绍贿赂罪中有坦白情节,在非国家工作人员受贿罪中以自首论,均依法予以从轻处罚;其提供线索协助抓获犯罪嫌疑人,构成立功,依法予以从轻处罚;且案发后已退缴全部违法所得,酌情予以从轻处罚。依照《中华人民共和国刑法》第 392 条第 1 款,第 163 条第 1 款,第 25 条第 1 款,第 67 条第 1、3 款,第 68 条,第 69 条第 1 款,第 72 条第 1 款,第 73 条第 2、3 款之规定,以被告人许某犯介绍贿赂罪,判处有期徒刑一年零六个月;犯非国家工作人员受贿罪,判处有期徒刑一年,决定执行有期徒刑二年。

许某不服一审判决,提起上诉。

经连云港市中级人民法院审理查明,原审判决认定上诉人许某犯介绍贿赂罪、非国家工作人员受贿罪,上诉人刘某犯介绍贿赂罪的事实清楚,与本院审理查明的事实相同,且认定事实的证据均经庭审举证、质证,证据来源合法,具有证明效力,本院依法予以确认。本院审理期间上诉人许某、刘某及其辩护人均未提交新的证据。

上诉人许某、刘某向国家工作人员介绍贿赂,情节严重,其行为均已构成介绍贿赂罪,且系共同犯罪。上诉人许某利用担任连云港仲裁委员会仲裁员的职务便利,非法收受他人财物,为他人谋取利益,数额较大,其行为已构成非国家工作人员受贿罪。上诉人许某一人犯数罪,应予数罪并罚。上诉人许某能够如实供述其介绍贿赂的犯罪事实,依法均予以从轻处罚。上诉人许某归案后能够主动交代司法机关尚未掌握的非国家工作人员受贿事实,以自首论,依法对其予以从轻处罚;许某在原审期间提供线索协助抓捕其他犯罪嫌疑人,有立功表现,依法予以从轻处罚;许某在案发后退出全部违法所得,酌情予以从轻处罚。原审判决认定事实清楚,证据确实、充分,适用法律正确,量刑适当,审判程序合法。依照《中华人民共和国刑事诉讼法》第 225 条第 1 款第(1)项之规定,裁定驳回上诉,维持原判。

▶【仲裁员职业伦理知识】>>>

本案中的两个案例的共同之处均涉及仲裁员职业道德中的廉洁原则。应当了解仲裁员职业伦理规范对廉洁义务的具体要求。

▶【学理分析】> > >

廉洁是仲裁员最基础最原则的职业道德要求,同时也是公正的保证。违背廉洁原则一般是指仲裁员本人接受当事人的请客送礼、索贿受贿的行为。仲裁法第 34 条第 4 项规定,仲裁员有“私自会见当事人、代理人,或者接受当事人、代理人的请客送礼的”行为必须回避。根据仲裁法第 38 条规定,仲裁员私自会见当事人、代理人,或者接受当事人、代理人的请客送礼的,情节严重的,或仲裁员在仲裁该案时有索贿受贿,徇私舞弊,枉法裁决行为的,应当依法承担法律责任,仲裁委员会应当将其除名。劳动争议调解仲裁法、农村土地承包经营纠纷调解仲裁法也有此类规定。根据相关法律规定,各仲裁委员会规定了相应的仲裁员廉洁方面职业道德守则。《北京仲裁委员会仲裁员守则》第 7 条规定:“仲裁员不得以任何直接或间接方式接受当事人或其代理人的请客、馈赠或提供的其他利益。”《天津仲裁委员会仲裁员行为规范》第 5 条规定,仲裁员在仲裁案件过程中,不得“接受当事人或者代理人的请客送礼,索贿受贿,徇私舞弊,枉法裁决”。

另外,违背廉洁原则的一种常见的行为是,仲裁员作为中间人代为请客送礼、收受贿赂。因此,《天津仲裁委员会仲裁员行为规范》第 7 条规定:“仲裁员不得受其他案件的当事人或者代理人之托,代为请客送礼、提供利益或者了解案件审理情况。”《北京仲裁委员会仲裁员守则》第 9 条规定:“仲裁员……亦不得代人打听案件情况或代人向仲裁庭成员、秘书实施请客送礼或其他提供好处和利益。”

仲裁员的廉洁是仲裁公正的基础和保障。如果连廉洁都无法做到,那么仲裁公正的目标就很难实现。

本案例(一)中,首席仲裁员王某在仲裁过程中接受朱某某、杨某、刘某某吃请、洗脚,并接受了两瓶酒。在 2011 年底春节将至时,王某又接受了刘某某送的两箱粉丝,违背仲裁员的廉洁原则,也违背了仲裁法第 34 条第 4 项的规定,仲裁员有“私自会见当事人、代理人,或者接受当事人、代理人的请客送礼的”行为必须回避。王某不仅没有回避,在接受纠纷一方当事人及其代理人的吃请及礼物后,在明知申请人提供的证明案件基本事实的证据存在问题,但不依据法律规定进行调查核实,采信申请人提供的虚假证据,违背事实作出仲裁裁决,也违背了忠实于法律与事实的原则、公正原则,损害了仲裁机关和仲裁员的公信力。

本案例(二)中,被告人许某利用担任仲裁员的职务便利,非法收受他人财物,为他人谋取利益,违背仲裁员的廉洁原则。也违背了仲裁法第34条第4项的规定,仲裁员有"私自会见当事人、代理人,或者接受当事人、代理人的请客送礼的"行为必须回避。同时许某介绍当事人贿赂仲裁员,为他人谋取利益,同样违背了仲裁员的廉洁原则:仲裁员不得受其他案件的当事人或者代理人之托,代为请客送礼、提供利益的规定,损害了仲裁的形象和公信力。

第三节　我国仲裁员职业责任

▶【典型案例】(一) > > >

天津仲裁委员会仲裁员戚某某违反仲裁法的规定私自会见当事人被除名案。[①]

▶【基本案情】> > >

天津仲裁委员会仲裁员戚某某在仲裁天津仲裁委员会(2003)津仲裁字第311、312号仲裁案(合并审理)中被该案被申请人选定为仲裁员,与申请人选定的仲裁员及天津仲裁委员会主任指定的首席仲裁员一起,共同组成仲裁庭负责审理本案。在该案审理期间,2005年7月6日晚,戚某某在其住地天津美都大酒店"松茂"餐厅,私自会见了该案被申请人某实业发展(上海)有限公司的委托代理人陈某、张某,并接受其宴请。天津仲裁委员会认为,戚某某的上述行为违反了《中华人民共和国仲裁法》第34条第4项和《天津仲裁委员会仲裁员行为规范》的有关规定。2006年2月9日,天津仲裁委员会经研究决定,将戚某某由《天津仲裁委员会仲裁员名册》中除名。同日,天津仲裁委员会向国务院法制办公室报送了《天津仲裁委员会关于戚某某先生已被本委员会除名的报告》。根据《国务院法制办公室关于进一步加强仲裁员、仲裁工作人员管理的通知》

① 国务院法制办公室:《国务院法制办公室关于进一步加强仲裁员、仲裁工作人员管理的通知》(国法〔2002〕55号),http://zcw.yangzhou.gov.cn/zcw/sfjs/201005/TV24S3KW2L920DT7ZXMFKQBKKL-WKJEDX.shtml,2017年3月10日最后访问。

(国法〔2002〕55号)关于"仲裁委员会对违法违纪仲裁员实行'禁入'制度"的规定,各仲裁委员会如有聘任戚某某担任仲裁员的,应予除名,今后亦不得再聘任。

▶【典型案例】(二) > > >

沈某、蔡某收受贿赂故意偏袒一方被判罪名成立案。[①]

▶【基本案情】> > >

沈某、蔡某身为仲裁员,却在一起劳资纠纷仲裁案中收受贿赂,并故意偏袒用人单位一方,作出有利于用人单位的裁决。记者2011年4月18日前从宝安区检察院获悉,沈某、蔡某犯罪事实已被查明,并被宝安区法院作出有罪判决。

该案缘于一起因欠薪引起的劳资纠纷案。4月18日前,位于宝安区福永街道的某电子厂员工以用人单位长期克扣工人加班费为由,向区劳动争议仲裁院提出仲裁。区劳动争议仲裁院福永派出庭仲裁员沈某、蔡某承办该案后,没有采信员工一方提供的证据,相反,依据用人单位提供的相关考勤记录,认定厂方不存在克扣员工工资问题,并据此作出裁决。

对于上述裁决,该厂员工不服,遂向宝安区检察院举报仲裁员沈某、蔡某有枉法仲裁嫌疑。区检察院反渎局接到举报后进行了周密侦查,最终发现了沈某、蔡某收受厂方提供的购物卡、接受厂方吃请、明知厂方提供的考勤记录不实却仍然给予采信等事实,并据此认定沈某、蔡某涉嫌枉法仲裁罪。随后区检察院对该案提起公诉,区人民法院对沈某、蔡某作出"枉法仲裁罪"罪名成立判决。

枉法仲裁罪,是指依法承担仲裁职责的人员,在仲裁活动中故意违背事实和法律作出枉法裁决、情节严重的行为。据宝安区检察院工作人员介绍:"由于枉法仲裁罪是一项新罪名,目前全国的判例都很少见,适用该罪名在我市也属首次。"根据刑法第399条和刑法修正案(六)第20条的规定,犯枉法仲裁罪的,处三年以下有期徒刑或者拘役;情节特别严重的,处三年以上七年以下有期徒刑。

---

① 李文生:《我市判决首例枉法仲裁罪》,《深圳特区报》2011年4月18日,第A06版。

▶【典型案例】(三) > > >

李某、黄某刚、郑某强枉法仲裁案。[①]

▶【基本案情】> > >

2015 年 7 月 17 日前,由胶州市人民检察院立案侦查的青岛市某校校长办公室原副主任、青岛仲裁委原仲裁员李某涉嫌枉法仲裁、受贿;青岛仲裁委原仲裁员黄某刚、胶州某法律服务所原法律工作者郑某强涉嫌枉法仲裁一案一审宣判,即墨市人民法院以枉法仲裁罪判处李某有期徒刑一年零一个月;以非国家工作人员受贿罪,判处拘役六个月;决定执行有期徒刑一年零一个月;黄某刚、郑某强犯枉法仲裁罪,免于刑事处罚。

▶【仲裁员职业责任知识】> > >

本案三个案例均涉及仲裁员的职业责任问题。具体需要我们详细了解仲裁员职业责任的概念、职业责任的分类和具体内容。

▶【学理分析】> > >

一、仲裁员职业责任的含义

仲裁的职业责任,是指仲裁机构和仲裁员在仲裁活动中因违反有关仲裁的法律、法规、职业伦理规范和执业纪律等所应当承担的责任。这些责任包括道德责任、纪律责任和法律责任。道德责任主要是抽象意义的责任,以非规范形式反映出来,随着体现仲裁员职业道德规范的仲裁员守则的完善,其中部分仲裁员的职业道德责任也以规范的形式反映出来,体现在仲裁员的纪律责任和法律责任中。

二、仲裁员的法律责任

在我国仲裁法颁布之前,有关仲裁的法律法规没有涉及仲裁员的职业责任的规定,现实中也没有仲裁员承担职业责任的案例。1994 年仲裁法颁布后,对职业责任作了规定,2017 年修正仲裁法第 38 条规定:“仲裁员有本法第三十四条第四项规定的情形,情节严重的,或者有本法第五十八条第六项规定的情形

---

① 《胶州市人民检察院立案侦查的李夏、黄宝刚、郑大强枉法仲裁案一审宣判》,人民检察院案件信息公开网:http://www.ajxxgk.jcy.cn/html/20150717/1/825563.html,2017 年 3 月 9 日访问。

的，应当依法承担法律责任，仲裁委员会应当将其除名。”第 34 条第 4 项为“私自会见当事人、代理人，或者接受当事人、代理人的请客送礼的”情形。第 58 条第 6 项是“仲裁员在仲裁该案时有索贿受贿，徇私舞弊，枉法裁决行为的”情形。2007 年的劳动争议调解仲裁法第 34 条规定：“仲裁员有本法第三十三条第四项规定情形，或者有索贿受贿、徇私舞弊、枉法裁决行为的，应当依法承担法律责任。劳动争议仲裁委员会应当将其解聘。”劳动争议调解仲裁法第 33 条第 4 项的规定为“私自会见当事人、代理人，或者接受当事人、代理人的请客送礼的”情形。2009 年的农村土地承包经营纠纷调解仲裁法第 17 条第 2 款规定“仲裁员有索贿受贿、徇私舞弊、枉法裁决以及接受当事人请客送礼等违法违纪行为的，农村土地承包仲裁委员会应当将其除名；构成犯罪的，依法追究刑事责任”。可见，仲裁员在一定情况下对自己的严重的故意过错行为要承担法律责任。从上述法律可知，要承担法律责任的严重的故意过错行为主要有两种情况，一是私自会见当事人、代理人，或者接受当事人、代理人的请客送礼的，二是索贿受贿、徇私舞弊、枉法裁决的。职业法律责任一般包括刑事责任、行政责任、民事责任等。到目前为止，我国仲裁员承担的法律责任在法律上除了农村土地承包经营纠纷调解仲裁法明确提出涉及犯罪的要承担刑事责任外，其他的没有明确规定，但 2006 年的刑法修正案（六）第 20 条规定，在刑法第 399 条后增加一条，作为第 399 条之一：“依法承担仲裁职责的人员，在仲裁活动中故意违背事实和法律作枉法裁决，情节严重的，处三年以下有期徒刑或者拘役；情节特别严重的，处三年以上七年以下有期徒刑。”可见当前仲裁员的法律责任主要是刑事责任，在仲裁立法中尚未规定仲裁员的民事责任。

三、仲裁员的纪律责任

仲裁员除了要承担法律责任外，还应承担纪律责任。在我国仲裁法、劳动争议调解仲裁法、农村土地承包经营纠纷调解仲裁法规定的上述仲裁员承担的法律责任的同时，还规定了各种仲裁委员会应当将承担法律责任的仲裁员除名或解聘的规定。除此之外，我们目前还没有统一的仲裁员的纪律责任的规定，但在仲裁实践中，多数仲裁组织中规定了仲裁员的道德规范或仲裁员守则，一些仲裁委员会规定了仲裁员的纪律责任。这些纪律责任的形式主要有解聘、暂停仲裁工作、更换、警告或者书面批评等。2004 年天津仲裁委员会《对违法违纪仲裁员处理的若干规定》第 3 条规定，对仲裁员的处理措施包括：口头警告或者书面批评；更换出仲裁庭；暂停仲裁工作；解聘或者除名。

（一）仲裁员应当解聘或除名的情形

我国仲裁法、劳动争议调解仲裁法、农村土地承包经营纠纷调解仲裁法规定的仲裁员解聘的情形主要有两个：一是仲裁员私自会见当事人、代理人，或者接受当事人、代理人的请客送礼的；二是仲裁员索贿受贿、徇私舞弊、枉法裁决的。

天津仲裁委员会2004年制定的《对违法违纪仲裁员处理的若干规定》第7条规定了仲裁员被解聘的情形。第7条规定："仲裁员有下列行为之一的，予以解聘：（一）无正当理由拒绝本会主任的指定，1年内累计达3次的；（二）有本规定第5条第（一）项规定的情形[①]，导致仲裁裁决被人民法院撤销或者不予执行的；（三）有本规定第5条第（四）项规定的情形[②]，情节严重的；（四）裁决书中有严重错误，经提示，拒不改正，导致仲裁裁决被人民法院撤销或者不予执行的；（五）鼓动或者代理当事人向人民法院申请撤销或者申请不予执行本会作出的裁决的；（六）为当事人代为请客送礼、提供利益、了解案件情况的；（七）无正当理由连续3次不参加本会组织的活动的；（八）无事实依据在媒体上发表对本会或者本会作出的裁决不利言论的。"第8条规定："仲裁员在仲裁案件过程中有下列行为之一的，予以解聘或者除名：（一）私自会见当事人、代理人，接受当事人、代理人的请客送礼，情节严重的；（二）索贿受贿，徇私舞弊，枉法裁决的；（三）在案件作出裁决前，向当事人、代理人就案件发表意见、泄露案情，造成严重后果的；（四）对外泄露案件审理情况、仲裁庭合议情况或者当事人的商业秘密和个人隐私，造成严重后果的。"

根据天津仲裁委员会2004年规定的《违法违纪仲裁员除名办法》第2条规定，仲裁员的违法违纪行为被除名的情形有：（1）严重违反仲裁法第34条第4项规定的；（2）违反仲裁法第58条第6项规定的；（3）严重违反《天津仲裁委员会仲裁员行为规范》第5条第3、4、5、6项和第7条规定的。其中第5条第3项到第6项具体指：仲裁员不得以任何直接或者间接方式，包括会面、电话、信件、传真、电子邮件等私自接触任何一方当事人或者代理人；仲裁员私自向当事人或者其他人员就案件发表任何意见；仲裁员泄露案件审理情况、仲裁庭合议情况或者当事人的商业秘密和个人隐私；仲裁员接受当事人或者代理人的请客送礼，索贿受贿，徇私舞弊，枉法裁决。第7条是仲裁员不得受其他案件的当事人

---

① 有仲裁法规定的回避情形而不主动回避的。

② 弄虚作假、玩忽职守、违反法定程序的。

或者代理人之托,代为请客送礼、提供利益或者了解案件审理情况。

根据中国国际经济贸易仲裁委员会、中国海事仲裁委员会制定的《仲裁员行为考察规定》第 11 条规定,仲裁员聘任期限内有下列情形之一的,仲裁委员会有权将其解聘:(1)被法院定罪或因违反法律受到严重行政处罚的;(2)故意隐瞒应当回避的事实;(3)无正当理由不到庭审理案件;(4)不参加合议、调查两次或者一年内开庭迟到两次的;(5)一年内变更开庭时间两次的;或者一年内两次未预留足够开庭时间,导致案件不得不再次开庭的;(6)在案件审理中,有违仲裁员的公正立场的;(7)对案件审理严重迟延负有主要责任的;(8)向当事人透露本人看法或仲裁庭合议情况的;(9)违反仲裁员勤勉审慎义务,不认真阅卷,不熟悉案情,严重不负责任的;(10)徇私舞弊,枉法裁决的;(11)私自会见当事人,接受当事人请客、馈赠或提供其他利益的;(12)仲裁员代人打听案件情况、请客送礼、提供好处和利益的;(13)执意支持一方当事人的请求和主张并/或坚决反对一方当事人的请求和主张,不能说明理由的;(14)私下联络同案仲裁员,不顾事实和法律,人为制造多数意见,为当事人谋求不正当利益的;(15)未按照仲裁员培训规定参加仲裁员培训的;(16)在一个聘期内被警告两次的;(17)其他违反仲裁员守则,不宜继续担任仲裁员的情形。

其他的一些仲裁委员会也有类似的规定。

(二)暂停仲裁工作的情形

根据天津仲裁委员会制定的《对违法违纪仲裁员处理的若干规定》第 6 条规定,仲裁员有下列行为之一的,暂停仲裁工作:(1)仲裁员以代理人身份在本会代理仲裁案件过程中,与本案仲裁员或者秘书私下议论案件情况,或者向仲裁庭、秘书提出与代理人身份不相符的要求的;(2)有本规定第 4 条第(一)、(二)、(三)、(七)、(八)、(九)、(十)、(十三)项规定的情形,且情节严重的。具体包括:不遵守仲裁员声明书的;接到案件材料后未在规定期限内拟订或者参与讨论审理方案的;庭前不阅卷,开庭时不带卷的;未按要求着装的;开庭时语言不规范、举止不文明的;开庭时使用通讯工具,随意出入仲裁庭或者从事其他与审理无关事项的;庭审结束后不及时合议,合议后迟迟未作出裁决的。

(三)仲裁员被更换的情形

根据天津仲裁委员会《对违法违纪仲裁员处理的若干规定》第 5 条规定,仲裁员在仲裁案件过程中有下列行为之一的,更换出仲裁庭:(1)有仲裁法规定的回避情形而不主动回避的;(2)多次随意变更开庭、合议时间的;(3)多次无故迟到、早退或者缺席的；(4)弄虚作假、玩忽职守、违反法定程序的；(5)有本规定第4条第(六)、(十一)、(十二)项规定的情形，且情节严重的。具体是指：仲裁庭组成后，无故不参加仲裁庭工作，也未与秘书进行联系的；与当事人争吵或者仲裁员之间争吵的；久调不裁或者以其他方式拖延时间的。

《仲裁员行为考察规定》第9条规定，仲裁员在办理案件过程中有下列情形之一，将严重影响案件质量和公正性及结案时限的，该仲裁员、仲裁庭其他成员、当事人可以依据《中华人民共和国仲裁法》第37条之规定向仲裁委员会主任提出更换的书面请求，但应说明具体理由。是否更换，由仲裁委员会主任决定。仲裁委员会主任也可依职权决定更换该仲裁员：(1)对于审理的案件缺乏必要的知识和能力；(2)未尽到勤勉义务；(3)未按照仲裁规则的规定行事；(4)其他不称职或不适当履行仲裁员职责的情形。

(四)仲裁员被警告的责任

根据《仲裁员行为考察规定》第10条规定，仲裁员违反仲裁员守则和仲裁员办案规范中的其他任何情形，综合各种因素，仲裁委员会认为对其行为存在合理怀疑，影响当事人对仲裁委员会的信任或损害仲裁委员会形象，但不宜回避、撤换、解聘的，均应予以警告。仲裁员应予警告的情形包括但不限于：(1)借故拖延办案时间的；(2)在庭审中存在接打电话、收发短信、随意离庭情形或着装不得体的；(3)在开庭审理及仲裁程序中，表现出偏袒倾向，包括代替或变相代替一方向另一方质证、辩论、提出请求或明显具有诱导性问题的；(4)无正当理由不参加合议、调查或者开庭迟到的；(5)确定开庭时间后又要求变更开庭时间的；未预留足够开庭时间，导致案件不得不再次开庭的；(6)未经仲裁委员会同意，擅自对外发表关于仲裁案件的不当言论的。

本案例(一)中，戚某某在其住地天津美都大酒店“松茂”餐厅，私自会见了该案被申请人某实业发展(上海)有限公司的委托代理人陈某、张某，并接受其宴请。天津仲裁委员会认为，戚某某的上述行为违反了1994年通过的仲裁法第34条第4项规定“私自会见当事人、代理人，或者接受当事人、代理人的请客送礼的”和《天津仲裁委员会仲裁员行为规范》的第5条第3项规定“仲裁员在仲裁案件过程中，不得以任何直接或者间接方式，包括会面、电话、信件、传真、电子邮件等私自接触任何一方当事人或者代理人”以及第6项规定“仲裁员在仲裁案件过程中，不得接受当事人或者代理人的请客送礼，索贿受贿，徇私舞弊，枉法裁决”。根据1994年通过的仲裁法第38条规定：“仲裁员有本法第三十四条第四项规定的情形，情节严重的，或者有本法第五十八条第六项规定的情形的，应当依法承担法律责任，仲裁委员会应当将其除名。”和天津仲裁委员会制定的《违法违纪仲裁员除名办法》第2条规定的除名的仲裁员的违法违纪行为：(1)严重违反仲裁法第34条第4项规定的；(2)严重违反《天津仲裁委员会仲裁员行为规范》第5条第3、4、5、6项和第7条规定的，天津仲裁委员会将戚某某从《天津仲裁委员会仲裁员名册》中除名。

本案例(二)中，仲裁员沈某、蔡某在劳动仲裁案件中收受厂方提供的购物卡、接受厂方吃请、明知厂方提供的考勤记录不实却仍然给予采信等事实，违反了2007年的劳动争议调解仲裁法第34条的规定“仲裁员有本法第三十三条第四项规定情形，或者有索贿受贿、徇私舞弊、枉法裁决行为的，应当依法承担法律责任。劳动争议仲裁委员会应当将其解聘。”第33条第4项的规定为不得有“私自会见当事人、代理人，或者接受当事人、代理人的请客送礼的”情形，因此沈某、蔡某应当承担法律责任。又根据2006年刑法修正案(六)第20条规定，在刑法第399条后增加一条，作为第399条之一：“依法承担仲裁职责的人员，在仲裁活动中故意违背事实和法律作枉法裁决，情节严重的，处三年以下有期徒刑或者拘役；情节特别严重的，处三年以上七年以下有期徒刑。”故沈某、蔡某还应当承担枉法仲裁的刑事责任。同时，根据劳动争议调解仲裁法规定，劳动争议仲裁委员会应当将沈某、蔡某解聘，使其承担纪律责任。

【案例、问题和讨论】> > >

【案例】

湖南省首例枉法仲裁案①

手续严重不全的“违规房”，在开发商和仲裁员的相互勾结下，经过一场虚假仲裁取得一纸仲裁调解书后，竟然能成功办理产权证。而且，仲裁员为开发商办理的8起仲裁案件中，有7起仲裁案件申请人或其代理人没有到场，8起仲裁案件均无商品房购房销售发票，均未经任何形式的审理……

经湖南省衡阳市石鼓区人民检察院公诉，衡阳仲裁委员会仲裁员刘某后及

① 案件来源：赵文明、阮占江：《湖南省首例枉法仲裁案一审宣判，仲裁员被判有罪》，《法制日报》2011年9月22日，第8版。

秘书处书记员张某因枉法仲裁罪，被石鼓区人民法院作出了有罪判决。

据悉，这是自2006年刑法修正案（六）实施以来湖南省首例枉法仲裁案。

“租金”纠纷撩开房屋产权谜团

2008年国庆过后，向某拿着门面产权证向承租凌某衡阳市中山北路金滔大厦103号门面房周某收取下个月之后门面的租金，这使得每年租金都是自己亲自一次性付给凌某的周某感到不解。于是周某找到凌某询问详情，凌某认为房产开发七年了，产权证一直没办下来，不可能有房产证。然而，向某确实是拿着产权证来要房租的，上面的印章怎么看也不像是假的。这个事件使得金滔大厦其他户主和门面承租人都很闹心。

此时，正在辖区开展检务宣传的衡阳市石鼓区人民检察院反渎职侵权局的干警们，凭着敏锐的办案直觉捕捉到此事应该不是诈骗这么简单。提前一个月要“下个月”的租金不太合乎一个诈骗犯的智商，这里面极有可能存在一种新型的犯罪。

为揭开谜团，石鼓区检察院反渎局立刻组织干警开始了解情况，进行外围初查。很快，一起由开发商与仲裁员相互勾结枉法仲裁的案子浮出水面……

虚假仲裁让违规房“合法”

2001年5月，开发商刘某以人民币90万元的价格从别处购得金滔大厦的开发权。因前期开发，刘某就拆迁赔偿问题与凌某兄妹达成补偿协议，明确通过原地安置12平方米，卖108.7平方米，再以36.27平方米抵偿安置费的方式，将中山北路45号金滔大厦103号门面（合计158.77平方米）转让给凌某兄妹。

后在开发中，由于资金紧缺，刘某陆续找大学同学王某借款人民币100余万元，并出具了一张借期一年、金额人民币139万元的借条，明确以中山北路45号金滔大厦103号门面作抵押，将产权办理到王某母亲名下，待借款还清后，再将产权转回。

然而，借款期满后，刘某只还了少量借款。2007年5月，刘某再次给王某出具了一张为期两年、金额人民币102.7万元的借条，并在该借条中明确以“抵押门面”作“抵债”，将产权办理到王某名下。然而，因刘某开发的金滔大厦项目拖欠国土使用费，未取得国土使用权证，且未通过竣工验收，该项目通过正规途径根本无法办理产权证。

正当刘某在为如何办理产权一事一筹莫展时，其父的好友、衡阳仲裁委员会仲裁员刘某后告诉他：“通过仲裁可以办理产权证。”

身为仲裁员的刘某后让开发商刘某以购房户或他人的名义伪造相关资料申请仲裁，刘某后、张某（系书记员）则根据刘某需要制作仲裁调解书。之后，购房者亲自或委托刘某申请法院强制执行，再凭法院的强制执行裁定书到房产局办理产权。

由于经仲裁后，法院和房产局一般不再对项目是否符合办理产权条件进行实质审查。2007年以来，刘某后、张某通过虚假仲裁的形式为开发商刘某办理了8套住宅（门面）的产权证，其中5套已经办成，3套在案发时手续尚未办完。

8起仲裁案均未经任何形式审理

开发商刘某仲裁的最终目的是办理产权证，仲裁只是办理产权证的一个手段。所以，在这里，仲裁从一开始就不是那么严肃而公正，而更像是一场没有规则的“游戏”……

2007年7月的一天，仲裁员刘某后带开发商刘某到书记员张某的办公室，对张某说：“这是我老同事、好朋友的儿子，他就像我亲侄儿一样，在仲裁方面有什么问题你关照一下。”张某心领神会。此后的仲裁过程中，刘某后和张某对刘某申请的仲裁都是一路“绿灯”。

根据张某的要求，同年9月18日，刘某伪造了仲裁申请书、购房合同等相关资料，申请人是王某（系上文债权人），刘某以金滔大厦103号门面作抵押，并约定将该门面过户到王某名下，待债务清偿后再将产权转回。可笑的是，此时申请人王某在长沙某监狱服刑，他没有委托任何人申请仲裁，而被申请人正是开发商刘某。

伪造申请仲裁的全部证据材料，由被申请人代替申请人“一手操办”。但是，就是在这种情况下，仲裁员刘某后和书记员张某还是进行了仲裁。2007年9月28日，未经任何形式的审理，张某就将仲裁调解书发给了刘某。更滑稽的是，此时因刘某后在外地出差，该调解书没有经过仲裁员的签发就送达了。次年3月，金滔大厦103号门面产权正式登记到王某名下。

在刘某后、张某为开发商刘某办理的8起仲裁案件中，有7起仲裁案件申请人或其代理人没有到场，8起仲裁案件均无商品房购房销售发票，均未经任何形式的审理，甚至有两起案件仲裁员刘某后都不知道，全程由书记员张某一人操办。

首例枉法仲裁案曾面临重重困难

刘某以“门面”抵债，并通过仲裁取得该门面的所有权登记到债权人王某名下。然而,根据拆迁补偿协议书,凌某兄妹获得了金滔大厦103号门面,其中的108.7平方米还是其用人民币33万元购买所得。但由于无法办理产权证,他们却成了房产的“黑户”。

2008年11月17日,石鼓区人民检察院对仲裁员刘某后以涉嫌枉法仲裁罪正式立案侦查。然而,自2006年刑法修正案(六)实施以来,枉法仲裁罪作为一个全新的罪名被明确提出,相关的法律并没有就立案标准作详细、规范的确定。在全国范围内,对该罪名的查处也是寥寥无几,就湖南省而言更是首例。作为基层检察院,在没有任何相关经验可供借鉴的基础上,要实现“零”的突破,石鼓区检察院碰到了前所未有的困难。

为全面了解案情,多方巩固证据,石鼓区检察院检察长贺晓斌亲自挂帅,反渎职侵权局专案组前后走访了40余户金滔大厦的购房户,数十次向省、市两级检察院作案件专题汇报,反复研讨案情,补充证据材料,最终给该案画上了一个完美的句号。

案　意

社会上一些人为了让仲裁结果有利于自己,向仲裁人员行贿。这不仅极大地损害了仲裁机关和仲裁员的公信力,还给那些遭受枉法裁判的受害者带来严重的经济损失和精神损害。为此,只有向枉法仲裁人亮起刑法之剑,才能对此不法行为起到震慑作用,才能保证仲裁的公正性,也才能维护当事人的合法权益。

【问题与讨论】

通过一个枉法“仲裁”,就使得自己的房产成了别人家的,在胆战心惊之下,仔细梳理该案中出现的一系列仲裁问题,值得我们反思:什么是仲裁?仲裁的职能是什么?仲裁员的界定如何?仲裁员的职业操守包括哪些?为什么要强调仲裁员的职业道德或操守?仲裁员违背了职业伦理,会造成什么法律后果?

EPILOGUE

后　　记

《法律职业伦理案例教程》是在我国创新法治人才培养机制，继续深化法学专业实践教学改革，更加重视法律职业者的职业道德的时期编写的一部提高法学学科学生的职业道德素质的一部教程。本教材的特点主要有：第一，案例的真实性。所选的案例全部为法律人的真实案例，这些案例均有翔实的出处和来源，避免案件的虚构。需要说明的是，由于法律职业伦理的特点，所选的部分案例严格来说是事例，但这并不妨碍我们对法律职业伦理知识的研究学习。第二，案例与学理相结合，以案例引出对学理的分析，依照法律法规和行业规范解析案例，提高学生对法律职业伦理的认知和了解，在实践中以法律职业伦理为底线履行自己的职责，为司法、仲裁、公证等活动保驾护航，因此对于法官、检察官、律师、公证员、仲裁员等有较高的参考价值。

本教程由李红英、韩迎亮担任主编，汪远忠、陈业燕、仇志刚担任副主编。具体撰写分工如下：（按照章节撰写的先后顺序）

绪论：李红英（河北大学法学院）

第一章：李红英（河北大学法学院），韩迎亮（河北省邢台市中级人民法院）

第二章：仇志刚（河北省承德市人民检察院）

第三章：陈业燕（中共河北省阜平县纪律检查委员会，阜平县监察委员会）

第四章：陈业燕（中共河北省阜平县纪律检查委员会，阜平县监察委员会）

第五章:李红英(河北大学法学院)

第六章:李红英(河北大学法学院)

第七章:汪远忠(河北大学法学院)

第八章:李红英(河北大学法学院)

全书由李红英、汪远忠统稿,经过作者同意,个别章节作了修改。河北大学政法学院(现为河北大学法学院)2016级法学理论研究生杨梅、李新宁、王雨晴、孟旭浩、项英、赵艺聪在资料收集方面作了辛勤的工作。本教程的写作与出版得到了中国民主法制出版社、河北大学法学院领导的关心和支持,在此表示诚挚的谢意。

由于水平有限,加之时间仓促,书中不足之处在所难免,希望读者批评指正。

编者

2019年10月